그린테크 트랜지션

미래의 부를 위한 투자 전략

하인환 지음

그린테크 트랜지션

GREEN TECH TRANSITION

일에일북

나는 '그린테크'라고
부르기로 했다

나는 이 책을 '표현'을 통일하는 것으로 시작하고자 한다. 어떤 대상을 가리키는 표현은 대상의 의미와 위상을 나타낸다. 설명하고자 하는 대상을 어떻게 표현하는가에 따라 그 대상이 하나의 중요한 현상처럼 보이기도 하고, 반대로 일시적인 트렌드로 비치기도 한다.

표현을 통일하고자 하는 대상은 바로 '친환경 산업과 관련된 주식들'이다. 친환경 산업은 탄소 배출을 감축하기 위해 태양광, 풍력, 수소 등을 활용하며 발전하고 있다. 사람들은 친환경 산업의 필요성에 대해 충분히 공감하고 있다. 그러나 정작 이 산업을 투자의 관점에서 바라볼 때 사용하는 표현은 부재한 상태다.

기술에 관해서는 'Green Technologies(그린테크)'라는 표현이 쓰이고 있고, 사회적인 현상에서는 'Net-Zero(넷제로)*'라는 표현이 쓰이고 있다. 반면 이런 산업을 다루는 주식을 지칭하는 표현은 애매하다. 우리가 흔히 쓰는 표현을 정리해보면 '친환경 관련주', '친환경 테마', '태양광 테마', '수소 테마' 등이다.

나는 이런 표현을 선호하지 않는다. 먼저 가장 많이 통용되는 '친환경 관련주'라는 표현에 대해 생각해보자. 표현 그대로 해석하면 '친환경과 관련된 주식들'을 의미한다. 친환경과 관련된 주식들을 포괄한다는 점에서 나쁘지 않다고 생각할 수 있다. 그러나 '관련주'라는 표현에서 느껴지는 어감은 아직 완전한 업종의 형태로 인정받지 못한 것 같은 느낌이 든다.

주식시장에서 차지하는 비중이 큰 산업들을 지칭할 때 '~관련주'라고 부르는 예는 없다. 예를 들어 반도체 업종이라고 하지 반도체 관련주라고 하지 않는다. 반면 반도체 업종 내에서 'DDR5 관련주'라고 부르지, 'DDR5 업종'이라고 부르지 않는다. 아직 'DDR5'가 주식시장에서 차지하는 비중이 크지 않기 때문이다.

이처럼 친환경 관련주도 그동안 주식시장에서 비중이 크지 않았기 때문에 이렇게 불렀을 것이다. 그러나 친환경 산업의 중요성은

• 배출하는 이산화탄소의 양과 제거하는 이산화탄소의 양을 더했을 때 순배출량이 0이 되는 것을 말한다.

점차 커지고 있다. 또한 실제 주식시장에서 차지하는 비중도 점차 늘어나고 있다. 이제 친환경 관련주가 아니라 달라진 위상에 따라 새로운 표현이 필요한 시기다.

친환경 테마, 태양광 테마, 수소 테마 등 '테마'라고 표현하는 건 어떨까? 테마라는 표현은 영어 'Theme'에서 나온 것이다. 단어가 가진 고유한 의미는 나쁘지 않다. 그 자체로 '주제, 테마'의 뜻을 가졌다. 어떤 현상 자체를 가리키는 표현이다. 하지만 한국 주식시장에서 특정 산업을 '테마'라고 부르는 건 부정적인 시각이 일부 반영된 것이다. 어떤 이유로 인해 '일시적인 강세'를 보이는 주식들을 주로 '테마주'라고 표현한다. 그 이면에는 '일시적인 강세 후 곧 급락할 수도 있다'라는 우려도 담겨 있다. 특히 정책이나 정치 현상과 관련될 경우 테마주라는 표현은 더욱 부정적인 느낌이 든다.

이런 이유로 증권회사의 애널리스트들은 '테마'라는 표현을 자제하는 편이다. 특히 장기적으로 성장할 것으로 생각하는 분야라면 더욱 그렇다. 물론 모든 사람이 부정적인 어감으로 받아들이는 건 아니다. 하지만 많은 사람이 부정적인 어감으로 받아들이는 건 분명하다.

따라서 나는 이 책에서 다룰 주제를 '그린테크'라고 부르고자 한다. '그린'이라는 단어가 주는 친환경 이미지에 더해, 관련주 또는 테마 대신 '테크'라는 표현을 담았다. 친환경 산업의 기술적인 중요성이 부각되고 있음을 강조하고 싶었다. 2010년대는 FAANG*이라

• **주식시장의 분류: 11개 섹터와 25개 업종** (단위: 사, 조 원, %)

경제섹터	종목수(비중)	시가총액(비중)	산업군	종목수(비중)	시가총액(비중)
에너지	18(0.0)	34.1(0.1)	에너지	180(0.5)	341.1(1.0)
소재	315(0.8)	223.9(0.7)	소재	7245(19.0)	5148.8(15.0)
산업재	438(1.1)	412.8(1.2)	자본재	7884(20.6)	7429.6(21.6)
			상업전문서비스	4380(11.5)	4127.6(12.0)
			운송	6132(16.0)	5778.6(16.8)
자유소비재	341(0.9)	215.1(0.6)	자동차및부품	2387(6.2)	1505.7(4.4)
			내구소비재및의류	4433(11.6)	2796.2(8.1)
			소비자서비스	3069(8.0)	1935.9(5.6)
			미디어	2387(6.2)	1505.7(4.4)
			소매	5115(13.4)	3226.4(9.4)
필수소비재	167(0.4)	96.9(0.3)	음식료소매	1002(2.6)	581.5(1.7)
			음식료담배	1670(4.4)	969.1(2.8)
			가정및개인용품	835(2.2)	484.6(1.4)
건강관리	314(0.8)	210.2(0.6)	건강관리서비스및장비	3454(9.0)	2312(6.7)
			제약,생명공학및생명과학	2198(5.8)	1471.3(4.3)
금융	128(0.3)	199.2(0.6)	은행	768(2.0)	1195.3(3.5)
			다각화된금융	1792(4.7)	2789(8.1)
			보험	896(2.3)	1394.5(4.1)
정보기술	609(1.6)	723.3(2.1)	소프트웨어및IT서비스	6699(17.5)	7956.2(23.2)
			하드웨어및IT장비	6090(15.9)	7232.9(21.1)
			반도체및반도체장비	2436(6.4)	2893.1(8.4)
커뮤니케이션 서비스	131(0.3)	172.9(0.5)	통신서비스	786(2.1)	1037.3(3.0)
			미디어와엔터테인먼트	1441(3.8)	1901.7(5.5)
유틸리티	17(0.0)	24.6(0.1)	유틸리티	204(0.5)	294.9(0.9)
부동산	30(0.1)	9.6(0.0)	부동산	450(1.2)	144.4(0.4)

자료: 한국거래소

고 불린 빅테크 기업들이 각광받았다. 나는 이후의 시대는 그린테크가 우리 사회를 지배하게 될 가능성이 크다고 생각한다. 그린테크는 더 이상 단기매매의 대상이 아니다. 거대한 전환을 예상한 중장기 투자의 대상이 되어야 한다.

• 빅테크 기업 강세에 따른 섹터 분류 기준 변화

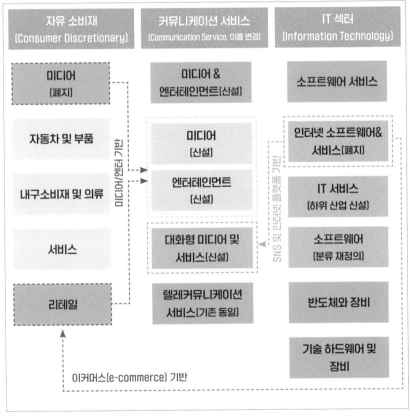

자료: MSCI

• 페이스북(Facebook, 현 META), 애플(Apple), 아마존(Amazon), 넷플릭스(Netflix), 구글(Google)

주식시장에서는 11개 섹터(Sector)와 25개 업종(Industry)으로 기업을 분류한다. 11개 섹터는 에너지, 소재, 산업재, 자유소비재, 필수소비재, 건강관리, 금융, 정보기술, 커뮤니케이션서비스, 유틸리티, 부동산 등이다. 그리고 25개 업종은 이를 훨씬 세분화한 방법이다.

그런데 이런 분류 방법은 빠르게 변화하는 시대를 시시각각 반영하지 못한다. 너무 잦은 분류 방법의 변화가 오히려 혼란을 초래할 수도 있기 때문이다. 그렇다고 분류 방법이 바뀌지 않는 건 아니다. 2010년대에 빅테크가 주도하는 주식시장 흐름이 전개될 때 통신 업종의 이름은 '커뮤니케이션서비스'라는 이름으로 바뀐 적도 있다. 향후 10~20년 안에 그린테크가 이런 변화를 주도하는 산업이 될 가능성도 있다. 최소한 테마주라는 인식에서는 벗어나길 바라며, 이 책이 그러한 인식 변화에 일조했으면 하는 바람이다.

사고의 전환이 필요한 시대

우리는 정치, 경제적으로 매우 혼란한 시대에 살고 있다. 증권사 애널리스트로서 이런 변화를 더욱 체감하고 있다. 불과 몇 년 전만 하더라도 국내 주식시장을 분석할 때 봐야 할 해외 현황은 미국과 중국 등으로 국한되었다. 하지만 최근에는 미국과 중국 외에도 수많은 국가의 경제 흐름을 알고 있어야 한다. 러시아-우크라이나 전쟁으로 인해 러시아와 유럽의 상황을 알고 있어야 하는 것은 물론,

공급망 재편이라는 흐름 때문에 인도나 동남아시아의 현황도 파악해야 한다. 그리고 2022년 사우디아라비아의 네옴시티(Neom City) 건설과 같은 이슈는 관심의 대상을 중동까지 넓혀야 한다는 것을 보여줬다.

기술의 변화도 매우 빠르다. 2022년 5월 3일 KB증권에서 발간한 보고서인 〈보이는 손이 만들 미래: 위대한 경영자들은 비용 상승의 시대를 어떻게 극복했을까〉에서 로봇 기업들을 매수해야 한다고 주장했을 때만 하더라도, 여기에 동조하는 사람은 별로 없었다. 하지만 채 1년도 지나지 않아 로봇 기업들의 주가는 급상승했다. 국내 로봇 기업의 주가가 더 많이 상승했지만, 해외 로봇 기업의 주가도 결코 무시할 수 없는 수준이었다.

특히 2022년 4분기부터는 변화가 더 분명하게 드러나기 시작했다. 삼성전자는 로봇 기업에 투자했고(2023년 1월 3일, 삼성전자의 레인보우로보틱스 유상증자 참여), 우리 주변에서도 심심찮게 로봇을 활용하는 사례를 접하게 되었다.

이제는 투자자로서 사고의 전환이 필요한 시대다. 과거 우리가 살았던 시대와는 다른 시대가 전개되고 있다. 본문에서 더 자세히 다루겠지만, 우리가 살아갈 시대는 탈세계화(Deglobalization) 시대다. 언젠가 다시 세계화 흐름이 나타날 수도 있겠지만, 최소 몇 년간 탈세계화 흐름이 계속될 것이며 새롭게 맞이할 세계화는 과거에 우리가 경험했던 세계화와는 다른 형태일 것이다. 그리고 이 시대는 우리가 경험해보지 못한 시대일 것이다. MZ세대는 말할 것도 없고,

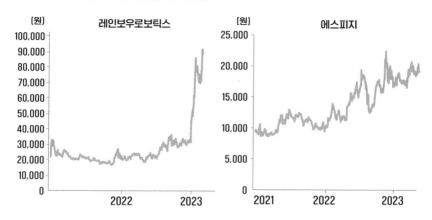

• 2022~2023년의 로봇 기업들 주가 흐름

레인보우로보틱스는 KAIST 휴보랩 오준호 교수가 창업한 로봇기업이고, 에스피지는 일본 하모닉드라이브, 심포 등에서 전량 수입해온 로봇 관절용 정밀감속기를 국산화해 주목받은 기업이다.

자료: Quantiwise

그 윗세대도 경험해본 적이 없다고 봐야 한다.

나는 탈세계화가 2020년대 수많은 변화를 설명할 가장 대표적인 단어가 되리라 생각한다. 정치, 경제, 사회적인 변화뿐만 아니라 투자 세계에도 큰 영향을 줄 것이다. 그리고 우리는 이런 변화를 두고 고민해야 한다. 이 변화 속에서 주목해야 할 대표적 현상이 바로 '그린테크의 부상'이다. 그린테크는 앞서 사례로 언급한 로봇 산업보다 더 큰 사고의 전환이 필요한 분야다. 파급력도 훨씬 클 것이다. 지금의 경제와 산업 구조의 기반이 되는 화석 연료에 대한 전환이 필요하기 때문이다.

누군가 "석유 없이 살 수 있을까?"라고 묻는다면 "살 수 있다."라고 답할 사람이 얼마나 있을까? 물론 그린테크가 향후 수십 년 동안 얼마나 우리 사회에 침투할지 예측할 수는 없다. 그러나 방향성은 분명하게 말할 수 있다. 분명 그린테크의 비중은 점차 높아질 것이고, 2020년대의 탈세계화는 가속화될 것이다. 뒤에서 더 자세히 다루겠지만, 1970년대의 탈세계화 때도 그린테크에 대한 투자가 확대되었다. 그리고 그린테크가 차지하는 비중이 높아졌다. 그렇다면 2020년대의 탈세계화도 비슷한 결과를 가져오지 않을까? 이 가능성에 주목해보자.

어떤 사람은 현재 에너지 효율을 따져 그린테크에 대해 비관적인 결론을 내릴지도 모른다. 그러나 화석연료를 완전히 대체하는 것은 힘들지라도 정부, 기업, 사회, 개인은 에너지 전환을 위해 계속 노력할 것이고, 결국 그린테크 확산에 영향을 줄 것이다.

수요와 공급 논리에 기반한 투자 아이디어

투자에서 가장 기본적인 접근은 수요와 공급을 비교하는 것이다. 향후 가파른 성장이 기대되는 분야에 진출하는 모든 기업은 성공하게 될까? 역사를 돌이켜보면 모든 기업이 성공했던 사례는 찾을 수 없을 것이다. 왜 그럴까?

수요가 급증할 것으로 예상되는 분야가 있다면, 그 분야의 성장에 따른 수혜를 기대한 시장참여자들이 유입된다. 수요가 증가하고 있음에도 불구하고, 소수의 시장참여자만 유입된다면 모두 성공할 가능성이 있다. 하지만 그 모두의 성공을 보고 또 다른 시장참여자들이 추가로 유입된다면 점차 수요보다 공급이 많아지게 될 것이다. 경쟁으로 인해 시장 가격은 하락하고, 그중 극소수만 살아남게 된다. 경제학의 대원칙 중 하나인 '수요 공급 논리'다.

이 책에서 제시할 몇 가지 투자 아이디어는 모두 수요와 공급 논리에 기반해서 도출한 것이다. 투자자들이 고려하는 것은 주로 '수요 증가'에 집중된 경우가 많지만, 수요가 증가하는 것만이 투자 아이디어는 아니다. 수요와 공급 논리로 접근해본다면, 공급이 제한된 것도 중요한 투자 아이디어가 될 수 있다. 특히 그린테크는 화석연료에서 탈탄소화로의 경제구조 전환을 지향하는 것이기 때문에

• 수요와 공급

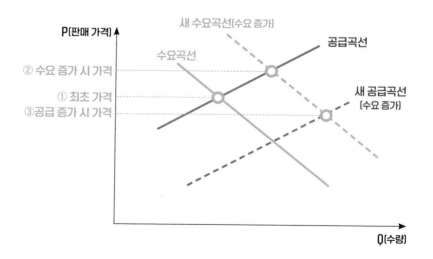

경제구조 전환 과정에서 나타날 그린테크의 수요 증가에 주로 관심이 집중되지만, 오히려 그린테크에 대한 투자로 인해 공급이 제한될 수 있는 분야에서 좋은 투자 아이디어가 나타날 수 있다는 점도 생각해볼 수 있다.

내가 그린테크에 관한 책을 쓰는 이유

나는 증권사 리서치센터에 근무하는 애널리스트다. 주식시황을 담당한다. 내 직업을 소개하는 이유는 환경론의 관점에서 이 책을 쓰지 않았다는 점을 분명히 하기 위해서다. 환경론의 관점에서 '우리가 기후위기에 대응해야 한다'는 식의 접근은 도덕적으로 많은 공감을 얻을 수 있을 것이다. 그러나 투자 관점에서 공감을 얻지 못할 것이다. 내가 그린테크에 관심을 갖게 된 건 지극히 경제적인 의도 때문이었다. 물론 그린피스와 같은 NGO의 환경보호 활동에 대해 경의를 표한다. 그러나 정부, 기업, 금융기관, 투자자가 과연 순수한 의도로 기후변화를 바라볼까? 아닐 것이다. 이들의 목적은 경제적인 의도가 내포되어 있다.

만약 당신이 투자자이고, 당신에게 기후위기와 관련해 쓸 수 있는 1억 원이 있다고 하자. 당신은 과연 1억 원을 다시 회수할 생각을 하지 않고 기후위기를 위해 1억 원을 전부 후원하겠는가? 많은 사람이 이런 선택을 하지 않을 것이다. 그렇다면 만약 1억 원이 1년 뒤

2억 원이 된다면, 당신은 1억 원을 전부 쓸 수 있을까? 아마 대부분 1억 원을 전부 쓰려고 할 것이다.

기업과 금융기관도 마찬가지다. 이들의 존재 목적은 이익 창출이다. 이들이 그린테크에 관심을 갖는 건 지구를 사랑해서가 아니라 이익 창출을 위해서다. 이들이 그린테크에 투자를 하면 정부의 지원을 받아 비용 절감과 이익 창출을 기대할 수 있게 되고, 친환경 기업이라는 이미지도 만들 수 있다.

정부도 마찬가지다. 그린테크라는 신성장 산업에 지원함으로써 기업들의 시장 참여를 유도하고, 이는 고용 창출을 낳아 국가의 새로운 성장 동력이 된다. 따라서 그린테크를 투자의 관점에서 보는 건 철저하게 경제적 판단에서부터 시작해야 한다.

투자의 관점에서 본 그린테크

다음은 내가 애널리스트로 활동하며 탈세계화 현상과 관련해 발간한 보고서의 일부다. 주식시황 애널리스트들은 다양한 사회 현상과 변화 중 주목해야 할 것들을 정리해 보고서를 발간하고 있다.

하반기 전망(시황)
- 탈세계화에서 새로운 세계화로의 과도기-투자의 시대 (2022년 6월 3일)
- 경기 둔화 가능성에도 불구, 탈세계화 시대에는 투자가 확대될 수 있음

<u>보이는 손이 만들 미래</u>

• 위대한 경영자들은 비용 상승의 시대를 어떻게 극복했을까(2022년 5월 3일)

• 로봇, 폐배터리 리사이클링에 대한 투자 확대

<u>2023년 주식 전망(시황)</u>

• 탈세계화=경제구조 '재편의 과정'[투자의 시대-심화편](2022년 10월 26일)

• 탈세계화 시대에 경제구조 재편을 하기 위한 '정부 주도의 투자 확대'

<u>India, the next 'Chain Point'</u>

• 인디아의 과거와 현재, 그리고 인디아가 만들 미래(2023년 1월 13일)

• 탈세계화 흐름 속, 공급망 재편의 중심이 될 '인디아(인도)'

<u>탈세계화 = 경제구조 '재편의 과정'</u>

• 광물자원 민족주의와 보호무역주의 속 한국의 기회(2023년 4월 10일)

• 광물자원 수출을 통제하려는 국가들이 증가하면서, 광물자원 확보의 중요성 확대

• 탈세계화 시대지만, 대체 불가능한 특징 덕분에 오히려 세계화가 되어 가는 한국 엔터 산업

<u>워런 버핏의 담배꽁초</u>

• 일본 종합상사를 통해 본 한국 종합상사의 가능성(2023년 6월 7일)

• 한국 종합상사의 달라지고 있는 비즈니스 구조는 밸류에이션 리레이팅의 근거가 될 것

보고서에서 다룬 여러 정치, 경제, 사회적인 변화는 향후 수년 간 그 중요성이 더욱 부각될 것이라 생각한다. 탄소 배출 감축이라는 거대한 전환은 이미 시작되었다. 그러나 투자 관점에서는 일종의 테마주로 취급될 뿐, 이 변화를 따라가지 못하고 있는 것 같다.

국제 정치에서는 파리기후협약, 유엔 기후변화협약 등과 같이 탄소 배출 감축을 위한 주요국의 공조가 본격화되고 있다. 국내 정치에서는 '그린 뉴딜'과 같은 정책이 추진되고 있으며, 기업들은 친환경 분야에 대한 투자를 늘리고 있다. 그리고 사회적으로 ESG가 부각되며, 소비자들은 탄소 배출 감축을 위해 노력하는 기업의 제품을 선호하고 있다.

이런 변화 중 정부와 기업의 그린테크 투자에 대해 주목할 필요가 있다. 한국은 소규모 개방 경제이기 때문에 수출 경쟁력을 확보하는 게 중요하다. 다가오는 시대에서는 그린테크가 그 역할을 일정 부분 할 수 있을 것으로 기대된다. 정부는 그린테크를 적극 육성할 의지를 갖고 있고 기업도 그린테크로의 진출을 가속화하고 있다.

체계적으로 '기준'을 세우는 투자가 성공한다 ─────────

탄소 배출 감축의 필요성에 대해서는 사회적인 합의가 어느 정도 이뤄진 듯하다. 그렇기 때문에 그린테크에 대한 투자는 계속해서 확대되고 있다. 그리고 소비자들도 그린테크에 대한 관심이 높아지고 있다. 우리 일상에서 가장 쉽게 확인할 수 있는 건 카페다. 과거에는 플라스틱 빨대를 사용했지만 이제 종이 빨대를 제공한다. 이와 같은 소비의 확대는 기업들을 그린테크 분야로 향하게 만들 것이다.

하지만 이런 사회적 합의에만 근거해 투자할 순 없다. 장기적으로는 그린테크 산업을 성장시킬 가장 중요한 밑거름이 사회적 합의지만, 이건 어디까지나 장기적인 관점에서다. 그리고 얼마나 오래 걸릴지 아무도 모른다. 그럼에도 불구하고 상당수 투자자가 장기적인 관점만 고려해 그린테크에 투자한다. 하지만 성공적인 투자를 위해서는 고려해야 할 변수가 많다.

또한 그린테크 투자자들이 중요하게 생각하는 변수는 '정책'이다. 그러나 구체적으로 왜 정책이 중요한지 고민하지 않는다. 그래서 나는 이 책에서 '왜?'라는 질문에 주안점을 두려고 한다. 그리고 어떤 변수가 그린테크에 영향을 미치는지 살펴보고자 한다. 이를 통해 그린테크 산업에 대해 체계적으로 정리할 수 있을 것이다.

마지막으로 직접적으로 그린테크로 분류하긴 어려울 수는 있지만, 그린테크로의 전환 과정에 필수적인 분야들이나 그린테크로의 전환 과정에서 나타나는 변화에서도 투자 기회를 포착할 수 있을 것이다.

그린테크로의 전환 과정에 필수적인 분야를 예로 들어보자면 전력망, 에너지저장시스템 등이다. 그린테크를 통해 전력을 생산하는데 그 전력의 이동을 위한 전력망이 필요한 것은 당연하다. 또한 태양광 발전을 통해 에너지를 만들어내는 경우 그 에너지를 저장할 곳이 필요해지는 것 역시 당연하다.

그린테크로의 전환 과정에서 나타나는 변화는 과거의 화석연료(석유·석탄 등)에 의존하던 경제구조에서 미래의 그린테크에 의존할 경제구조로 넘어가는 초기 국면에서 부각될 수 있다. 화석연료에 대한 투자를 중단해야 하는 정책 규제로 인해 화석연료의 공급은 감소세로 전환하는 반면, 화석연료를 대체해서 에너지를 생산해야 하는 그린테크의 도입은 그보다 더디게 진행될 것이기 때문이다. 이는 에너지 조달 문제로 이어질 수 있다.

하지만 화석연료에 의존하던 경제구조는 약 200년간 지속되어 왔기 때문에 화석연료에 대한 수요는(공급이 감소하는 것과는 달리) 감소하는 속도가 매우 더딜 것이다. 이는 일정 기간 동안 수요가 공급을 초과하는 상태가 될 수 있음을 의미한다. 그린테크에 대해 다루는 책에서 화석연료의 가격 상승 가능성을 다루는 것이 역설적이긴 하지만, 이 책은 환경론의 관점에서 그린테크를 보는 것이 아니라 투자의 관점에서 그린테크를 보는 것이 목적이기 때문에 이러한 논리 또한 소개하는 것이 투자자들에게 도움이 되리라 생각한다.

지금까지 그린테크에 무작정 투자한 사람이라면 이 책을 통해 체계적인 투자의 기준을 세우길 바란다. 이런 접근이 나중에 그린테크가 주요 업종이 되었을 때 여러분의 성공적인 투자에 도움을 줄 것이다.

하인환

PART 3
구조적 전환을 위한 정부 정책

PART 4
그린테크로의 투자, 그리고 기회

GREEN TECH TRANSITION

PART 1

금융시장에서 본
그린테크 투자

그린테크 시장의 3대 주체
정부, 기업, 가계

'친환경'이라는 단어를 봤을 때, 가장 먼저 어떤 생각이 떠오를까? (이 책에서는 '그린테크'라고 표현을 통일하겠다고 했으나, 내용의 이해를 위해 잠시 '친환경'이라고 표현하도록 하겠다.) 아마 "환경에 좋은 그 어떤 것"이라고 대략적인 생각을 할 것이다. 그렇다면 환경에 좋지 않은 것은 무엇이고 환경에 좋은 것은 무엇인지를 구분하는 것이 첫 번째 고민일 것이고, 어떻게 하면 환경에 좋을 것인지가 두 번째 고민일 것이다.

먼저 환경에 좋지 않은 것을 떠올려보자. 얼핏 생각나는 것은 '매연'과 '쓰레기' 등이다. 매연이 발생하는 곳은 공장, 자동차(내연기관 차) 등이 대표적이고, 쓰레기는 인간이 자원을 낭비한 결과물에 해

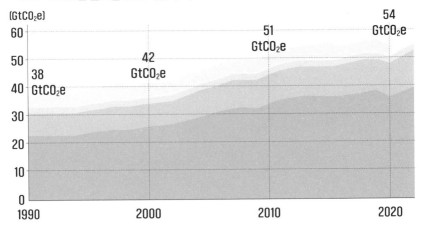

• 1990~2021년 글로벌 탄소 배출 추이

당한다. 이를 좀 더 어렵게 또는 경제적으로 표현하면 이산화탄소 배출, 화석연료의 사용과 자원 낭비 등이 되는 것이다. 특히 탄소 배출은 기후변화의 핵심 원인으로 지목되기 때문에, 여기서는 주로 탄소 배출의 현황을 통해 기후위기의 심각성과 대응 과정에 대해 논하도록 하겠다.

먼저 글로벌 탄소 배출은 계속해서 증가하는 중이다. 탄소 배출 증가가 야기할 문제의 시작점은 '기후 온도의 상승'이다. 기후 온도가 상승하는 것은 어떤 문제를 초래할까?

이에 대해 세계적인 환경 저널리스트인 마크 라이너스는 그의 저서 『최종경고 : 6도의 멸종』을 통해 기후 온도가 1도 상승할 때마다 나타날 수 있는 문제에 대해 지적했다. 그가 지적한 문제점들을 요약하면 다음과 같다.

첫째, 1°C 상승할 때 세계 곳곳에서 홍수에 뒤이어 가뭄이 시작되는 등 이상 현상이 나타나게 된다.

둘째, 2°C 상승할 때 북극해 얼음의 소멸로 인해 전 세계의 기후가 혼란에 빠지는 현상이 나타나게 된다. 기온 상승의 결과로 뎅기열이 확산되어 사망자가 증가할 수 있으며, 주요 농작물의 수확량이 감소함에 따라 빈곤국에서는 영양 부족으로 인한 사망자가 증가할 수 있다.

셋째, 3°C 상승하는 경우 기온이 치솟는 반면 강우량은 줄어들면서 경작에 실패하게 된다. 전 세계적인 식량 부족 사태가 발생할 수 있으며, 많은 종의 동물이 멸종될 것이다.

넷째, 4°C 상승하면 지구의 상당 부분이 생물학적으로 사람이 살기에 적합하지 않게 된다. 저지대의 섬나라들은 사라지게 될 것이다.

다섯째, 5°C 상승하면 지구에서 거주 가능한 공간은 현재의 10분의 1로 줄어들게 된다. 연중 내내 폭염이 지속되고, 홍수가 간헐적으로 발생한다. 이로 인해 육지 표면이 손실됨에 따라 농업과 운송 등의 활동이 중단된다.

여섯째, 6°C 상승하면 지구에서 얼음이 사라지게 되고, 비의 대부분은 열기로 인해 땅에 닿기 전에 증발한다. 생태계나 먹이사슬은 존재하지 않게 된다.

마크 라이너스의 경고가 다소 과하다고 느껴질지 모른다. 하지만 그의 경고를 무시하기에는 지구의 평균 기온은 계속해서 높아지고 있다. 글로벌 평균 기온은 1900년대 초부터 상승하기 시작했으

• 글로벌 평균 기온

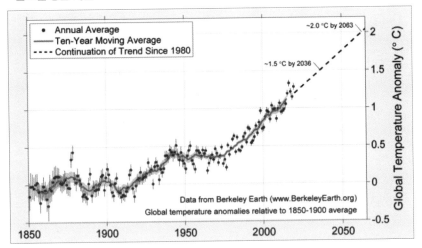

글로벌 평균 기온은 1900년대부터 점진적으로 상승해 지금은 100년 전에 비해 1℃ 상승했다. 30~40년 후에는 지금보다 1℃ 더 상승할 것으로 예상된다.

자료: Berkeley Earth

며, 지금은 100년 전에 비해 1℃ 상승했다. 100년간 매우 완만한 속도로 1℃ 상승한 것이기 때문에 우리가 그 변화를 체감하지 못했을 뿐이다. 게다가 전망이 밝은 것도 아니다. 2060년쯤이면 현재보다 1℃ 더 상승할 것이라는 전망도 나오고 있다.

이처럼 심각한 문제를 일으킬 수 있는 기후 온도 상승의 원인인 탄소 배출은 어떤 이유로 발생할까? 전 세계적으로 봤을 때 탄소 배출의 가장 큰 원인은 '에너지 소비'에 있다(73%). 그리고 73%의 에너지 소비를 세부적으로 분류해보면, 산업활동에서의 에너지 사용이 24.2%(철강 7.2%, 화학 3.6% 등), 운송에서의 사용이 16.2%(도로 운송 11.9%), 건물에서의 에너지 사용이 17.5%(주거지 10.9%, 상업용 건물

• 글로벌 탄소 배출(섹터별)

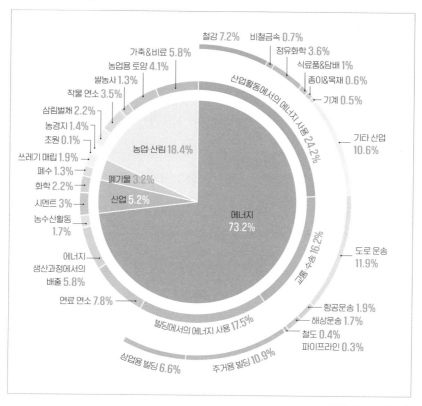

철강 7.2% 비철금속 0.7%
정유화학 3.6%
식료품&담배 1%
종이&목재 0.6%
기계 0.5%
가축&비료 5.8%
농업용 토양 4.1%
쌀농사 1.3%
작물 연소 3.5%
삼림벌채 2.2%
농경지 1.4%
초원 0.1%
쓰레기 매립 1.9%
폐수 1.3%
화학 2.2%
시멘트 3%
농수산활동 1.7%
에너지 생산과정에서의 배출 5.8%
연료 연소 7.8%

산업활동에서의 에너지 사용 24.2%
기타 산업 10.6%
농업·산림 18.4%
폐기물 3.2%
산업 5.2%
에너지 73.2%
교통 수송 16.2%
도로 운송 11.9%
항공운송 1.9%
해상운송 1.7%
철도 0.4%
파이프라인 0.3%
빌딩에서의 에너지 사용 17.5%
상업용 빌딩 6.6%
주거용 빌딩 10.9%

자료: Climate Watch

6.6%) 등으로 나뉜다. 즉 기업들의 경제활동과 우리들의 일상생활 전반에서 탄소가 배출되고 있는 것이다.

환경에 좋지 않은 것을 반대로 생각하면 환경에 좋은 것을 이해하기 쉽다. 가장 간단한 방법은 '에너지 소비'를 줄이는 것이다. 그런데 에너지 소비를 줄이는 것은 경제활동 자체를 위축시키자는 의미도 될 수 있기 때문에, 지금보다 더 나은 세상을 살기 원하는 인간의 욕망에 어긋난다. 따라서 '에너지 소비 감소'라는 간단한 방법보다는 조금 더 어려운 방법을 선택할 수밖에 없다. 다시 환경에 좋은 것을 세분화해본다면, 이산화탄소 배출을 줄이고, 화석연료에 대한 의존도를 낮추며, 자원 낭비를 줄이는 것 등이 될 것이다.

앞서 탄소 배출의 문제점과 발생 원인에 대해 자세하게 살펴봤기 때문에 '환경에 좋은 것'에 대해 좀 더 어렵게 또는 경제적으로 표현해본다면, 탄소 배출을 감소시키는 일련의 행위들은 모두 기후변화에 대응하기 위한 '환경에 좋은 것'이라고 볼 수 있다. 탄소 배출의 주범인 화석연료를 사용하는 대신에 친환경 에너지(대체에너지: 태양광, 풍력, 수소 등)를 사용하는 것이 가장 대표적인 사례이며, 폐기물에서 발생하는 탄소 배출을 줄이기 위해 폐기물을 리사이클링(재사용·재활용)하는 것도 좋은 사례가 되겠다. 또한 우리 일상생활에서는 에너지 사용을 줄이기 위한 노력(에너지 절약), 쓰레기를 줄이려는 노력(일회용품 대신 재활용 가능한 제품을 사용하거나, 분리수거를 통해 재활용을 활성화하는 것) 등을 통해서도 탄소 배출을 감소하는 데 기여할 수 있을 것이다.

탄소 배출을 위한 노력은 누가 해야 할까?

정부: 그린테크 시장으로 유입할 수 있는 정책

탄소 배출을 감소시키는 '환경에 좋은 것'은 누가 주도적으로 해야 할까? 경제의 3대 주체인 정부, 기업, 가계로 나눠 살펴보자.

일단 정부의 역할이 가장 직접적이고 중요하다. 인류는 화석연료에 의존한 약 200년의 역사를 가지고 있다. 그 역사를 바꾸는 것을 자연적인 변화에 맡기게 된다면 수십 년, 수백 년이 걸릴지도 모른다. 따라서 정부가 나서서 변화를 강제할 필요가 있다.

그린테크는 아직 화석연료에 비해 에너지 효율이 낮다. 에너지 효율이 낮은 문제를 해소하기 위해서는 더 많은 시장참여자가 그린테크 시장에 진입함으로써 경쟁이 확대되고, 그 경쟁이 에너지 효율의 문제를 개선하는 방향으로 유도되어야 한다. 그러기 위해서는 정부가 규제를 통해 화석연료 사용을 지양하도록 유도하고, 또 그 변화를 기업과 가계에서 받아들일 수 있도록 정책적인 혜택을 통해 그린테크 시장의 크기를 확대해야 한다(수요 창출).

더 많은 시장참여자가 그린테크 시장으로 유입되도록 하는 정부의 정책에는 여러 가지가 있다. 몇 가지 예를 들어보자. 첫 번째는 기업들의 투자에 혜택을 주는 것이다. 기업들이 그린테크에 투자할 때 법인세를 인하해주거나 자금 조달에 금융혜택(저금리에 자금을 조달할 수 있도록 정책자금을 지원하는 것)을 줄 수 있다. 또한 정부가 기업들의 R&D에 직접 자금을 지원해주는 방법도 있다.

두 번째는 그린테크 도입을 의무화하는 것이다(≒화석연료에 대한 규제). 가장 쉬운 사례가 전기차 도입인데, 전기차 도입을 확대하기 위해 내연기관차의 생산을 2030년 이후에는 금지하겠다고 선언하는 것을 예로 들 수 있다. 기업 입장에서는 몇 년 후부터는 내연기관차를 판매할 수 없기 때문에 정책 규제가 없는 지역에서 판매하거나, 아니면 정책 규제에 맞춰 내연기관차 생산비중을 점진적으로 줄여가는 동시에 전기차 생산능력을 향상하기 위한 투자를 확대해야 할 것이다. 그런데 미국, 유럽 등 주요국들이 비슷한 규제를 적용하고 있기 때문에 기업 입장에서 선택해야 할 방향은 '그린테크에 대한 투자 확대'뿐이다.

세 번째는 정부가 수요를 창출하는 것이다. 이해하기 쉬운 예로는 수소차 보급을 확대하기 위해 특정 지역(지자체)에서 수소버스를 도입하도록 하는 것이 있다. 정부가 먼저 수요를 창출함으로써 기업들은 그 수요에 대응하기 위해 관련 생산기술에 투자해야 하며, 이를 통해 생산기술이 고도화하면 민간으로의 판매도 가능해질 것이기 때문이다.

이처럼 정부는 그린테크에 대한 투자를 직접 할 수 있을 뿐만 아니라 기업들도 그린테크에 대한 투자에 동참하도록 유도할 수 있는 구속력이 있기 때문에 탄소 배출을 감소시키려는 변화에서 가장 주도적인 역할을 담당한다.

기업: 전망과 리스크를 고려한 그린테크 투자 결정

그렇다고 해서 기업이 정부에 의해 움직이는, 정부의 종속변수인 것은 아니다. 기업도 탄소 배출을 위한 노력의 독립변수로서 매우 중요한 역할을 담당한다. 그린테크 분야에 대한 정부의 지원이 중요하긴 하지만, 정부의 지원과 더불어 향후 전망과 리스크 요인 등을 종합적으로 고려해 최종 결정을 하는 것은 기업이기 때문이다. 기업이 그린테크에 대한 투자를 결정하는 이유에도 여러 가지가 있을 것인데, 몇 가지 사례를 살펴보도록 하겠다.

첫 번째는 정부의 지원 및 규제로 인해 그린테크 분야의 높은 성장이 전망되기 때문이다. 높은 성장이 전망되는 이유에는 또 여러 근거가 있을 수 있지만, 어쨌든 최종적으로 그린테크 분야가 기업의 이익 창출에 도움이 될 것이라는 판단이 있기 때문에 투자 결정을 내리는 것이다.

두 번째는 정부의 규제로 인해 그린테크로 전환하지 않는다면 생존이 어렵기 때문이다. 가장 쉬운 예는 내연기관차의 신규 판매 금지다. EU에서는 2035년부터 내연기관차의 신규 판매를 금지한다. 탄소 배출을 감축시키기 위한 조치인데, 자동차 업계에서는 내연기관차의 판매를 점진적으로 줄여가고 전기차와 같은 친환경 차량에 대한 투자를 확대할 수밖에 없다. 친환경 차량 모델을 확보하지 못하거나 친환경 차량 시장에서 적절한 시장 점유율을 확보하지 못하는 완성차 기업은 2035년 이후로는 사업을 영위하기 어려워질 것이다. 물론 완성차 기업뿐만 아니라 내연기관차의 부품업체들도 그 변화에 맞춰가야 함은 당연하다.

세 번째는 기업 이미지 제고에도 도움이 될 수 있기 때문이다. 환경에 대한 관심이 높아지고 있기 때문에 기업 입장에서는 기후변화에 도움이 되는 활동을 함으로써 기업 이미지를 향상시킬 수 있으며, 이것이 기존 비즈니스에 간접적으로 플러스 효과를 가져올 것으로 기대된다.

한편 기업 중에서도 금융기관들이 그린테크 분야에 기여하는 바가 확대되는 추세다. 최근 ESG(Environmental Responsibility, Social Responsibility, Governance)에 대한 관심이 커지고 있고 기업들도 ESG 점수를 평가받고 있는데, 이것이 기업 이미지와 연결되기도 하고 금융기관이 자금 조달을 할 때 기업을 평가하는 기준으로도 작용하고 있기 때문이다.

필자가 몸 담고 있는 증권업계에서는 ESG에 반하는 기업들에 대한 투자가 전면 금지된 기관들도 일부 있다. 즉 ESG 평가가 낮은 기업은 장기적으로 소비자들의 신뢰를 잃을 리스크가 발생할 수 있고, 자금 조달 비용이 높아짐에 따라 투자를 유치하기 어려워질 리스크도 발생할 수 있을 뿐만 아니라 투자가 중단됨에 따라 기업가치(시가총액)가 낮아질 수도 있는 것이다.

한국ESG기준원에서 평가하는 사례를 통해 보면(ESG평가 샘플보고서), Environmental Responsibility(환경 책임) 부문에서 여러 가지 내용을 종합적으로 고려한다는 것을 알 수 있다. 온실가스 배출량, 에너지 사용량, 폐기물 배출량 등은 당연한 평가요소이고, 그 외에도 환경정보 공개와 환경교육 등 장기적으로 환경보호의 중요성에 대한 인식을 제고할 수 있도록 유도하는 내용들까지 평가요소에 포함된다는 것을 알 수 있다.

• ESG 평가 사례(한국ESG기준원의 샘플보고서)

자료: 한국ESG기준원

가계(개인): 정부와 기업을 평가

한편 가계는 탄소 배출을 감소하는 데 주도적인 역할을 담당하는 것처럼 보이진 않을 수 있지만, 사실 가장 중요한 역할을 담당하는 주체라 볼 수 있다. 가계가 정부와 기업을 평가하는 주체이기 때문이다.

입법부의 국회의원들과 행정부의 수장인 대통령을 선택하는 것은 국민이다. 국민의 투표로 결정되는 정책 입안자들이 그린테크에 대한 정책 방향성을 결정하는 것이기 때문에, 탄소 배출 감축에 대한 개인들의 인식이 향상된다면 정책 입안자들도 그에 맞춰 그린테크에 대한 관심을 높여갈 것이다. 만약 탄소 배출 감축을 위해 노력하지 않는 정책 입안자라면, 선거를 통해 탄소 배출 감축을 위해 노력하는 정책 입안자를 선출하면 된다.

기업도 마찬가지다. 기업의 최종 목적은 이익창출인데, 그 이익을 창출하는 주체는 바로 소비자(개인)다. 어떤 기업의 제품이 아무리 경쟁력이 있더라도, 환경에 유해한 활동을 계속하게 된다면 ESG 평가가 낮아질 뿐만 아니라 소비자들의 인식도 부정적으로 변할 가능성이 있다. 소비자들의 인식이 부정적으로 변한다는 것은 곧 그 기업의 제품·상품을 선택하지 않을 가능성이 높아진다는 것을 의미한다. 기업 입장에서는 단기적으로 이익창출과 무관해 보일지 모르는 환경과 관련된 행위가, 중장기적으로는 이익창출에 직간접적인 영향을 줄 수 있는 것이다. 그리고 그러한 변화를 만드는 것이 바로 소비자다.

탄소 배출 감축을 위한 정부와 기업의 노력은 그 변화가 빠르게 확인되기 때문에 우리는 그린테크 분야에서 정부와 기업의 움직임을 더 중요하게 보는 경향이 있다. 하지만 장기적으로 정부와 기업의 선택 방향성을 결정하는 것은 결국 개인이라는 점에서 탄소 배출 감축을 위한 개인들의 인식이 어떻게 변하고 있는지는, 그린테크에 대한 장기적인 투자 방향성을 판단하는 데 매우 중요한 단서가 되겠다.

그린테크로 가는 길에서 근원적인 역할을 하는 주체

KB금융그룹은 2021년 9월 〈KB 트렌드 보고서 (1): 소비자가 본 ESG와 친환경 소비 행동〉(손광표·황원경) 보고서를 통해 '소비자의 입장에서 본 친환경'에 대해 다뤘다. 보고서에서 소개한 설문조사(소비자가 가장 심각하다고 생각하는 환경 문제)를 보면, 상당히 많은 사람이 대기오염, 기후변화/지구온난화 등을 심각한 문제로 인지하고 있으며, 그 외 다른 문제들(생태계 파괴, 수질오염, 토양오염 등)에 대해서도 심각한 문제로 인지하고 있다. 문제의 심각성에 대해 전반적인 공감대를 얻은 대기오염과 기후변화/지구온난화 외, 생태계 파괴와 수질오염 등에 대해서는 특히 Z세대(설문조사 대상 중 가장 낮은 연령대)가 문제의 심각성에 대해 좀 더 인지하고 있다는 점에서 긍정적이다. 반면 '그다지 심각하지 않음'이라고 답변한 사람들은 극소수

• 소비자가 가장 심각하다고 생각하는 환경 문제

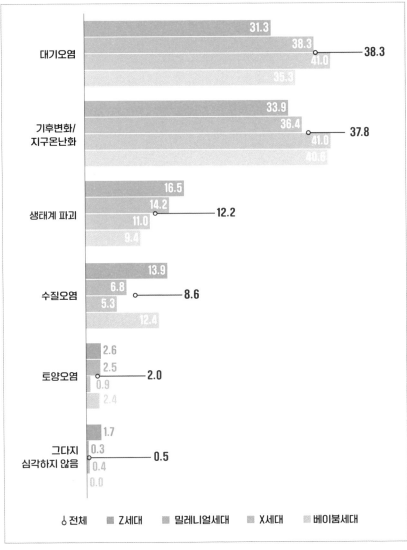

주1) 베이붐세대는 1955~1963년생으로 2021년 현재 만58~66세, X세대는 1970~1980년생으로 만41~50세,
밀레니얼세대는 1981~1996년생으로 만25~40세, Z세대는 1997~2001년생으로 만20~24세를 의미함.
삼정 KPMG 경제연구소 2019년 5월 연구 결과와 퓨리서치센터 2019년 1월 연구 결과를 반영

주2) 전체 n=1,000, Z세대 n=115, 밀레니얼세대 n=324, X세대 n=227, 베이붐세대 n=170

자료: KB 트렌드 보고서 (1) 소비자가 본 ESG와 친환경 소비 행동

에 불과했다. 사회 전체가 기후위기(환경문제)에 대해 점차 문제의식을 더 많이 느끼고 있음을 보여주는 사례다.

그런데 KB금융그룹에서 분류한 설문조사의 대상을 베이비세대, X세대, 밀레니얼세대, Z세대가 아닌 '소비자'라고 바꿔서 표현해본다면 이들의 문제의식이 가리키는 바는 더욱 중요하다. 그리고 이들의 문제의식은 단순히 '인식'으로만 끝나는 게 아니라 '행동'으로 이어지고 있음도 확인할 수 있다.

다시 KB금융그룹의 〈KB 트렌드 보고서 (1): 소비자가 본 ESG와 친환경 소비 행동〉 보고서에서 일상생활에서의 친환경 행동에 대해서도 확인할 수 있다. 답변에 응한 사람 중 절반 이상이 일회용 봉지 대신 장바구니를 이용하거나, 절전을 위해 노력하고 있다. 그리고 절반에 가까운(40% 후반의) 응답자는 일회용품 대신 개인컵·텀블러를 사용하거나, 절수를 위한 노력도 하고 있는 상황이다. 그리고 자가용 대신 대중교통을 이용하는 것도 친환경 행동의 대표적인 사례 중 하나다.

이와 같은 친환경 행동 중 당신은 어떤 것을 실제로 행하고 있는가? 참고로 필자는 ① 일회용 봉지 대신 장바구니 이용, ② 자가용 대신 대중교통 이용, ③ 친환경 세제 사용, ④ 친환경 빨대 사용, ⑤ 환경마크 부착 친환경 제품 구매 등을 실천하고 있다.

그런데 소비자들의 친환경 행동은 탄소 배출을 감축시키는 데 얼마나 큰 영향을 줄까? 사실 그 영향이 크지 않을 수 있다. 앞서 살펴본 탄소 배출의 원인을 보면 이 말을 곧바로 이해할 수 있을 것이

일회용 봉지 대신 장바구니 이용	63.7
절전을 위한 노력	54.4
일회용품 대신 개인컵·텀블러 사용	49.6
절수를 위한 노력	48.1
자가용 대신 대중교통 이용	34.2
배달음식 주문 시 일회용품 안 받기	28.3
친환경 세제 사용	26.8
친환경 빨대 사용	24.7
환경마크 부착 친환경 제품 구매	13.6

자료: KB 트렌드 보고서 (1) – 소비자가 본 ESG와 친환경 소비 행동

다. 글로벌 기준뿐만 아니라 한국 기준으로도 마찬가지다. 한국의 2021년 온실가스 배출 비중을 보면, 공공 전기 및 열 생산이 32.7%로 가장 많고, 그 뒤를 이어 수송(14.4%), 철강(14.3%), 화학(7.8%), 산업공정(7.5%) 순으로 이어진다. 흔히 공장에서 배출되는 매연과 관련된 분야, 자동차와 관련된 분야에 해당한다. 그 뒤를 이어 가정에서의 온실가스 배출이 4.7%를 차지했다. 즉 우리의 일상생활 속에서 발생하는 온실가스는 사실 큰 비중을 차지하지 않는다. 일회용 봉지 대신 장바구니 이용, 절전을 위한 노력, 개인컵·텀블러 사용 등과 같은 노력이 중요한 것은 맞지만, 그렇다고 해서 온실가스 배출 감소에 직접적으로 큰 변화를 가져오는 것은 아님을 알 수 있다.

하지만 개개인이 소비자가 된다면, 그리고 유권자가 된다면, 개

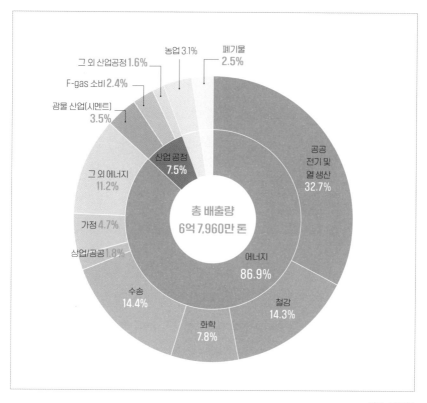

농업 3.1%

페기물 2.5%

그 외 산업공정 1.6%

F-gas 소비 2.4%

광물 산업(시멘트) 3.5%

산업 공정 7.5%

그 외 에너지 11.2%

공공 전기 및 열 생산 32.7%

가정 4.7%

총 배출량 6억 7,960만 톤

상업/공공 1.8%

에너지 86.9%

수송 14.4%

철강 14.3%

화학 7.8%

자료: 환경부

개인의 인식 변화는 정부와 기업의 선택에 영향을 줄 수 있다는 점에서 진정한 의미가 있다. 우리들의 친환경 행동이 직접적으로 탄소 배출 감축에 큰 영향을 주는 것은 아닐지 몰라도, 간접적으로 정부와 기업이 나아갈 방향성에 영향을 미칠 수 있기 때문이다.

분야별 온실가스 배출에서 높은 비중을 차지하는 공공 전기 및 열 생산, 수송, 철강, 화학, 산업공정 등은 결국 우리의 삶과 직간접적으로 연결되어 있는 분야들이다. 이 중 정부가 관리하는 분야에는 개개인이 '유권자'로서 정부 정책에 영향을 줄 수 있을 것이고, 기업들의 사업 활동과 관련 있는 분야에서는 개개인이 '소비자'로서 기업들의 사업 방향에 영향을 줄 수 있다. 따라서 친환경으로의 전환에 대한 개개인의 공감 확대는 정부 정책과 기업들의 의사결정 방향에 영향을 줌으로써 경제·사회 전반의 변화를 가져오는 근원이 될 것이다. 이러한 관점에서 '우리의 삶 속에서의 친환경'을 생각할 필요가 있다.

실제로 소비자들에게 실시한 설문조사에서 '일상에서 친환경 행동을 가장 잘 실천할 수 있는 분야' 중 1위를 차지한 것은 '소비 분야'다. 그리고 2위를 차지한 '교통 분야' 또한 교통에 대한 소비라는 관점에서 본다면, 결국 소비와 관련된 활동을 통해 친환경 행동을 실천할 수 있다는 사회 전반의 인식이 자리 잡고 있는 것이다.

소비자들이 소비를 통해 친환경 행동을 실천하는 방법은 무엇이 있을까? 일반 제품보다 친환경 제품의 가격이 더 비싸더라도, 사회적인 책무에 대한 생각을 기반으로 비용을 더 지불하더라도 친환경 제품을 선택하는 것이다. 물론 가격 차이가 크다면 일반 제품을 선택하겠지만, 적정 수준 내에서의 가격 차이는 친환경으로의 전환에 기여하겠다는 생각으로 감수할 수 있다는 의미다. 또한 구매하려는 제품을 판매하는 기업이 친환경으로의 전환에 얼마나 기여하고 있는지도 제품 선택의 기준이 될 수 있다. 예를 들면 기업의 사회공헌 활동(친환경으로의 전환을 위한 투자 또는 기부 등)이나 정부의 온실가스

• 일상에서 친환경 행동을 가장 잘 실천할 수 있는 분야

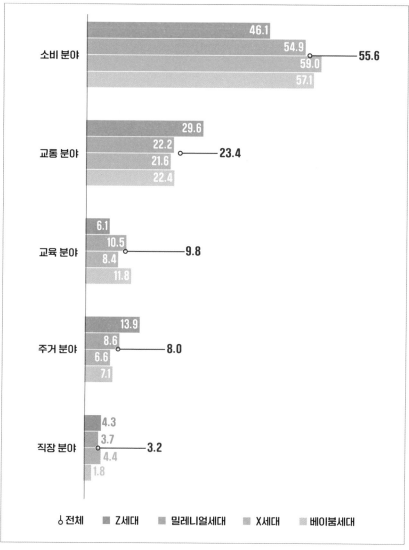

주1) '교육 분야'는 환경 감수성 향상, 미래 세대를 위한 기후 행동 동참, '주거 분야'는 태양광 패널 설치하기를 비롯한 친환경 에너지 사용하기 등, '직장 분야'는 고유망 저탄소 산업 관심, 그린벤처 창업 동참을 의미

주2) 전체 n=1,000, Z세대 n=115, 밀레니얼세대 n=324, X세대 n=227, 베이붐세대 n=170

자료: KB 트렌드 보고서 (1) – 소비자가 본 ESG와 친환경 소비 행동

배출 가이드라인 준수 등과 같은 것들이 해당될 수 있다. 이는 기업들의 선택에도 영향을 미칠 뿐만 아니라, 정부 정책의 실효성까지도 높일 수 있다는 점에서 큰 의미가 있다.

이것은 기업 입장에서 상당히 중요한 의미를 갖는다. 친환경 제품을 생산하는 데는 일반적인 방식(기존의 방식이자 환경을 고려하지 않았을 때의 생산방식)보다 더 많은 생산비용이 필요할 것이다. 판매가격으로 전가하지 못한다면 기업은 마진 감소를 감수해야 한다. 게다가 친환경 제품의 품질이 더 우수하지 못한다면, 판매량도 일반적인 방식으로 생산했을 때보다 더 적어질 수밖에 없다. 하지만 소비자들이 '친환경 행동을 실천함으로써' 조금 더 비싸더라도 기꺼이 지출하기로 마음먹는다면, 기업들은 판매가격 전가가 가능해질 뿐만 아니라 판매량도 증가할 수 있는 것이다. 그리고 '친환경 제품을 판매하는 기업'이라는 기업 이미지도 만들어져서 해당 제품뿐만 아니라 다른 제품들을 판매하는 데도 긍정적인 영향을 받을 수 있을 것이다.

이와 같은 이유로 인해 친환경으로의 전환에서 가장 근본적인 변화의 주체는 우리 '개인'이라 할 수 있다. 하지만 투자의 관점에서 주목해야 할 대상은 개인이 아닌 정부와 기업이다. 그 차이를 인지하는 것이 중요하다. 개인의 친환경 행동은 가장 근본적으로 사회 전반의 변화를 가져오는 원동력이 될 수 있지만, 가장 극적인 변화가 나타나는 계기는 정부의 정책과 기업의 투자에 달려 있기 때문이다.

따라서 필자는 투자의 관점에서 친환경으로의 전환에 대해 고민하기 위해, 개인보다는 정부와 기업에 더 중점을 둘 것이다. 개인의 친환경 행동은 매우 완만한 속도로 변화가 관찰되지만, 정부와 기업의 친환경 행동은 매우 빠른 속도로 변화가 관찰되기 때문이다. 이러한 이유로 정부와 기업의 친환경 행동이 곧 '그린테크'의 밸류에이션을 결정하는 주요 근거가 될 수 있다. 하지만 잊지 말아야 할 것은 정부와 기업의 친환경 행동 이면에는 개인들의 인식 변화가 자리잡고 있다는 것이다. 다음 장에서부터는 금융시장에서 보는 친환경으로의 전환, 즉 그린테크(Green Tech)에 대해 다루도록 하겠다.

금융시장에서 보는
그린테크

일상생활에서 생각하는 친환경으로의 전환과 그러한 변화에 대한 기대감으로 투자하는 것은 10~20년을 바라보는 장기투자에는 적합할지도 모르지만, 수개월 또는 수년을 바라보는 단기 또는 중기적 투자에는 전혀 맞지 않는 방법이다. 앞서 서술했듯이 개인의 친환경 행동은 매우 완만한 속도로 변화가 관찰되기 때문에 주식시장에는 간접적으로만 반영될 뿐이지만, 정부와 기업의 친환경 행동은 매우 빠른 속도로 변화가 관찰되기 때문에 주식시장에 더 직접적인 영향을 미친다.

따라서 투자의 대상으로서 그린테크를 볼 때, 주식시장에 직접적으로 영향을 미칠 몇 가지 기준을 세워야 한다. 막연하게 그린테크에 대한 관심이 계속 확대되고 있기 때문에 그린테크에 투자해야 한다는 논리는 장기적으로는 맞을지 모르지만, 그 기간이 얼마나 될 것인지는 아무도 알 수 없다. 친환경으로의 전환에 직접적인 영향을 미칠 몇 가지 기준을 바탕으로 그린테크에 투자한다면 투자자별로 상이한 전략, 투자 기간에 적합한 전략을 세울 수 있을 것이다. 당연히 투자 성과도 긍정적일 것이다.

예를 들어보자. 그린테크와 관련한 가장 대표적인 ETF인 'iShares MSCI Clean Energy ETF'의 가격 흐름이다. 2018년 초에는 10달러에 불과했으나, 2023년 초 기준으로 20달러 수준이다. 5년 만에 2배 상승이라면 결코 나쁘지 않은 성과일 뿐만 아니라, 개별 종목이 아닌 ETF라는 점을 고려했을 때는 더 훌륭한 성과로 평가할 수 있을 것이다. 특히 2020년 말~2021년 초의 가격 고점에서 매도했다면, 3년 만에 3배의 수익률을 시현했을 것이다(물론 2019년에 매수했어도 유사한 수익률을 시현했을 수 있다).

하지만 반대로 2021년 초에 iShares MSCI Clean Energy ETF를 매수한 투자자라면 어떻게 되었을까? 2년간 -30% 수준의 손실을 기록하고 있을 것이다. 물론 비슷한 시기에 미국 나스닥(NASDAQ)도 -30~-20% 수익률이었다는 점을 고려하면 벤치마크 지수와 비교한 성과는 나쁘다고 보긴 어렵다. 그러나 이러한 사실이 벤치마크 지수 대비 성과를 중요시하는 기관투자자들에게는 위안이 될지 모르지만 절대적인 성과가 중요한 개인투자자들에게는 위안이 되긴 어려울 것이다.

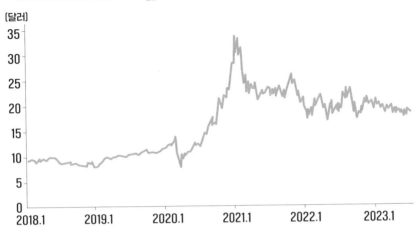

• iShares MSCI Clean Energy ETF

2018년부터 투자한 사람은 성공적인 투자였지만, 2021년 초에 투자한 사람은 실패한 투자라고 할 수 있다.

자료: MSCI

시기별로 달라질 수 있는 주가 흐름을 이해하기 위해 우선 그린테크의 특성을 파악해야 한다. 필자가 제시하는 특성은 2가지로, 바로 대체재로서의 성격과 수익성이라는 성격이다. 이 두 특성에 근거해 그린테크에 대한 판단 기준 3가지를 제시하고자 한다. 구조적 전환에 대한 시대적 요구, 구조적 전환을 위한 정부 정책과 기업의 투자, 그리고 구조적 전환에 필요한 비용(금리) 등이다.

필자가 이 책을 쓴 목적은 그린테크에 대한 무조건적인 낙관론을 제시하고자 하는 것이 아니다. 그린테크에 올바른 투자 접근법을 제시하려는 것이 진정한 목적이다. 거대한 흐름만 이야기하다 보면 그린테크에 대한 낙관론이 생기기 쉽고, 반대로 현재의 기술적인 측면에만 집중한다면 그린테크에 대한 비관론이 생기기 쉽다. 하지만 iShares MSCI Clean Energy ETF의 성과를 통해 보면, 일단은 장기적으로 낙관론이 좀 더 우위라는 점을 먼저 확인할 수 있다. 하지만 무조건적인 낙관론이 우위라고 평가하기에는, 2021년 초에 투자한 투자자들은 동의하기 어려울 것이다.

이러한 투자 현실을 고려해 그린테크에 대해 장기적으로는 낙관적인 전망을 하는 것과 동시에, 중단기적으로는 무조건적인 낙관이 아닌 올바른 접근법을 제시한다는 점을 먼저 강조한다.

그린테크 투자를 위해 고려해야 할 2가지 특징

앞서도 말했듯이 그린테크의 특성은 2가지가 핵심이다. 첫 번째는 대체재로서의 성격이고, 두 번째는 수익성이라는 성격이다.

첫 번째는 대체재로서의 그린테크다. 친환경 기술, 즉 그린테크는 아직까지 지배적인 에너지원이 아닌 화석연료의 대체재다. 따라서 그린테크 투자가 성공하기 위한 전제조건은 '그린테크가 화석연료를 얼마나 빠른 속도로, 얼마나 대체할 것인가'에 달려 있다. 즉 화석연료를 대체하기 위한 노력이 본격화될 때 그린테크 주식들의 성과가 좋아지는 경향이 있다.

가장 대표적인 예가 정부 정책, 특히 글로벌 주요국(미국, EU, 중국 등)의 정책이다(물론 한국의 그린테크는 글로벌 주요국들의 정책뿐만 아니라 한국 정부의 정책에도 큰 영향을 받는다). 정부 정책은 친환경으로의 전환을 의무화하는 법적인 힘을 갖기 때문에 화석연료를 대체하는 속도를 높이는 조건이 된다. 정책에서 제시하는 기준(예를 들어 전기차 보급 비중을 2030년까지 30%로 높이겠다는 계획 등)은 곧 화석연료를 대체하는 비중에 대한 가이드라인이기 때문이다.

기업의 투자도 중요한 예가 되겠다. 에너지 전환에 대한 사회 전반의 요구(소비자의 수요 측면)와 정부의 규제 및 세제혜택 제공 등은 기업들이 그린테크에 투자하도록 유인하는 배경이 된다. 특히 정부 정책으로 화석연료에 대한 의존도를 장기적으로 낮추려는 계획을 발표했다면, 동시에 그린테크에 대해서는 세제혜택을 제공하는 계획을 발표했다면, 기업이 투자를 확대하는 분야는 어디가 될까? 그린테크일 가능성이 높다. 정부 정책이 기업의 투자로 연결되는 이유다. 게다가 이렇게 투자한 것이 ESG 평가에 긍정적인 영향을 준다면, 사회 전반의 요구도 충족되기 때문에 소비자들의 선택을 받을 수 있는 근거도 된다. 기업 입장에서는 그린테크를 선택해야 할 또 다른 이유다.

그리고 정부의 정책과 기업의 투자를 가속화할 수 있는 것이 대외적인 환경 변화다. 그 대표적인 사례는 러시아-우크라이나 전쟁인데, 원유·천연가스의 수출국인 러시아가 우크라이나를 상대로 전쟁을 일으키고, 유럽 국가들을 상대로 천연가스를 무기화함으로써 대체재로서의 그린테크가 갖는 중요성이 더욱 부각되고 있다. 이러한 변화는 1970년대의 중동 오일쇼크 때도 관찰된 바 있으며,

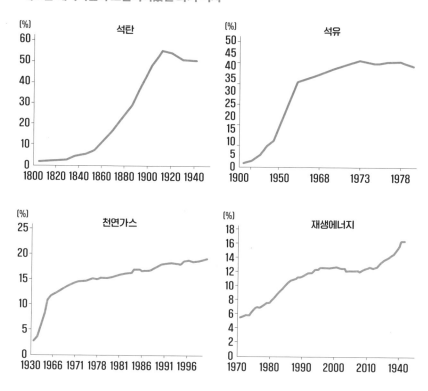

자료: BP Statistical Review of World Energy

1910년대의 제1차 세계대전 때도 관찰된 바 있다.

그리고 두 번째는 수익성이라는 성격이다. 그린테크가 도입된 수준은 화석연료에 비하면 초기 단계에 불과하다. 이는 기업들의 수익으로 이어지기에는 아직 규모가 크지 않다는 것을 의미한다. 또 도입 수준이 아직 초기 단계인 이유도 중요한데, 화석연료에 비해 에너지 효율이 낮기 때문이다. 즉 에너지 효율이 아직 화석연료

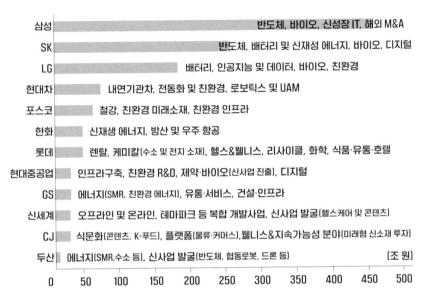

기업	투자 분야
삼성	반도체, 바이오, 신성장 IT, 해외 M&A
SK	반도체, 배터리 및 신재성 에너지, 바이오, 디지털
LG	배터리, 인공지능 및 데이터, 바이오, 친환경
현대차	내연기관차, 전동화 및 친환경, 로보틱스 및 UAM
포스코	철강, 친환경 미래소재, 친환경 인프라
한화	신재생 에너지, 방산 및 우주 항공
롯데	렌탈, 케미칼(수소 및 전지 소재), 헬스&웰니스, 리사이클, 화학, 식품·유통·호텔
현대중공업	인프라구축, 친환경 R&D, 제약·바이오(신사업 진출), 디지털
GS	에너지(SMR, 친환경 에너지), 유통·서비스, 건설·인프라
신세계	오프라인 및 온라인, 테마파크 등 복합 개발사업, 신사업 발굴(헬스케어 및 콘텐츠)
CJ	식문화(콘텐츠, K-푸드), 플랫폼(물류·커머스), 웰니스&지속가능성 분야(미래형 신소재 투자)
두산	에너지(SMR, 수소 등), 신사업 발굴(반도체, 협동로봇, 드론 등)

주요 기업들의 투자 계획을 살펴보면 그린테크에 대한 투자도 상당 부분 차지한다는 점을 알 수 있다.

자료: 언론 종합

에 못 미치기 때문에 도입 속도가 더디며, 도입 속도가 더뎌서 그린테크 기업의 수익성이 낮을 수밖에 없다.

이런 특징 때문에 그린테크는 2가지 변화에 민감하게 반응할 수밖에 없다. 정부의 세제혜택과 금리 변화다. 그리고 이것이 그린테크 주가에 미치는 영향은 다음과 같다.

기업의 손익계산서에서 영업외손익와 법인세비용 등에 영향을 줌으로써 기업의 순이익을 향상시키는 효과가 있다. 금리가 낮아질

• 기업의 손익계산서에 미치는 영향

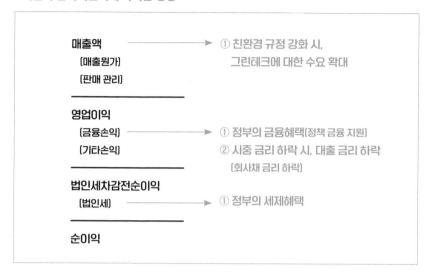

매출액
　[매출원가]
　[판매 관리]
　————————
　→ ① 친환경 규정 강화 시,
　　　그린테크에 대한 수요 확대

영업이익
　[금융손익]
　[기타손익]
　————————
　→ ① 정부의 금융혜택[정책 금융 지원]
　　② 시중 금리 하락 시, 대출 금리 하락
　　　[회사채 금리 하락]

법인세차감전순이익
　[법인세]
　————————
　→ ① 정부의 세제혜택

순이익

자료: 저자 작성

경우 기업은 차입을 통한 자금 조달 비용이 감소하는 효과를 볼 수 있는데, 이는 곧 영업외손익에 해당하는 금융비용의 감소를 의미한다. 그리고 세제혜택은 법인세비용을 감소시킴으로써 법인세차감후순이익을 증가시키는 효과가 있다. 또한 설비투자에 대해 세제혜택을 제공한다면 그린테크에 대한 설비투자가 확대됨으로써 해당 산업의 밸류체인에 속한 기업이라면 매출액 상승으로 이어질 수도 있다.

이러한 생각으로 파트 1에서는 그린테크에 투자하기 위해 판단해야 할 조건을 몇 가지 기준에 따라 체계화함으로써, 투자의 관점에서 보다 합리적으로 접근하는 방법을 제시한다. 그 몇 가지 기준이 그린테크 투자의 성패를 가르는 변수가 될 것이며, 결국 그린테크 주식들의 밸류에이션을 구성하는 조건이 될 것이기 때문이다. 따라서 각 요인이 무엇인지, 그것이 그린테크를 투자의 대상으로 판단할 때 어떻게 작용하는지, 또 어떠한 세부 조건들과 결부되는지 살펴보는 방식으로 이 책을 구성하고자 한다. 먼저 그 기준과 세부조건을 순서대로 정리해보자.

첫 번째 기준: 그린테크, 시대가 요구하는 구조적 전환(파트 2)

러시아-우크라이나 전쟁은 2020년대의 가장 중요한 변곡점이 될 사건이다. 그리고 그 전부터 계속되고 있는 미국과 중국의 패권 경쟁은 러시아-우크라이나 전쟁의 여파를 더욱 확장할 근거로서, 2010~2020년대의 가장 중요한 변곡점이 될 사건이다. 두 사건이 만들어내고 있는 문제는 바로 '탈세계화(Deglobalization)'다. 탈세계화는 30~40년만에 한 번씩 나타나는 사건이라는 점에서 그 의미가 매우 크다. 특히 한국은 세계화 시대의 대표적인 수혜국이기 때문에 탈세계화 시대에 어떻게 생존전략을 세울 것인지 고민해야 하는 현실에 직면하고 있다. 게다가 더 큰 문제는 이와 같은 탈세계화가 언제 끝날지 그 누구도 알 수 없다는 점이다.

앞으로 수년간 탈세계화 시대가 계속될 것이며, 탈세계화 시대에는 그린테크로의 구조적 전환에 대한 시대적 요구가 계속될 것이다. 특히 2020년대 탈세계화의 원인에 원유와 천연가스 공급 국가인 러시아가 있다는 점은 그린테크로의 구조적 전환이 필연적임을 가리킨다. 미국뿐만 아니라 EU, 중국, 중동, 한국 등 여러 국가가 그린테크로의 구조적 전환을 위한 노력에 더욱 박차를 가할 것으로 전망한다.

그린테크로 구조적 전환을 예상하기 때문에 첫 번째 기준(그린테크, 시대가 요구하는 구조적 전환)은 그린테크를 장기적인 관점에서 긍정적으로 생각하는 대표적인 이유다. 장기적인 관점에서 긍정적으로 생각하지만, 중단기적으로는 구조적 전환에 대한 사회적인 요구가 더욱 거세지고 있다는 점을 주목할 필요가 있겠다.

이 전망이 곧 '화석연료의 종말'을 의미한다는 것은 아니다. 현재 각국 정부에서 내세운 넷제로(Net-Zero, 탄소 배출 감축의 목표)를 생각해보면 그 의미를 이해할 수 있는데, 각국 정부에서 목표로 제시하는 시기가 2050~2060년 또는 그 이후다. 아직도 40년이나 남은 목표이며, 목표 시기가 지연될 가능성도 고려해야 한다. 따라서 그린테크로 인해 화석연료의 종말이 다가올 것이라는 생각은 오히려 극단적인 논리이며, 지금 우리가 주목해야 할 것은 단지 그린테크에 대한 투자가 증가하고 있다는 점뿐이다.

[%]

첫 번째 세계화
① 산업혁명 이후 국제무역 확대
② 제국주의 시대의 세계화
(식민지와의 교역 증가)

세 번째 세계화
① 중국의 개방과 아시아 성장
② 소련의 붕괴(이념 대립 완화)

두 번째 세계화
① 유럽 재건을 통한 세계화
② 일본 경제원조

세 번째 탈세계화
① 경제위기: 금융위기, 코로나19
② 전쟁: 러-우 전쟁, 미중 갈등

첫 번째 탈세계화
① 경제위기: 대공황
② 전쟁: 제1차, 제2차 세계대전

두 번째 탈세계화
① 경제위기: 오일쇼크
② 전쟁: 중동전쟁

세계화 지수(Globlization Index=Trade Openness Index)는 약 180개국의 수출입 합계를 GDP 합계로 나눈 수치다. 즉 지수가 상승하면 국제 교역이 증가했음을 의미하기 때문에 세계화 흐름이라고 판단할 수 있다. 이를 보면 사실 탈세계화는 2010년 초반부터 진행되고 있었다.

자료: Feenstra et al. (2015), Penn World Table (2021), Estevadeordal, Frantz, and Taylor (2003), Klasing and Milionis (2014)

두 번째 기준: 구조적 전환을 위한 정부 정책(파트 3)

첫 번째 기준(그린테크, 시대가 요구하는 구조적 전환)을 달성하기 위한 현실적인 노력들에 해당하는 것이 바로 '정부 정책'과 '정부 정책의 수혜를 입을 기업들의 투자'다. 글로벌 경제 전반에서의 대규모 전환에 해당하는 것이 바로 '그린테크로의 전환'이기 때문에, 이러한 전환을 주도하는 것은 정부가 되어야 한다. 정부가 직접적인 투자를 통해 관련 산업을 육성해야 하고, 규제와 지원을 통해 기업의 투자도 유도해야 한다. 그리고 그 정책들을 기반으로 해서 기업들도 그린테크에 대한 투자를 확대할 때 구조적 전환이라는 거대한 방향성이 점차 현실화될 수 있을 것이다.

정부와 기업의 중요성을 강조했지만, 이는 표면적으로 드러나는 변화이기 때문에 강조했을 뿐이다. 개인의 중요성도 결코 간과해서는 안 된다. 개인은 정치적인 관심을 통해 정부가 그린테크에 대한 투자를 계속할 수 있도록 감시할 수 있으며, 기업 제품에 대한 선호도를 표현함으로써 기업들이 나아가야 할 방향이 그린테크라는 점을 각인시킬 수도 있을 것이다. 최근 기업들에 대한 ESG 평가가 이뤄지고 있는 점이 이러한 변화의 대표적인 사례가 될 수 있겠다.

전 세계 수백 개의 정부 중 이러한 변화를 선도해야 할 국가는 단연 경제대국들이다. 글로벌 경제에 미치는 영향이 큰 미국, 중국, EU 등이 이러한 변화에 앞장서서 정책들을 추진해야만 글로벌 경제 전반의 탄소 배출이 감축될 수 있기 때문이다. 그리고 한국 정부도 이러한 노력에 적극 동참해야 하는데, 그린테크로의 시대적 전환에 부응해야 한다는 당위론적인 이유뿐만 아니라 다가올 미래 경제에서는 우리가 강점을 가진 수출제품·상품이 과거와는 달라질 수 있기 때문이기도 하다. 새로운 기회를 창출하는 것의 중심에 그린테크가 있다. 매우 다행인 점은 한국 정부의 성향과 무관하게 그린테크에 대한 지원 의지가 매우 강하다는 것이다.

이러한 점들이 최근 몇 년간 더욱 부각되고 있다. 가장 먼저 2021년 초 미국 조 바이든 대통령이 취임과 동시에 파리기후협약에 다시 참여하는 서명을 한 것이다. 그리고 2022년에는 인플레이션감축법(IRA; Inflation Reduction Act of 2022)을 추진함으로써 그린테크에 대한 투자를 확대할 의지를 보여줬다. 중국도 그린테크에 대한 투자를 계속하려는 모습이다. 특히 중국은 전기차, 태양광 등의 분야에서 기술적인 우위를 갖추고 있기 때문에 그 강점을 더욱 강화하려는 모습이다. EU는 그 어느 국가들보다도 그린테크에 대한 지원 의지가 강하다. 최근에는 '탄소중립산업법(Net-Zero Industry Act)'을 신규 정책으로 추진하겠다는 계획을 밝힘으로써 또다시 그린테크 분야를 선도하려는 움직임을 보이고 있다.

게다가 최근 관심을 받고 있는 사우디아라비아의 네옴시티 건설과 같은 '도시 건설 계획'에도 관심을 가져볼 필요가 있다. 사우디아라비아의 네옴시티 건설, 아랍에미리트(UAE)의 두바이 투자, 인도네시아의 수도이전(자카르타→누산타라) 등의 도시 건설 계획이 2022~2023년에 관심을 받고 있는데, 이러한 계획에서 중요한 부분을 차지하는 것이 바로 그린테크이기 때문이다. 이 3개 국가는 모

• 파리기후협약 복귀 서명을 하는 바이든 대통령(왼쪽)과 그린딜 산업계획(Green Deal Industrial Plan)을 발표하는 EU집행위원장(오른쪽)

자료: The New York Times, Reuters

두 자원이 풍부한 국가로 잘 알려져 있다. 사우디아라비아와 UAE 는 원유 수출로, 인도네시아는 원유뿐만 아니라 니켈 등의 광물 수출로 유명하다. 이들은 모두 2021~2022년 원자재 인플레이션의 수혜를 받아 막대한 자금을 벌어들였는데, 원자재 가격의 상승은 영원하지 않다는 것을 역사를 통해 알 것이다. 그래서 원자재 수출국들은 항상 원자재 슈퍼사이클 때 벌어들인 자금을 새로운 산업에 투자함으로써 미래를 대비해왔는데, 이번에는 도시 건설이라는 방식으로 그린테크에 대해서도 투자를 확대하려는 계획을 제시하고 있다.

그린테크에 대한 관심이 높아지는 글로벌 트렌드에 맞춰, 한국 정부도 관련 산업에 대한 지원을 확대하려는 의지를 강하게 보이고 있다. 특히 가장 의미 있게 생각하는 점은 그린테크가 정부 성향과 무관하게 대표적인 지원 대상으로 꼽히고 있다는 것이다. 문재인 행정부 때는 '그린 뉴딜'이라는 이름으로 그린테크를 정책적으로

• 분야별 유럽 스타트업에 대한 투자

자료: dealroom.co

육성하려는 의지를 계속해서 보였으며, 윤석열 행정부 때는 '12대 국가전략기술'에 그린테크를 포함시킴으로써 정책적인 육성 의지를 보이고 있다. 그뿐만 아니라 윤석열 대통령 취임 직후에는 '새정부 에너지 정책 방향'을 발표함으로써 그린테크와 관련한 에너지 정책을 적극 추진하겠다는 의지를 보였다.

이처럼 글로벌 주요국, 한국 정부 등이 정책적으로 그린테크를 지원함으로써 기업들도 그린테크에 대한 투자를 확대하고 있다. 이러한 변화들은 결국 그린테크로 대규모 자금을 유입시켜 경제 전반에서 그린테크가 차지하는 비율을 높일 것이다.

세 번째 기준: 그린테크로의 투자, 그리고 기회(파트 4)

탈세계화라는 거대한 흐름에 따른 구조적인 전환, 그리고 구조적인 전환을 위한 정부의 정책까지 모두 중요하지만, 결국 투자를 완성하는 것은 기업의 투자다. 기업은 왜 그린테크에 투자하는 것인지, 어느 정도로 투자하고 있는지에 대해 살펴보고자 한다. 그리고 그린테크에 대한 기업의 투자가 다시 또 국가 전체에 가져올 효과를 살펴봄으로써, 그린테크 투자를 위한 정부 정책의 당위성을 이해할 수 있을 것이다.

그린테크 투자 전략은 3가지로 나눠서 소개한다. 첫 번째 투자 전략은 그린테크에 대한 직접 투자로, 원전, 태양광, 풍력, 수소 등을 의미한다. 이 중에서도 향후 정부 정책이 강화될 분야에 특히 주목할 필요가 있다. 바로 원전과 풍력 등이다. 또한 만약 2024년부터 미국의 기준금리 인하가 시작된다면, 성장주라는 점에서 부각될 수 있을 것이다.

두 번째 투자 전략은 그린테크로의 전환 과정에 필수적인 분야나 전환 과정에서 나타나는 변화에서의 기회다. 종합상사와 폐배터리 리사이클링을 소개하고자 한다. 2가지 산업 모두 첫 번째 투자 전략에도 부합할 수 있지만, 첫 번째에서 소개하는 그린테크들과는 다른 특징들이 있기 때문이다. 종합상사는 석탄 등과 같은 화석연료 분야에서 매출이 발생하고 있는 점, 그리고 이차전지가 더 많이 쓰일수록 절대적으로 필요한 광물자원에 대해 투자하고 있는 점이 다르다. 폐배터리 리사이클링은 그린테크가 도입될수록 그 수요가 높아질 에너지저장시스템(ESS)으로 쓰일 수가 있으며, 폐배터리 재활용을 통해 광물자원을 추출하는 특징이 있다.

세 번째 투자 전략은 첫 번째와 두 번째 투자 전략을 상세하게 공부하기 어려울 때 선택할 수 있는 방법으로서, ETF 투자 전략이다. 개별 ETF를 상세하게 설명하기보다 ETF를 선정하는 방법론에 대해서만 간략히 다룰 것이다.

그린테크 투자의 중요 변수, 금리

이 책에서 자세하게 다루진 않겠지만, 또 하나 중요하게 고려해야 할 변수가 있다. 바로 금리다. 그린테크는 성장주 성격을 갖고 있기 때문에, 정부 정책이 없다는 가정하에 본다면 금리가 하락하는 시기에 더 유리하다.

그린테크 분야에서 '비용'이 주요하게 고려되어야 하는 첫 번째 이유는 넷제로 시대의 목표가 2050년, 2060년이라는 점에서 찾을 수 있다. 즉 단기간에 달성하는 것은 절대 불가능한 목표라는 점이 기업에게 의미하는 바는 '단기간에 수익을 높이는 것이 불가능하다는 것'이다. 단기간에 달성하기 어렵기 때문에 '장기적인 성장 가능성'이 그린테크 분야의 핵심이다. 이를 주식과 관련한 표현으로 대체하면 '그린테크=성장주'라고 분류할 수 있는 것이다.

그리고 두 번째 이유는 단기간에 수익을 높이는 것이 불가능하

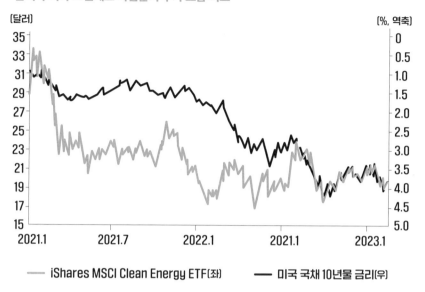

• 금리 추이와 그린테크 기업들의 주가 흐름 비교

[달러]

iShares MSCI Clean Energy ETF(좌) ── 미국 국채 10년물 금리(우)

자료: Bloomberg

다는 것에서 확인해볼 수 있다. 단기간에 수익을 높이기 어려우니 그린테크 산업 내에는 아직까지 적자 기업 또는 수익성이 낮은 기업이 많다. 이들 기업은 기업 내에 유보된 자금이 많지 않기 때문에 투자를 하기 위해서는 외부에서 대출, 회사채 발행 등의 방식으로 자금을 조달해야 하기 때문에, 금리가 높을수록 조달비용이 많이 소요될 수밖에 없다.

그린테크 기업들은 이런 2가지 이유로 인해 파트 2의 장기적인 긍정론과 파트 3의 정책적인 노력에도 불구하고, 단기적인 투자의 성과는 긍정적이지 않아 보일 수 있다. 2021~2022년의 미국 긴축 사이클이 그 대표적인 사례가 되겠다. 반대로 2020년은 역사적 초

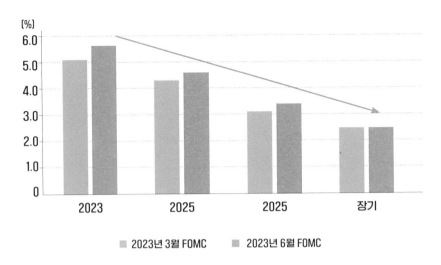

저금리 시대였으며, iShares MSCI Clean Energy ETF의 성과가 가장 좋았던 시기였다는 점도 참고할 수 있겠다.

하지만 2023년 하반기와 2024년에는 금리 환경이 그린테크에 유리하게 바뀔 가능성에 주목한다. 미국의 긴축 사이클이 종료되어가고 있으며, 그 외 주요국들 역시 긴축 사이클이 종료해가고 있기 때문이다. 글로벌 중앙은행에서 가장 중요한 미국 중앙은행(연준)은 2023년 6월까지만 하더라도 기존보다 금리를 더 많이 올리겠다고 가이던스를 제시하며 긴축 사이클의 연장을 시사했다. 하지만 중장기 관점에서는 2024년부터 기준금리 인하를 시사하고 있는 것은 분명하다.

인플레이션 환경에 따라 그 시기가 앞당겨지거나 미뤄질 수는 있어도, 긴축 사이클 종료 시기가 다가오고 있다는 것만은 분명하다. 연준의 긴축 사이클(금리 인상) 종료가 선언될 수 있는 2023년 하반기부터 그린테크에 대한 관심을 높여가야 한다.

GREEN TECH TRANSITION

PART 2

그린테크,
시대가 요구하는 구조적 전환

효율을 포기하는
구조적 전환

우리는 여전히 석유와 석탄 등 화석연료에 의존하고 있다. 화석연료에 대한 의존은 쉽게 해소되긴 어려울 것이다. 화석연료가 에너지 효율이 높기 때문이다.

기후변화 대응, 탄소 배출 감축 등을 위해 친환경 에너지를 사용해야 한다는 논리는 당연하게 들리지만, 막상 기업은 그 당연한 논리를 기업경영에 적용하기가 쉽지 않다. 기업은 도덕적 의무를 실천하는 집단이 아닌 이익 창출을 최종적인 목적으로 하는 집단이기 때문에 기업들이 기후변화 대응 및 탄소 배출 감축을 위해 친환경 에너지를 사용하는 데는 이익 창출에 긍정적인 영향이 있을 것이라는 기대감이 있어야 한다. 즉 화석연료를 사용하는 기존 설비를 포기하고 새로운 설비(친환경 에너지를 사용하는 설비)에 투자하기 위해서는 새로운 설비의 에너지 효율이 기존 설비에 비해 높을 것이라는 기대감이 있어야 가능하다. 하지만 그린테크의 에너지 효율이 점차 개선되고 있음에도 불구하고 여전히 화석연료에 비할 바는 못 된다. 기업 입장에서는 에너지 효율이 낮은 방식을 선택하기 위해 추가로 자금을 써서 새로운 생산시설을 갖추는 선택을 할 이유가 없다.

그럼에도 불구하고 기업 입장에서 에너지 효율이 낮은 친환경 에너지를 사용하게 되는 계기는 무엇일까? 가장 근본적인 계기는 화석연료에 기반한 생산방식이 이익 창출에 부정적인 영향을 줄 수 있다는 우려가 생기는 것이다. 그러한 우려가 생기는 것을 '구조적 전환'이라고 한다.

화석연료에 기반한 생산방식이 문제에 직면한 경우를 가정해보자. 쉽게 해결되는 문제라면 기업은 그 문제를 빠른 시일 내에 해결하고 다시 기존의 생산방식을 유지할 것이다. 하지만 쉽게 해결되지 않는 문제라면 기업은 어떻게 해야 할까? 또 해결은 하더라도 그 문제가 언제 재발할지 알 수 없는 불확실성이 있다면 기업은 어떻게 해야 할까? 이러한 때는 비용이 조금 더 높더라도 안전한 방식을 선택할 가능성이 있다. 기업 입장에서는 이익 창출만큼 중요한 것이 '불확실성의 해소'이기 때문이다.

지금의 탈세계화(러시아-우크라이나 전쟁, 미국과 중국의 패권전쟁)는 기업, 심지어 정부까지도 쉽게 해결하기 어려운 문제다. 또 해결하

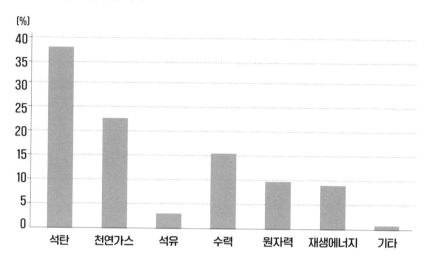

석탄, 석유, 천연가스 등 화석연료는 여전히 전력 생산의 절반 이상을 차지하고 있다.

자료: BP

• 제곱미터당 생산 가능한 에너지

에너지원	제곱미터당 와트
화석연료	500~10,000
원자력	500~1,000
태양열	5~20
수력(댐)	5~50
풍력	1~2
나무와 기타 바이오매스	1 미만

자료: 빌 게이츠, 『빌 게이츠, 기후재앙을 피하는 법』

더라도 언제 또다시 재발할지 알 수 없는 문제다. 그리고 원유와 천연가스의 최상위 공급자인 러시아가 촉발한 탈세계화이자 광물자원의 생산을 과점하고 있는 중국과의 분절 가능성이 대두되고 있는 지금의 문제는 화석연료를 넘어 원자재 전반에 대한 불확실성 문제를 야기하고 있다. 이러한 상황이라면 기업들은 화석연료의 에너지 효율이 친환경 에너지에 비해 훨씬 높더라도, 불확실성을 해소하기 위해 친환경 에너지로의 전환을 본격화할 수 있다. 그리고 그 과정이 빠르고, 순조롭게 진행될 수 있도록 정부가 정책적으로 지원해 줄 것이다.

따라서 지금 우리가 경험하고 있는 탈세계화 현상은 화석연료에 의존하던 우리의 경제·산업에 구조적 전환을 촉발한 계기가 될 것이다. 탈세계화 현상이 왜 친환경으로의 전환을 가속화하고, 어떻게 그 전환을 가속화하게 되는지 지금부터 살펴보도록 하자.

2022년 러시아-우크라이나 전쟁이 쏘아 올린 공

2022년 2월 24일, 블라디미르 푸틴 러시아 대통령이 우크라이나 내에서의 군사 작전을 지시했다. 그리고 곧바로 러시아군의 우크라이나 폭격이 시작되었다. 러시아의 우크라이나 침공에 대해 조 바이든 미국 대통령은 "전 세계가 도발도 없고 정당화될 수 없는 러시아의 공격을 받고 있는 우크라이나를 위해 기도하고 있다."라면서 "미국과 동맹국, 파트너 국가들은 결정적이고 통일된 방식으로 대응할 것이며 러시아는 책임을 지게 할 것이다."라는 내용의 긴급성명을 발표했으며, NATO 총장도 러시아의 우크라이나 침공을 강력하게 규탄하는 성명을 냈다. 하지만 우리는 러시아와 우크라이나의 전쟁이 결국 장기화되었다는 결과를 이미 알고 있다. 러시아의

자료: CNN, The official website of Ukraine

우크라이나 침공은 전쟁이라는 비극의 시작이었으며, 정치·경제적으로는 지난 40년간의 세계화 시대가 완전히 막을 내리고 '탈세계화 시대'라는 거대한 흐름이 본격화하는 순간이었다.

사실 러시아가 우크라이나를 공격한 2022년 2월 24일 이전부터 경고음은 계속해서 울리고 있었다. 그 시작은 2021년 12월 3일 〈워싱턴포스트〉의 보도였다. 〈워싱턴포스트〉가 보도자료에 실은 사진에는 우크라이나와의 국경지역에 러시아군이 배치된 모습이 포착되어 있으며, 미국 정부 익명의 관계자에 따르면 2022년 초에 러시아가 17만 5천 명의 군대를 동원해 우크라이나 공격을 준비하고 있음을 지적했다. 실제 러시아의 우크라이나 침공이 2022년 2월 24일이었으니, 매우 정확한 보도였던 것이다.

• 『Russia planning massive military offensive against Ukraine involving 175,000 troops, U.S. intelligence warns』, December 3, 2021 "미국 정부 관계자에 따르면, 러시아가 우크라이나를 공격하기 위해 17만 5,000명의 군대를 준비하고 있다."

그리고 같은 날 우크라이나도 비슷한 의견을 냈다. 우크라이나 국방장관은 의회 대정부 질의에서 "긴장 고조를 위해 곧바로 투입할 수 있도록 러시아가 우크라이나 접경 러시아 영토와 크림에 배치한 병력은 현재 9만 4,300명으로 평가된다."라고 발언했으며, "러시아가 긴장을 고조시킬 가능성이 가장 큰 시점은 내년(2022년) 1월 말이라고 예상한다."라고도 언급했다. 〈워싱턴포스트〉가 보도한 2022년 초와 매우 유사한 시기를 지적한 것이며, 우크라이나 국방장관의 주장 역시 실제 결과와 크게 다르지 않았다.

이처럼 러시아의 우크라이나 침공에 대한 우려들이 확대되던 중, 미국은 러시아와 화상회담을 진행했다(2021년 12월 7일). 회담을 전후해서 조 바이든 미국 대통령은 러시아에 대한 제재와 관련해 몇 가지 경고를 했다.

첫째, 푸틴 러시아 대통령과의 화상회담을 통해 "러시아가 우크라이나를 침공하는 경우 우크라이나의 방어를 위해 추가적 지원을 할 것"이라는 점을 분명히 했다. 여기서 의미하는 '추가적 지원'은 경제적인 지원과 더불어 군사 무기를 지원해주는 것을 의미한다. 단, 직접적인 군사 개입을 의미하진 않는다.

둘째, 미러 정상회담(화상회담) 전에 미국 측에서 언급한 조치로서 '국제은행간통신협회(SWIFT, 스위프트)의 글로벌 결제 시스템 접근 차단'에 대해서도 고려하고 있다는 내용이었다. 이는 금융 제재의 일환으로서, 달러화에 대한 접근을 제한하는 것이다. SWIFT는 금융기관들이 서로 안전하게 금융 거래와 결제를 할 수 있도록 보안을 갖춘 전산망이며 전 세계 금융기관 1만여 곳이 참여하고 있다. 이 결제 시스템에 대한 접근이 차단되는 것은 곧 세계 금융시장과 무역 거래에서 차단된다는 것을 의미한다. 러시아의 경우 천연가스 등의 원자재를 수출할 때 SWIFT를 통해 수출대금이 결제되기 때문에 접근이 차단된다면 에너지 무기화 전략에 차질이 생길 수 있다. 러시아에서도 300여 곳의 은행이 SWIFT에 가입되어 있기 때문에 직접적인 타격이 불가피해 보였다.

셋째, 제이크 설리번 미국 백악관 국가안보보좌관은 "푸틴 러시아 대통령은 노드스트림2 파이프라인으로 천연가스가 흐르는 것을 보고 싶다면 우크라이나 침공 위험을 감수하지 않으려 할 것"이라고 경고한 바 있다(2021년 12월 8일). 그리고 유사한 조치는 미국 의회에서도 준비되었는데, 미국 상원은 노드스트림2(Nord Stream 2) 가스관과 관련된 제재를 2022년 국방수권법에 반영하겠다고 압박한 바 있다. 러시아 국가재정의 주요 수입원은 원유와 천연가스의 수출에서 발생하는데, 이는 주로 유럽으로의 수출에 집중되어 있다. 그리고 유럽으로 천연가스를 보내는 주요 수단, 즉 파이프라인이 바로 제이크 설리번 국가안보보좌관이 언급한 노드스트림2다. 따라서 노드스트림2 가스관에 대한 제재는 러시아의 재정에 직접적인 압박을 가하겠다는 뜻으로 해석할 수 있다.

넷째, 러시아 루블화와 달러화의 환전 차단을 검토하고 있다는 소식도 전해진 바 있다. 러시아 루블화와 달러화의 환전을 차단하게 된다면, 러시아는 달러화 중심의 국제무역 거래에 참여하지 못하게 된다. 에너지 부문에서는 자급자족이 가능한 러시아지만, 반도체와 같은 첨단 분야에서는 자급자족이 어렵기에 국제무역 거래에 참여하지 못하게 된다면 러시아 경제에는 심각한 파장이 나타날 수 있음은 분명하다.

러시아의 우크라이나 침공을 저지하기 위해 미국이 여러 방면의 제재를 언급하면서 적극적인 모습을 보였지만, 바이든 대통령의 일부 발언이 매우 의미심장했다. 그리고 어쩌면 이것이 미국의 여러 제재에도 불구하고 러시아가 우크라이나를 무력 침공했던 배경일지도 모른다. 바로 2021년 12월 8일, 백악관에서의 기자회견에서 바이든 대통령이 "러시아의 잠재적 침공을 억제하기 위해 우크라이나에 군대를 배치하는 방안은 고려하고 있지 않다." "북대서양조약기구(NATO) 동맹국을 방어하는 것은 미국의 도덕적이자 법적 의무지만 이것이 우크라이나에도 해당하는 것은 아니다."라고 한 발언이다.

앞서 금융 제재, 무역 제재, 천연가스 수출 제재 등 여러 방면에서 러시아에 대한 제재를 할 수 있다고 한 미국이지만, 가장 중요한 '군사적인 제재'는 하지 않을 것임을 명확히 한 것이다. 따라서 침공을 준비하던 러시아 입장에서는 미국의 경제적인 제재 가능성과 군사적인 개입 가능성 중 한 가지에 대한 우려는 해소되었다. 실제로 2022년, 러시아가 우크라이나를 공격했을 때 미국과 유럽의 여러 경제적인 조치 및 국방 부문의 간접 지원은 있었지만, 미군이 직접 개입하진 않았다는 점은 이미 확인되었다.

2021년 12월에 확인된 미국의 개입 범위는 러시아의 푸틴 대통령이 더욱 자신감을 느끼게 된 원인일 수 있다. 미국이 군사적인 개입만 하지 않는다면, 즉 미국의 개입이 경제적인 부문에 국한된다면 러시아 입장에서는 어느 정도 대응할 수 있기 때문이다. 특히 2014년 크림반도 사태 때 이미 미국의 경제 제재를 한 번 경험해본 러시아 입장에서는 미국의 경제 제재 방법에 대해 가늠할 수 있었을 것이며, 따라서 미국의 제재에 수년간 대비를 해왔을 가능성을 고려해볼 수 있다.

2014년 크림반도 사태 때 미국의 러시아 제재에 대해 살펴보기에 앞서, 미국이 다른 국가들을 제재했던 사례들을 먼저 살펴보면 다음 페이지 표와 같다.

여기서 중요한 공통점이 관찰되는데, 금융과 에너지 부문의 제재 중심이라는 것이다. 금융 부문의 제재는 주로 제재 대상국으로의 투자를 제한하거나 달러 기반의 금융 시스템에 대한 접근을 차단하는 것이다. 금융 부문의 제재와 관련해 대표적으로 참고할 수 있는 사례는 2010년 7월 1일에 발효된 '포괄적 이란 제재법'이다. 미국 내 외환시장에 대한 접근을 금지하고, 미국 은행 시스템에 대한 접근을 금지하며, 미국 내 자산거래 역시 금지하는 내용이다. UN 측에서도 이란을 제재했는데, 핵 개발과 관련된 인물 또는 기업들의 해외 자산을 동결하는 조치 등이 대표적이다.

제재 대상국	제재 내용
베트남	주요 제재: 금융 제재와 교역 제재 · 미국인의 베트남 거래관계 금지 및 미국제품의 베트남 교역 금지 · 세계은행, IMF, ADB 등에서 베트남에 대한 자금지원 거부
이란	주요 제재: 금융 제재와 에너지 개발 관련 제재 · 미국의 이란 제재: 1979년 이슬람 혁명 이후 　- 이란, 미국기업(개인)에 대한 무역/투자 금지 및 제3국의 교역 및 투자 제재 · 미국의 이란 제재: '포괄적 이란 제재법'(2010년 7월 1일 발효) 　- 미국 내 외환시장 접근 금지 및 미국 은행 시스템 접근 금지 　- 이란 에너지 개발 참여, 정유제품/정제기술 공급 기업에 대한 미국 시장 참여 제한
리비아	주요 제재: 에너지 제재 · 1996년 이란·리비아 제재법(리비아의 석유개발 제한)
쿠바	주요 제재: 금융 제재, 에너지 관련 제재 · 1962년 미사일 위기 이후 제재 본격화 · 1996년 '쿠바 자유화 및 민주화연대법' 통과(미국 자본의 쿠바 투자가 사실상 봉쇄)

자료: 저자 작성

그렇다면 금융 부분에 대해서 제재를 하는 것은 어떤 의미일까? 글로벌 교역에서 거래의 기준이 되는 화폐가 주로 달러화이며(특히 원유 결제 시), 미국이 국제금융시장을 주도하며 자본 조달 측면에서의 큰 역할을 담당하고 있다. 그러므로 달러 기반의 금융 시스템에 대한 접근이 제한되는 것은 미래 성장에 큰 벽이 생긴 것과 같다. 미래 성장동력을 확보하기 위해서는 투자가 필요하며, 투자하려면 자본이 필요한데, 자본 조달에 제한이 생기기 때문이다. 기축 통화국이자 국제금융시장을 지배하고 있는 미국의 힘이다.

에너지 부문의 제재는 제재 대상국이 원자재 수출을 통해 수입을 창출하는 것에 제한을 가하는 것이다. 이 또한 이란에 대한 제재인 포괄적 이란 제재법이 대표적인 사례인데, 대(對)이란 에너지 개발에 참여하거나 정유제품 및 정제기술을 공급하는 기업 등에 대한 미국 시장 참여를 제한하는 조치를 예로 들 수 있겠다.

미국이 다른 국가들을 제재하는 방식에서 관찰되는 공통점은 2014년 미국의 러시아 제재에서도 확인되었는데, 주요 내용은 금융 제재와 에너지 제재였다.

크림반도 사태가 발발하자 미국과 EU 국가들은 미국과 유럽 내의 러시아 자산을 일부 동결하는 조처를 했다. 금융시장에 미국과 유럽 중심의 국제금융 시스템을 이용한 제재에 해당하며, 러시아의 자산을 동결하는 직접적인 효과뿐만 아니라 국제금융 시스템을 이용한 자금 조달에 대한 간접적인 제한 효과도 기대할 수 있는 조치였다.

또한 EU는 러시아와 추진하고 있던 비자 면제 협정 논의를 중단하고, 여타 경제협상들도 중단하기로 했다. 이는 전반적인 교역을 제재하는 조치에 해당한다. 그리고 교역 중에서도 가장 중요한 조치인 '에너지 제재'도 추진되었는데, 당시의 에너지 제재는 제재의 성격보다는 러시아 천연가스에 대한 의존도를 낮춰야 한다는 공감

구분	제재 내용
금융 제재	유럽 내 금융 제재 강화를 통해 러시아 자산을 동결
	푸틴 정부의 주요 인사(11명)의 미국 내 자산을 동결
교류 제재	EU와 러시아의 비자 면제 협정 논의를 중단
	러시아와의 경제 협상 중단
에너지 제재	유럽의 러시아산 천연가스 수입 의존도를 낮추기 위한 방안으로, ① 범대서양무역투자동반자협정(TTIP) 협상을 가속화 　- 러시아를 압박하는 수단으로 미국의 LNG 수출 완화 조치 추진 ② EU정상회의에서 회원국 정상들은 러시아 가스 수입 의존도 감축을 위한 　전략을 발표할 것을 EU집행위원회에 요청 ③ 리투아니아 에너지부 장관은 미국산 천연가스를 유럽에 수출할 것을 요청

자료: 저자 작성

대 형성 관점에서 이해하는 것이 더 적절하다. EU정상회의에서 회원국 정상들은 러시아 가스 수입 의존도를 감축하기 위한 전략을 발표해야 한다는 점을 주장했고, EU 내 일부 국가들은 미국산 천연가스를 유럽에 수출할 것을 미국에 제안하기도 했다. 반면 에너지 제재에는 소극적인 입장을 보인 국가도 있었는데, 독일이 대표적이다. 독일은 에너지 제재보다는 러시아와의 대화 및 외교를 통해 문제를 해결하는 것이 더 바람직하다는 태도를 보였다.

2014년 크림반도 사태 당시, 미국 및 EU의 입장과 러시아의 입장을 구분해볼 필요가 있겠다. 먼저 미국과 EU 입장을 보자. 첫 번째 문제점은 제재해야 할 대상이 러시아라는 점이다. 이전에 미국이 경제 제재를 했던 국가들(베트남·이란·리비아·쿠바 등)과 러시아는 군사력, 경제 규모 등에서 상당한 차이가 있어 미국과 EU 입장에서는 부담이 될 수밖에 없다. 특히 러시아는 핵 보유국이라는 점에서 군사적인 제재는 절대 불가하다는 문제가 있다. 미국과 EU의 제재는 오직 경제적인 제재에만 국한되었을 뿐 군사적인 제재로 이어지지는 않았다.

두 번째 문제점은 당시 국제 유가는 3년간 100달러 내외를 유지하던, 고유가 시대였다는 것이다. 러시아에 대한 에너지 제재가 제재의 성격보다는 러시아 천연가스에 대한 의존도를 낮춰야 하는 공감대 형성 수준이었던 것의 배경으로 이해할 수 있다. 특히 러시아에 대해 제재보다는 대화와 외교를 강조한 독일의 입장은 러시아산 천연가스에 의존할 수밖에 없던 현실을 보여준다.

러시아 입장에서는 미국과 EU의 제재를 어떻게 볼 수 있을까? 첫 번째는 제재의 패턴이 과거와 동일하다는 점을 포착했을 가능성에 주목한다. 베트남, 이란, 리비아, 쿠바 등에 적용했던 제재인 금융 제재와 에너지 제재는 이번에도 어김없이 시행되었다. 항상 같은 패턴의 제재라면 아무리 강력한 제재라고 하더라도 빈틈이 있을 것이다. 일반적으로 미국 중심의 금융 시스템에 대한 접근 제한과 같은 금융 제재, 에너지 수출국에게 가해지는 에너지 제재는 매우 강력한 제재라고 여겨지지만, 오히려 다르게 생각한다면 그 2가지 제재 외에는 다른 방법이 없을지도 모른다는 것을 의미한다. 러

• 크림반도 사태 전후 국제 유가(위)와 천연가스 가격 추이(아래)

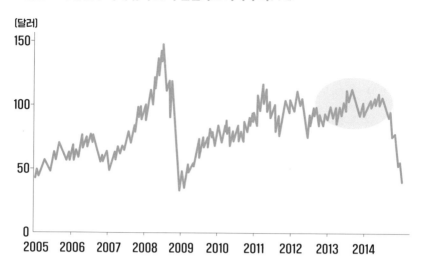

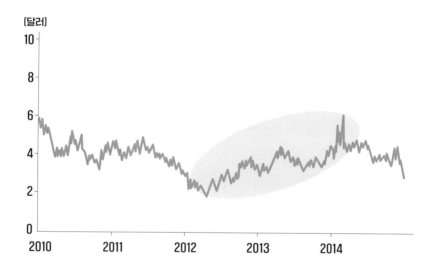

크림반도 사태 전후 국제 유가는 100달러 시대를 맞았고, 천연가스 가격도 2012년부터 상승이 계속되고 있었다.

자료: Bloomberg

시아 입장에서는 2014년 크림반도 사태 이후에는 어떻게 대응해야 할지에 대한 힌트를 얻은 계기가 되었을 것이다.

두 번째는 독일처럼 러시아 천연가스 수입 의존도가 높은 국가들이 보인 태도다. 독일은 러시아에 대해 제재보다는 대화와 외교를 통해 문제를 해결해야 한다고 주장했는데, 이는 러시아의 천연가스를 수입하지 못할 때 자국 경제에 에너지 가격 상승이라는 리스크로 작용할 수 있기 때문이다. 그렇다면 러시아 입장에서는 국제 유가나 천연가스 가격이 높은 상황을 이용할 수도 있다. 마침 2014년 크림반도 사태는 국제 유가가 약 3년 동안 100달러 내외를 유지했을 때 발발한 사건이었다. 러시아의 천연가스에 대한 유럽 국가들의 의존도가 높은 상황에서 에너지 가격이 상승했을 때라면, 러시아가 어떤 행동을 하더라도 유럽 국가들은 러시아의 행동에 대해 강하게 제재하는 태도를 보이긴 어려울 것이라는 교훈을 얻었을지도 모른다.

러시아를 미리 준비하게 만든 2014년의 경험 ————

2014년 미국의 러시아 제재는 금융과 에너지 제재에 집중되었으며, 이는 미국이 다른 국가들을 제재해온 과거 사례들과 일치한다는 점을 재확인시켜주었다. 이를 달리 말하면, 두 부문에 대한 제재에 대응할 준비를 하는 경우 미국의 제재가 갖는 효력이 약화될 수 있음을 의미한다. 2014년과는 달리, 2022년의 러시아는 그러한 준비가 된 것으로 보였다.

첫째, 금융 부문에 대한 미국의 제재는 달러화를 통해 이뤄지는데, 2014년 크림반도 사태 이후로 러시아의 달러화 의존도는 점차 낮아지는 추세였다. 미국의 금융 제재는 제재 대상국이 달러화에 의존하고 있다는 전제하에 달러화에 대한 접근을 제한하는 방식으로 이뤄진다. 그런데 러시아는 보유 외환 중 달러화 비중을 2013년 47.1%에서 2021년 16.4%로, 국부펀드의 달러 비중은 35%에서 0%로 낮추었다. 이처럼 달러화에 대한 의존도가 낮아지고 있는데, 미국은 2014년과 마찬가지로 2022년에도 달러화를 기반으로 한

• 러시아 미국 국채 보유고

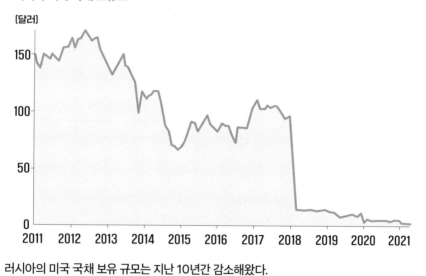

러시아의 미국 국채 보유 규모는 지난 10년간 감소해왔다.

자료: Datastream

• 러시아의 수출국 다변화 전략

구분	내용
2014년 5월 중국 (크림반도 사태 직후)	• 가즈프롬과 중국석유천연가스공사의 계약 체결 　- 연간 380억m³의 러시아산 천연가스를 30년간 중국에 공 　　급하는 계약
2022년 2월 4일 중국 (러시아의 우크라이나 침공 직전)	• 푸틴 대통령의 베이징올림픽 개막식 참석(시진핑 주석과의 정 　상회담) 　- 가스공급 합의: 가즈프롬이 중국석유천연가스공사와 연간 　　100억m³의 러시아산 가스를 극동지역 가스관을 통해 중 　　국에 30년간 공급하는 내용 　- 약 1,175억 달러 규모의 계약 　- 사업 실현될 경우 중국에 대한 러시아의 가스 공급은 연간 　　480억m³
2021년 12월 6일 인도 (러시아의 우크라이나 침공 우려 제기되던 중)	• 블라디미르 푸틴 대통령의 인도 방문(모디 총리와의 정상회담) 　- 국방·무역·에너지·우주·기술·문화 등 분야에서 협력 강화 　- 인도에 54억 달러 규모의 미사일 방어 시스템 수출 　- 인도는 6억 달러 규모의 합작 투자 계약을 통해 러시아가 　　설계하는 소총 60만 개 이상을 공통 제조 　- 2025년 말까지 교역 목표를 현재의 3배가 넘는 300억 달 　　러로 설정

제재를 똑같이 사용한 것이다. 비록 SWIFT 같은 강력한 조치가 시
행되긴 했지만, 과거와는 달라진 러시아를 더 이상 과거와 같은 방
식으로 제재할 수는 없게 되었다.

　둘째, 더 중요한 변화는 러시아가 유럽이 아닌 중국, 인도 등으
로의 수출을 확대하고 있었던 정황이다. 크림반도 사태 직후였던
2014년 5월, 러시아 천연가스 기업인 가즈프롬과 중국석유천연가

• 인도의 러시아 수입 추이

[백만 달러]

러시아-우크라이나 전쟁 전후로 급증

자료: Bloomberg

스공사는 연간 380억m²의 러시아산 천연가스를 30년간 중국에 공급하는 계약을 체결했다. 그리고 러시아의 우크라이나 침공 직전이었던 2022년 2월 4일에는 푸틴 대통령이 베이징올림픽 개막식에 참석하면서 시진핑 주석과 정상회담을 했고, 여기에서 중국으로의 천연가스 약 1,175억 달러 규모 공급을 또 한 번 체결했다. 이러한 정황을 확인한 후 다시 2021년 12월의 제이크 설리번 미국 국가안보보좌관의 발언("푸틴 러시아 대통령은 노드스트림2 파이프라인으로 천연가스가 흐르는 것을 보고 싶다면 우크라이나 침공 위험을 감수하지 않으려 할 것")을 돌이켜 본다면, 미국의 제재는 러시아의 우크라이나 침공을 처음부터 막을 수 없었음을 깨달을 수 있을 것이다.

그뿐만 아니라 2021년에는 푸틴 대통령이 인도를 방문하면서 모디 총리와 정상회담을 했으며, 국방·무역·에너지·우주·기술·문화 등 분야에서 협력을 강화하기로 합의했다(2021년 12월 6일). 실제 2022년 인도의 러시아 수입(주로 에너지)이 증가한 점은 2021년 정상회담에 따른 것일 수 있으며, 미국과 유럽의 러시아 제재가 러시아의 수출국 다변화 전략에 의해 상쇄되었음을 의미한다.

달라진 것이 없었던 2022년 미국의 러시아 제재 —————

2014년의 경험이 러시아를 준비하게 만들었다면, 미국과 유럽은 어땠을까? 러시아가 미국과 유럽의 제재 가능성에 수년간 대비해 온 것과는 달리, 미국과 유럽은 방심했다. 크림반도 사태 때 미국과 유럽이 러시아에 적용했던 제재는 2022년에도 똑같이 재현되었다. 달라진 것이 있다면 좀 더 강한 제재가 시행되었다는 것뿐이다.

2022년 러시아-우크라이나 전쟁 발발 초기부터 미국이 러시아를 제재했던 내용은 금융 제재와 교역 제재, 에너지 제재로 분류할 수 있다. 금융 제재는 러시아의 주요 은행들에 대한 제재, SWIFT에서 러시아 퇴출, 미국의 러시아 중앙은행 자산 동결(외환보유고 접근 불가), 러시아 신흥 재벌 제재, 그리고 IMF와 월드뱅크(World Bank) 등 국제기관으로부터 러시아의 자금 조달을 금지하는 조치 등을 포괄한다. SWIFT 같은 새로운 조치들이 추가되긴 했지만, 기본적

구분	제재 내용
금융 제재	• 2월 22일 러시아 국책은행(VEB) 등 거래 금지 • 2월 24일 주요 은행 제재 대상 추가(가즈프롬방크 등) • 2월 26일 SWIFT 퇴출 합의, 3월 12일에 적용 • 2월 28일 미국의 러시아 중앙은행 자산 동결(외환보유액 접근 불가), 국부펀드 및 재무부 거래 금지 • 3월 11일 러시아 신흥 재벌 제재(미 법무부는 은행, 암호화폐 거래소, 송금업체 등 금융기관에 러시아 재벌들의 자금세탁 경고) • 3월 11일 IMF, 월드뱅크 등 국제기관으로부터 러시아의 자금 조달 금지
교역 제재	• 2월 24일 러시아에 대해 FDPR 적용, 미국 밖의 외국기업이 만든 제품이라도 미국이 통제 대상으로 정한 소프트웨어, 설계를 사용했을 경우 수출 금지 • 3월 1일 러시아 제재에 적극 동참한 EU, 호주, 캐나다, 일본, 뉴질랜드, 영국 등 32개국에 대해 FDPR 적용 예외 국가 인정 • 3월 2일 러시아 국적 항공기의 미국 영공 비행 금지 • 3월 11일 러시아에 대한 무역 최혜국 대우 박탈 방안 추진, 러시아산 수입품에 대해 고율 관세를 부과할 수 있게 됨
에너지 제재	• 2월 24일 노드스트림2 운영사(Nord Stream AG)와 기업 임원에 대한 규제 적용 • 3월 2일 러시아 정유사 대상, 원유 및 가스 추출 장비 수출 통제 • 3월 8일 러시아산 원유 및 가스 수입 금지 결정

자료: 언론 보도

으로 달러화에 대한 접근 제한과 미국 중심의 금융 시스템에 대한 접근 제한이라는 제재의 기본 내용에서 달라진 것은 없다.

그런데 앞서 설명했듯이 달러화에 대한 의존도를 계속 낮춰온 러시아에게 이러한 금융 제재가 어느 정도 의미가 있을까? 러시아

구분	제재 내용
금융 제재	· 3월 11일 런던증권거래소 LSE, 러시아 고객에게 모든 서비스 중단 · 3월 15일 EU, 3대 신평사에 러시아 및 기업 신용평가 금지(향후 자금 조달 어려움)

에너지
제재
	· 2월 22일 독일, 노드스트림2 가스관 사업 승인 중단
	· 3월 5일 독일 경제부는 에너지 기업들과 LNG터미널 건설을 위한 MOU 체결,
	  "러시아산 수입 의존도를 빨리 줄이는 것 필요"
	· 3월 6일 미국 국무장관, 러시아의 원유 수출 금지 방안을 유럽 동맹들과 논의
	  하고 있다고 밝힘
	· 3월 7일 독일 총리는 러시아 제재에서 러시아 에너지를 제외하는 것을 지지한
	  다고 밝힘
	· 3월 8일 EU 집행위원회, 2022년 말까지 러시아산 수입 가스 물량의 2/3 축소,
	  2027년까지 러시아의 화석연료에서 독립
	· 3월 10일 EU 집행위원회, 2027년까지 러시아산 화석연료로부터 독립 추진,
	  5월에는 탈탄소화를 위한 구조적 변화 방안 마련할 예정
	· 3월 20일 독일, 카타르와 장기 액화천연가스 공급계약 체결

자료: 언론 보도

입장에서는 부정적인 영향이 불가피하긴 하겠지만, 이미 어느 정도 대비해왔던 제재였기 때문에 미국의 금융 제재 때문에 우크라이나에 대한 공격을 중단할 이유는 없을 것이다.

에너지 제재도 마찬가지다. 미국과 EU는 러시아로부터의 천연가스 수입을 감소하는 방향으로 러시아에 대해 에너지 제재를 시행했다. 독일은 노드스트림2 사업 승인을 중단했으며, 미국은 러시아 정유사를 대상으로 원유와 가스 추출 장비의 수출을 통제했고, 러시아산 원유와 천연가스 수입을 금지하기로 결정했다. EU는 러

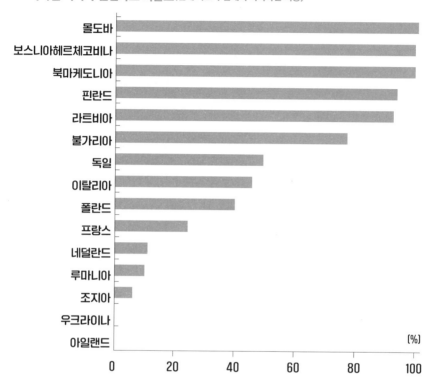

• 국가별 러시아 천연가스 의존도(전체 가스 수입에서 러시아산 비중)

자료: Statista

시아산 천연가스에 대한 의존도를 점진적으로 낮춰가는 방안을 발표했다. 하지만 이 또한 러시아가 이미 대비하고 있던 제재에 불과하다. 러시아는 중국으로의 천연가스 공급 계약을 미리 체결해뒀으며, 인도로의 천연가스 수출도 대규모로 늘렸다. 유럽으로의 수출이 감소한다는 점이 아쉬울 수는 있지만, 그것 때문에 우크라이나에 대한 공격을 중단할 이유는 없다.

그리고 EU의 태도를 보면 이번에도 러시아에 대한 강한 제재가 불가능하다는 것을 알 수 있다. EU는 2022년 러시아산 가스 의존도를 2/3로 축소하고, 2027년까지 러시아 연료 수입을 완전히 중단하겠다고 발표했다. 이는 반대로 생각해보면, 2027년까지는 러시아의 그 어떤 행동에도 불구하고 러시아산 연료를 수입할 수밖에 없는 현실을 보여준다. 특히 독일은 러시아에 대한 에너지 의존도가 높은데, EU 내에서의 입김이 가장 강한 국가이기도 하다. 그런 독일이 러시아의 에너지 무기화 전략에서 벗어나지 못한 상황이기 때문에 EU의 입장은 러시아에 대해 강경한 것처럼 보이지만, 실상은 현 수준 이상으로의 강경한 태도는 불가능함을 유추해볼 수 있다.

러시아-우크라이나 전쟁의
결과는 '탈세계화'

러시아의 우크라이나 침공에 대해 자세하게 다룬 이유는 이 전쟁이 가져온 여파가 정치적인 영역에 그치는 것이 아니라 글로벌 경제의 대전환으로 이어지고 있기 때문이다. 여기서 말하는 글로벌 경제의 대전환은 바로 '탈세계화(Deglobalization)의 본격화'다. 그렇다면 탈세계화가 정확히 어떤 의미인지, 왜 러시아-우크라이나 전쟁이 탈세계화의 원인인지, 그리고 탈세계화가 시사하는 것은 무엇인지에 대해 살펴보도록 하겠다.

먼저 탈세계화의 정확한 의미는 무엇일까? 탈세계화를 논하기에 앞서 세계화(Globalization)의 의미를 먼저 생각해보자. 세계화의 사전적 정의를 정리해보면 다음과 같다. 먼저 사회적인 현상으로서의 세계화를 설명하는 내용들이다.

- 정치·경제·문화 등 사회의 여러 분야에서 국가 간 교류가 증대하여 개인과 사회집단이 갈수록 하나의 세계 안에서 삶을 영위해 가는 과정을 가리키는 사회학 용어
- 국제 사회에서 국가 간 상호 의존성이 증가함에 따라 인류 문명이 단일한 체계로 수렴하고 있는 현상

여기서 주목해야 할 표현은 '국가 간 교류가 증대'한다는 것과 '국가 간 상호 의존성이 증가'한다는 것이다. 그리고 이를 통해 '단일한 체계로 수렴(하나의 세계 안에서 삶을 영위해가는 과정)'하는 현상이 나타난다.

세계화의 핵심은 사회적인 현상으로서의 세계화를 통해 이해할 수 있지만, 뒤에서 다룰 주제들을 위해 경제적인 현상으로서의 세계화는 어떻게 정의되는지도 살펴보도록 하겠다. 표현이 조금 더 어려워졌을 뿐, 핵심은 같다는 점만 기억해도 충분하다.

- IMF(국제통화기금): 재화와 서비스 및 금융자본, 그리고 기술이 무제한으로 국경을 넘어 거래되는 양(量)과 양상(樣相)의 증대(이재기, 『국제통상론』)
- KDI(한국개발연구원): 국가 간의 교통·통신 수단 및 정보·통신 기술의 비약적인 발달이 뒷받침되어 국가 및 지역 간에 존재하던 상품·서비

스·자본·노동·정보 등에 대한 인위적 장벽이 제거되어 사회·경제적 생활 공동체의 범위가 국가를 초월하여 확대되면서 전 세계가 하나로 통합되고, 상호 의존성이 증대되는 현상

경제적인 현상으로서의 세계화에 대한 정의에서도 결국 공통적으로 확인되는 표현은 '무제한으로 국경을 넘어 거래되는'과 '국가 및 지역 간에 존재하던 인위적 장벽이 제거되어 사회·경제적 생활 공동체의 범위가 국가를 초월하여 확대되면서 전 세계가 하나로 통합되고, 상호 의존성이 증대되는 현상'이라는 것이다. 한 단어로 표현하면 '통합'이라는 단어가 적합할 것이다.

경제적인 현상에서의 '통합'은 주로 국가 간 교역이 확대되는 것을 의미한다. 여기서 가리키는 교역은 상품 무역뿐만 아니라, 금융의 세계화도 해당한다. 그리고 과거와는 달리 눈에 보이지 않는 무형 자산들의 교역도 해당할 것이다.

그런데 경제의 관점에서 봤을 때 '국가 간의 연결'이 어떤 이유로 확대되었을까? 분명 경제적으로 이득이 되기 때문에, 우리는 '세계화'라는 현상을 선호했을 것이다. 여기서 핵심이 되는 이론은 데이비드 리카도의 '비교우위이론'이다.

비교우위이론은 애덤 스미스의 절대생산비 이론의 한계를 극복하기 위해서 데이비드 리카도가 그의 저서 『정치경제와 조세의 원리』에서 주장한 이론이다. 절대우위론의 한계는 양국 중 한 나라가 모든 재화에 절대우위가 있는 경우에는 무역의 발생을 설명할 수

없다는 점인데, 이런 문제는 비교우위론으로 해결할 수 있다. 비교 우위론이란 한 나라가 두 상품 모두 절대우위에 있고 상대국은 두 상품 모두 절대열위에 있더라도 생산비가 상대적으로 더 적게 드는 (기회비용이 더 적은) 상품에 특화해서 교역하면 상호이익을 얻을 수 있다는 이론이다(KDI 경제정보센터 인용).

책에서는 영국과 포르투갈의 교역을 예로 들었는데, 두 나라는 모직물과 와인 두 상품만을 생산한다고 가정한다. 포르투갈은 영국 보다 두 상품 모두 낮은 비용으로 생산할 수 있는데, 기회비용을 비 교하면 포르투갈은 와인 생산에, 영국은 모직물 생산에 비교우위가 있다. 따라서 영국과 포르투갈은 자급자족 형태의 경제활동을 하는 것보다, 각자 비교우위에 있는 상품을 생산해서 교역을 통해 교환 하는 것이 경제적으로 더 이득이다.

데이비드 리카도가 제시한 예를 통해 이해해보자. 영국은 옷감 1마를 생산할 때 100명의 노동력이 필요하고, 포도주 1병을 생산 할 때는 120명의 노동력이 필요하다. 반면 포르투갈은 옷감 1마를 생산할 때 90명의 노동력이 필요하고, 포도주 1병을 생산할 때는 80명의 노동력이 필요하다. 단순하게 비교해보면 옷감과 포도주 2가지 상품 모두 포르투갈이 더 적은 노동력을 통해 생산할 수 있 다. 애덤 스미스의 절대우위론에 따르면 포르투갈이 2가지 상품을 모두 생산해야 한다.

하지만 데이비드 리카도의 비교우위론은 애덤 스미스의 절대우 위론과는 다른 방법을 제시한다. 상대적인 비교를 통해 각 국가가 하나의 상품을 특화함으로써 교역을 할 경우, 상호간에 이득이 발생할 수 있다는 점을 강조하는 것이다. 다시 한번 영국과 포르투갈의 예를 보자. 영국에서 옷감과 포도주의 가치를 노동력을 통해 비교해보면, 옷감 1마의 가치는 포도주 0.83병(=100명÷200명)과 같다. 반대로 포르투갈에서 옷감과 포도주의 가치를 노동력을 통해 비교해보면, 옷감 1마의 가치는 포도주 1.1병(=90명÷80명)과 같다. 영국의 옷감 1마 가치가 상대적으로 더 저렴한 것이다.

이와 같은 비교우위를 통해 각 국가가 상대적으로 저렴하게 생산할 수 있는 분야에 집중한 후 교역을 하게 되면 어떻게 될까? 영국에서는 220명의 노동력이 옷감을 만드는 데 집중한다면 2.2마의 옷감을 생산할 수 있다. 그리고 포르투갈에서는 170명의 노동력이 포도주를 생산하는 데 집중한다면 2.1병을 생산할 수 있다. 그리고 영국의 옷감 1마와 포르투갈의 포도주 1병을 서로 교환(무역)하는 것이다. 영국은 1.2마의 옷감과 포도주 1명을 가질 수 있게 되고, 포르투갈은 1마의 옷감과 1.1병의 포도주를 가질 수 있게 된다.

이처럼 각자 비교우위를 가진 영역에 특화한 후, 서로 무역을 통해 교환하게 되면 두 국가 모두에게 이득이 된다는 것이 비교우위 이론이다.

다음 페이지의 표에서 경제학적 가정을 통해 비교한 영국과 포르투갈의 사례로 알 수 있는 점은(절대적인 관점에서) 모든 것을 더 저렴하게 생산할 수 있는 국가가 있더라도(상대적인 관점에서) 각각이 더 저렴하게 생산할 수 있는 것에 특화한 후 서로 교환하는 경우에

• 비교우위이론의 사례

① 18세기 영국과 포르투갈의 옷감&포도주 무역

	영국	포르투갈
옷감(1마 생산)	100명	90명
포도주(1병 생산)	120명	80명
합계	220명	170명

② 비교우위 상품을 특화할 경우

	영국	포르투갈
옷감	2.2마(220명)	0마
포도주	0	2.1병(170명)

③ 무역을 할 경우

	영국	포르투갈
옷감	1.2마	1마
포도주	1병	1.1병

자료: 데이비드 리카도

상호 모두에게 이득이라는 점이다. 그리고 이러한 논리는 국가 간
의 교역에도 적용할 수 있을 뿐만 아니라, 기업이나 개인들 간의 거
래에도 적용할 수 있을 것이다.

비교우위이론의 관점에서 본다면 세계의 각 국가는 각자 비교우

위에 있는 영역을 특화해서 발전시키고, 이를 통해 교역을 활성화한다면 상호이익을 얻을 수 있다. 최근 국제경제에서는 중국이 '세계의 공장'이라고 불리며 생산 및 조립 역할을 담당했다. 이는 중국의 제조 능력이 미국보다 더 뛰어났기 때문이 아니라, 중국에서 생산하는 것이 더 저렴하기 때문이었다. 그렇다고 해서 중국이 모든 상품의 생산을 담당했던 것은 아닌데, 중국 외에 다른 국가들이 더 저렴하게 생산할 수 있는 분야도 있었기 때문이다.

그리고 비교우위이론의 관점에서 국제무역이 활성화되는 것을 뒷받침하기 위해 나타난 정책적인 변화는 무역 관세의 인하다. 우리가 흔히 '세계화 시대'라고 부르는 1990년대 이후에는 무역 관세가 하락한 것을 확인할 수 있는데, 이는 비교우위이론을 뒷받침하기 위한 글로벌 국가들의 공조로 해석할 수 있다. 관세는 곧 판매지에서의 판매가격을 높이는 요인이다. 만약 관세가 높다면 아무리 비교우위의 관점에서 각각 특화된 영역에 집중해 생산의 효율성을 높인다고 하더라도, 결국 정책적인 이유(높은 관세)로 인해 판매지에서의 가격은 높아지게 된다. 즉 비교우위이론과는 정면 충돌하는 개념으로 볼 수 있으며, 따라서 1990년 이후 추세적으로 나타난 관세 인하의 흐름은 국제무역을 활성화해 세계화 흐름을 촉진하기 위한 정책적인 노력이었다고 볼 수 있겠다.

한편 지금까지 설명한 것과 정반대의 현상은 바로 국가 간의 연결이 끊기게 되는 '탈세계화'다. 한 단어로 표현하면 '분열(또는 분리)'이라는 단어가 적합할 것이다. 이와 같은 현상을 우리가 직접적

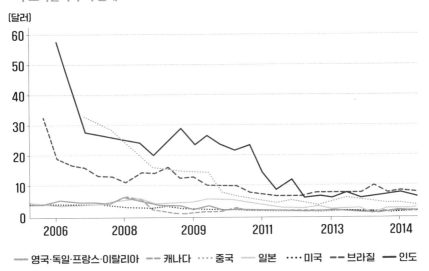

• 주요국들의 무역 관세

[달러]

━━ 영국·독일·프랑스·이탈리아   ━ ━ 캐나다   ⋯⋯ 중국   ━━ 일본   ⋯⋯ 미국   ━ ━ 브라질   ━━ 인도

자료: Peterson Institute for International Economics

• 미국과 중국의 관세 인상

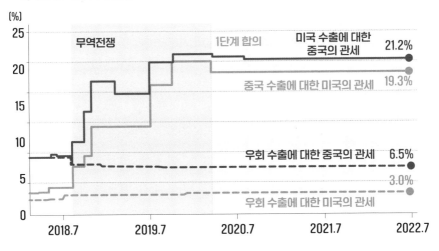

[%]

무역전쟁

1단계 합의

미국 수출에 대한
중국의 관세   21.2%

중국 수출에 대한 미국의 관세   19.3%

우회 수출에 대한 중국의 관세   6.5%

3.0%

우회 수출에 대한 미국의 관세

세계화 시대를 맞아 1990년 이후로 관세가 인하하며 무역장벽이 낮아졌음을 볼 수 있다. 그러나 미국과 중국의 관세는 2018년부터 인상하기 시작했는데 탈세계화 시대가 도래했음을 알 수 있다.

자료: Peterson Institute for International Economics

으로 인지하게 된 계기는 '2018년부터 계속되고 있는 미국과 중국의 갈등'이다. 무역 관세의 인하가 세계화 흐름을 촉진하기 위한 정책적인 노력의 결과물이었다고 본다면, 2018년부터 본격화된 미국과 중국의 관세 인상은 탈세계화가 본격화하고 있음을 알리는 신호로 볼 수 있겠다.

2022년 러시아-우크라이나 전쟁 직후부터 '탈세계화'라는 단어가 더 자주 언급되고 있지만, 사실 미국과 중국이라는 G2 국가 간의 갈등은 이미 탈세계화가 진행 중이었음을 보여준다. 그리고 여전히 두 국가 간의 갈등이 계속되고 있다는 것은 탈세계화 현상이 쉽게 해소될 수 없는 문제임을 가리킨다.

앞으로 수년간 탈세계화 현상이 국제 경제의 이면에 자리하고 있을 것이며, 그로 인해 여러 가지 변화가 계속해서 나타날 것이다. 우리는 그러한 변화들 속에서 투자 아이디어를 찾아야 한다.

러시아-우크라이나 전쟁이 탈세계화의 원인인 이유 ────

지금까지 세계화와 탈세계화의 의미에 대해 정리했다. 다음으로 '왜 러시아-우크라이나 전쟁이 탈세계화의 원인인지'에 관해 다룰 것이다. 이를 위해 역사적으로 세계화와 탈세계화가 언제 진행되었는지 살펴보도록 하겠다.

다음 그림은 세계화 흐름을 확인할 수 있는 그림으로서, Trade

Openness Index라는 지수(Index)다. 약 180개국의 수출입 합계를 GDP 합계로 나누는 방식으로 계산한 값이며, 따라서 지수가 더 높다는 것은 여러 국가 간의 교역이 확대(수출입이 많다는 의미)되고 있음을 의미한다. 이는 앞서 설명했던 세계화의 정의에 부합하는 흐름에 해당하기 때문에, 세계화 흐름이 진행되는 것으로 해석할 수 있다. 반대로 지수가 낮아진다는 것은 여러 국가 간의 교역이 축소되고 있다는 것을 의미하며, 이는 탈세계화의 정의에 부합하는 흐름에 해당한다고 볼 수 있다.

그림을 보면 1800년대 이후 세 번의 세계화와 세 번의 탈세계화가 진행되었음을 확인할 수 있다(세 번째 탈세계화는 현재 진행 중이다). 시간의 순서에 따라 각각을 살펴보도록 하자.

먼저 첫 번째 세계화는 1800년대부터 1910년대 중반까지의 기간에 해당한다. 이때는 산업혁명 이후 서구 열강들이 해외로 본격적으로 진출하면서 나타난 세계화다. 따라서 제국주의 시대의 세계화라고 표현할 수 있겠다. 이때의 세계화는 서구 열강들의 식민 통치가 동반되었던 현상이기 때문에 '통합'이라는 의미에 중점을 둔 사회적인 현상으로서의 세계화라고 볼 수 있을지에 대해서는 이견이 있을지도 모르지만, '국가 간 교역의 증대'라는 경제적인 현상으로서의 세계화에는 부합하기 때문에 필자는 이 시기를 첫 번째 세계화라고 지칭하고자 한다(1800년대 이전에도 세계화라고 부를 만한 시기들이 있을 수 있지만, 데이터로 확인 가능한 것은 1800년대 이후부터다. 따라서 1800년대 이후에만 국한해서 세계화 흐름을 진단했다).

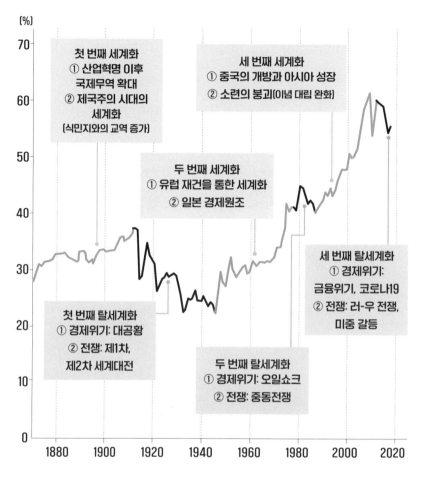

첫 번째 세계화
① 산업혁명 이후 국제무역 확대
② 제국주의 시대의 세계화 (식민지와의 교역 증가)

세 번째 세계화
① 중국의 개방과 아시아 성장
② 소련의 붕괴(이념 대립 완화)

두 번째 세계화
① 유럽 재건을 통한 세계화
② 일본 경제원조

세 번째 탈세계화
① 경제위기: 금융위기, 코로나19
② 전쟁: 러-우 전쟁, 미중 갈등

첫 번째 탈세계화
① 경제위기: 대공황
② 전쟁: 제1차, 제2차 세계대전

두 번째 탈세계화
① 경제위기: 오일쇼크
② 전쟁: 중동전쟁

자료: Feenstra et al. (2015), Penn World Table (2021), Estevadeordal, Frantz, and Taylor (2003), Klasing and Milionis (2014)

하지만 세계화 흐름은 1910년 중반부터 중단되고, 이후 약 30년 간 탈세계화 시대로 전환했다(1910년대 중반~1940년대 중반). 시기적 으로 보면, 1914년에 시작된 제1차 세계대전이 탈세계화 시대로의 전환이 시작된 시기와 정확히 일치하며, 1945년에 끝난 제2차 세계대전이 탈세계화 시대의 마지막 시기와 정확히 일치한다. 그리고 1929년부터 시작되어 1930년대에 지속된 '대공황'도 시기적으로 일치하는 현상이었다. 당시 전쟁과 대공황의 여파로 보호무역주의가 성행했던 사실이 탈세계화 흐름의 근거가 될 수 있겠다.

1945년 제2차 세계대전이 종전하면서 탈세계화 시대가 저물고, 두 번째 세계화가 시작되었다. 이때부터의 세계화는 사실상 패권국인 미국이 주도한 세계화로 볼 수 있으며, 전쟁의 폐해를 딛고 일어선 서유럽 국가들과 일본이 고속 성장했던 시기다.

이때의 세계화를 가능케 했던 것 중 핵심은 미국의 마셜플랜(1948~1952)이다. 1947년 7월부터 4년간 미국이 서유럽 16개국에 총 130억 달러 규모의 지원을 하는 것을 주요 내용으로 하는 마셜플랜은 제2차 세계대전 직후 황폐화된 유럽을 재건하기 위한 표면적인 목적과 함께 공산주의의 확산을 막겠다는 이면의 목적도 있었다. 그리고 세계화 관점에서 더 중요한 것은 서유럽 국가들의 회복을 도움으로써 당시 산업 생산의 중심지였던 미국이 안정적인 수출 공급망을 확보하고, 미국 경제를 성장시키겠다는 목적도 있었다.

시작부터 이러한 배경이 있었기 때문에 제2차 세계대전 이후에는 빠른 속도로 세계화 흐름이 진행되었다. 비록 지금의 기준으로 보면 공산주의 세력과 민주주의 세력(자본주의 세력)이 양분된 형태의 반쪽짜리 세계화로 비춰질 수도 있지만 그래프에서 확인할 수 있듯이 글로벌 교역량이 급격하게 증가해 1800년대의 세계화 흐름

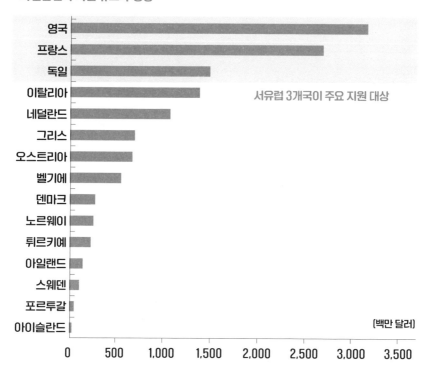

• 마셜플랜의 지원 규모와 영향

서유럽 3개국이 주요 지원 대상

[백만 달러]

을 넘어선 것을 부정할 수 없다.

　1970년대에 들어서면서 1950~1960년대의 세계화 흐름이 일단락되고 다시 한번 탈세계화 흐름이 나타나게 되었는데, 그 배경에는 중동 오일쇼크가 있다. 특히 충격이 본격화된 것은 1973년의 제4차 중동전쟁(욤키푸르전쟁)이었다. 당시는 중동에서 생산되는 원유에 대한 의존도가 점차 높아지던 시기였기 때문에 중동에서의 오일쇼크는 국제 유가가 급등 시켰고, 이로 인해 전 세계 경제가 침체에 빠지는 결과가 초래되었다. 하지만 이때의 탈세계화(두 번째 세계화)

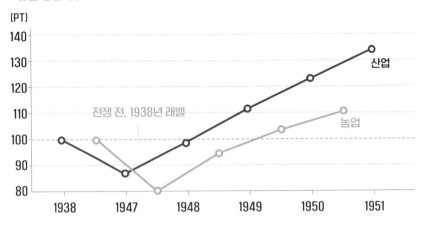

[PT]

마셜플랜을 세워 1947년 7월부터 4년간 미국이 서유럽 16개국에 총 130억 달러 지원했다. 이를 통해 제2차 세계대전 직후 황폐화된 유럽을 재건하고, 미국 경제를 복구(안정적인 수출 공급망 확보)하고, 공산주의의 확산을 막고자 했다. 유럽의 생산지수를 보면 마셜플랜의 영향으로 1947~1948년부터 반등이 본격화되었다.

자료: Brown and Opie, American Foreign Assistance

는 첫 번째 탈세계화에 비해 지속기간이 훨씬 짧았으며, 약 10년 정도 지속된 후 막을 내렸다.

1970~1980년대의 탈세계화가 중요한 이유는 '원자재 공급망의 붕괴'라는 현상이 지금의 탈세계화와 매우 유사하기 때문이다. 1910~1940년대의 탈세계화가 경제 전반의 현상이었다면, 1970~1980년대와 지금의 탈세계화는 경제 전반의 현상임과 동시에 특히 원자재 부문과 깊은 관련이 있는 현상이라는 점에서 더욱 닮은 모습이다.

그리고 그 뒤를 이은 세계화(세 번째 세계화)가 바로 지금 이 책을 읽고 있는 독자들 대부분이 경험한 세계화다. 특히 한국이 본격적으로 수출을 확대하며 글로벌 경제에 편입되었던 시기이기 때문에, 한국인들은 주로 이 시기의 세계화에 익숙할 것이다.

세 번째 세계화는 중국의 개혁·개방으로 본격화했으며, 소련의 붕괴로 인해 더욱 가속화되었다. 첫 번째와 두 번째 세계화는 일부 국가들에 국한된, 또는 세력이 양분된 상태에서의 세계화였다면, 세 번째 세계화는 중국이라는 거대 국가가 편입되고 소련이 붕괴함으로써 나타난 것이 가장 큰 특징이다. 따라서 이전에는 경험해보지 못한 가장 거대한 흐름으로서의 세계화라고 볼 수 있다.

앞서 제2차 세계대전 이후의 세계화를 미국이 주도했다고 설명했는데, 1980년대 이후의 세 번째 세계화 역시 미국이 주도한 현상이다. 이는 1970년대 미국과 중국의 외교를 전담했던, 전 미국 국무장관이자 노벨 평화상 수상자인 헨리 키신저를 통해 알 수 있다. 헨리 키신저는 그의 저서 『헨리 키신저의 중국 이야기』를 통해 1970년대 미국과 중국이 어떻게 외교를 재개하게 되었는지에 대해 자세히 설명했다. 그에 따르면 1970년대 미국과 중국이 외교를 맺게 된 계기는 1969년 중국과 소련의 국경분쟁이 전쟁으로 확산될 수 있다는 우려가 확대되었기 때문이다. 이것을 계기로 닉슨 대통령은 1969년 8월 국가안보회의에서 하나의 태도를 선택하게 된다. 만약 중국과 소련의 전쟁에서 중국이 패배하게 된다면, 미국의 이익에 반한다는 것이다.

닉슨 대통령은 1970년 2월, 국회에 보낸 외교교서를 통해 '닉슨 독트린'을 선포하면서 그의 태도를 공론화했다. 그리고 1971년 7월 당시 미국의 안보 담당 보좌관이었던 헨리 키신저가 외교단을 이끌고 중국을 방문해 중국 국무원 총리였던 저우언라이와 회담을 한다. 그런 다음 약 7개월 뒤, 닉슨 대통령이 중국을 직접 방문해 마오쩌둥 주석과 정상회담을 하는 역사적인 사건으로 이어졌다. 이후 1979년 1월 1일, 미국과 중국은 드디어 수교를 맺는다.

> 1969년 8월 국가안보 회의에서 닉슨은 하나의 태도를 선택했다. 당시로서는 충격적이었지만, 당시 주어진 상황에서는 소련이 한층 더 위험한 상대이며 따라서 만약 중·소 전쟁에서 중국이 '무참히 깨지게 되면' 미국의 이익에 반한다는 이론을 내놓은 것이다.
>
> 이 정책을 추구하면서 나는 소련과 중국이 대치할 경우 미국은 중립적 입장을 취하겠지만 그런 틀 안에서 가능한 한 최대로 중국 쪽으로 기울 것이라는 지시를 내린 바 있다.
>
> 그것은 미국 외교 정책에서 하나의 혁명적 순간이었다.
>
> 『헨리 키신저의 중국 이야기』중

마지막으로 지금 진행되고 있는 탈세계화다(세 번째 세계화). 세 번째 세계화가 영원할 것 같았지만, 역사는 항상 반복된다. 이번에도 세계화는 영원하지 못했고, 결국 경제위기(2008년의 글로벌 금융위기, 2020년의 코로나19, 2022년의 인플레이션 등)와 전쟁(미중 갈등, 러시아-우크라이나 전쟁)과 같은 문제들이 세계화 흐름을 일단락시키고 탈세계화 시대로 전환하게 만들었다.

이렇게 시간 순서에 따라 세 번의 세계화와 세 번의 탈세계화에 대해 정리했다. 그렇다면 탈세계화는 어떤 이유로 발생하는 것일까? 역사적으로 보면 탈세계화의 원인은 전쟁과 경제위기에서 찾을 수 있다.

첫 번째 탈세계화: ① 제1, 2차 세계대전, ② 대공황

두 번째 탈세계화: ① 중동 전쟁, ② 오일 쇼크

세 번째 탈세계화: ① 2008년 금융위기, 2020년 코로나19 위기, 2022년 인플레이션, ② 미중 갈등, 러시아-우크라이나 전쟁

세계화의 정의에서 반드시 기억해야 할 것은 '신뢰에 기반한' 통합이라는 점이다. 따라서 신뢰가 무너진다면 세계화는 지속될 수 없으며, 그 신뢰는 언제든지 무너질 수 있다. 전쟁은 상호 간의 신뢰가 무너진 상태이므로 탈세계화의 원인이 되며, 경제위기는 자국민을 위한 이기적 선택을 하게 만들기 때문에 다른 국가들과의 신뢰를 무너뜨리게 하는 배경이 된다. 따라서 전쟁과 경제위기는 언제나 탈세계화의 원인이었으며, 앞으로도 그럴 것이다.

이러한 역사적 배경을 지금의 상황에 대입해본다면, 러시아의 우크라이나 침공에 대해 앞서 장황하게 다룬 이유가 이해된다. 러시아의 우크라이나 침공은 전쟁이라는 점에서 탈세계화의 원인으

로 볼 수 있지만, 더 근본적으로 미국, 유럽 등 여러 국가가 러시아에 대한 신뢰를 잃게 했기 때문에 탈세계화의 원인이 되는 것이다.

그리고 이러한 신뢰가 점차 무너지고 있는 것은 비단 러시아의 문제만은 아니다. 전기차 시대의 도래와 함께 전기차 배터리의 필수 원자재인 광물자원(리튬·니켈 등)에 대한 수요가 급증하면서 남미 국가들과 인도네시아 등도 자국우선주의 행보를 보이고 있다. 남미 국가들(아르헨티나·칠레 등)은 리튬 협의체 설립을 모색하고 있으며, 인도네시아는 니켈판 OPEC 설립 의지를 표명했다. 또 멕시코는 리튬을 국유화하는 법안을 공포하고, 리튬의 탐사 및 채굴권을 국가에 귀속시키기도 했다. 러시아-우크라이나 전쟁 직후에는 원유와 천연가스 공급 문제가 부각되었지만, 지금은 광물자원까지도 문제가 되고 있다. 즉 탈세계화는 더욱 심화하고 있으며, 우리는 탈세계화의 시대에 대해 다각도로 접근할 필요가 있는 것이다.

따라서 다음으로는 탈세계화가 무엇을 시사하는지, 그리고 지금의 탈세계화(러시아와 중국이 갈등의 중심에 선 탈세계화)가 갖는 의미는 무엇인지에 관해 논의하고자 한다.

탈세계화 시대의 리스크인 중국과 러시아

러시아와 중국이 갈등의 중심에 선 지금의 탈세계화가 어떤 의미를 갖는지 논하기 위해서는 세 번째 세계화 시대에 러시아와 중국이 어떤 역할을 담당했었는지 확인할 필요가 있다. 신뢰가 무너진 것이 탈세계화라면, 세계화 시대에 러시아와 중국이 글로벌 공급망에서 어떤 역할을 담당했었는지 확인하는 것은 곧 어떤 것에 대한 신뢰가 무너졌는지 이해할 수 있는 배경이 되기 때문이다. 글로벌 공급망 속에서 러시아와 중국의 역할을 이해하기 위해서 아래 글로벌 공급망의 구조를 먼저 살펴보자.

거의 대부분 제품은 글로벌 공급망(Supply Chain) 구조에 따라 생산된다. 원자재가 필요하며, 그 원자재들을 바탕으로 생산 및 조립을 하며, 최종적으로 소비시장으로 보내지게 된다. 따라서 글로벌 공급망의 시작은 원자재에 있다고 해도 과언이 아니며, 그만큼 원자재를 안정적으로 확보하는 것이 중요하다. 글로벌 공급망의 구조에서 러시아와 중국의 역할을 구분해보면, 러시아는 주로 원자재 공급의 역할을 담당했을 뿐만 아니라 글로벌 공급망에서 차지하는 비중이 매우 컸다. 특히 유럽 국가들은 러시아에서 생산되는 원자재(원유, 천연가스 등)에 대한 의존도가 매우 높았다. 그리고 중국은 주

• 글로벌 공급망의 구조

자료: 저자 작성

로 생산 및 조립에서 큰 역할을 담당했으며, 그뿐 아니라 원자재(희토류 등 핵심광물) 공급에서도 주요한 역할을 담당했다.

먼저 러시아-우크라이나 전쟁의 원인 제공자인 러시아를 보자. 러시아는 원유와 천연가스 부문에서 전 세계 최상위 공급자에 해당한다. 원유, 셰일오일, LNG의 생산량에서 러시아가 차지하는 글로벌 시장 점유율은 12.6%로서 미국에 이어 세계 2위다. 따라서 지금의 탈세계화 시대가 지속된다면, 그리고 미국의 러시아 에너지 제재가 지속된다면, 글로벌 시장 점유율 12.6%의 원유 공급에 차질이 생기는 것이다.

하지만 더 큰 문제는 유럽 시장에 있다. '글로벌 시장 점유율 12.6%'는 말 그대로 글로벌 시장에서의 점유율이다. 그런데 유럽 시장으로 국한해서 본다면 러시아 에너지에 대한 의존도가 훨씬 높다. 러

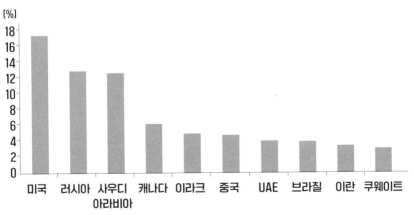

• 글로벌 원자재 생산량(원유, 셰일오일, LNG 비중)

자료: BP

시아-우크라이나 전쟁 발발 초기인 2022년 초 기준으로 보면, EU 국가들의 원유 러시아 의존도가 25%에 이르며, 절대적인 1위였다 (2위인 노르웨이에 대한 수입 비중은 9%로 러시아와 상당한 차이가 있다). 더 큰 문제는 천연가스인데, 러시아산 천연가스 수입 비중이 50%에 육박했다.

EU 내에서도 국가별로 러시아산 에너지 의존도에서 큰 차이를 보이는데, 이 중 특히 주목해야 할 국가는 독일이다. EU 내에서 가장 큰 영향력을 발휘하는 독일의 경우 러시아 천연가스 의존도가 60%를 넘는다.

러시아가 우크라이나를 무력 침공했음에도 불구하고, EU의 러시아 제재가 힘을 발휘하지 못했던 원인은 여기에 있다. 러시아의 원유 및 천연가스에 대한 의존도가 너무 높아 당장의 대안이 없기

• **EU 국가들의 천연가스**(왼쪽) **및 원유**(오른쪽) **수입 비중(%)**

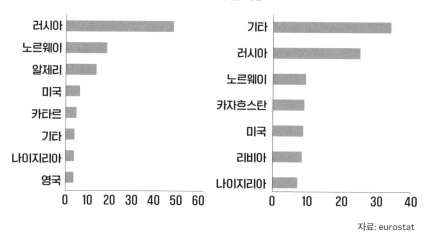

자료: eurostat

때문이다. 실제로 러시아-우크라이나 전쟁이 발발한 직후 국제 유가와 천연가스 가격은 가파른 속도로 상승했다. 이는 곧 '공급 부족'에 따른 현상이었고, 이러한 가격 급등 현상이 해소되는 데는 수개월이 소요되었다.

그리고 유럽 국가들의 러시아 제재에서도 특히 에너지와 관련해서는 국가별로 의견이 엇갈렸다. 예를 들면 러시아 천연가스에 대한 의존도가 60%를 넘어서는 독일의 경우에는 러시아산 원자재에 대해서는 "대(對)러시아 제재에서 러시아 에너지를 제외하는 것을 지지한다."라고 밝히며 제재에 반대하는 입장을 보였다. 그리고 러시아산 화석연료에 대해 제재 의사를 보인 EU집행위원회마저도 제재 절차가 매우 장기적인 접근에 그칠 수밖에 없었다. 2027년까지 러시아의 화석연료에서 독립하겠다는 계획을 예로 들 수 있는데, 이는 반대로 이야기하면 '단기간에는 러시아의 화석연료에 의존할 수밖에 없는 현실'을 가리킨다.

EU 국가들의 이와 같은 러시아 제재 흐름 속에서 역설적이었던 점은 제재를 당하는 국가(러시아)뿐만 아니라, 제재하는 국가들(EU 국가들)까지도 고통을 받았다는 것이다. 사실 '누가 더 큰 고통을 겪었는지' 구분하기조차 모호해진다. 러시아산 원유 및 천연가스 수입에 제한이 생긴 EU 국가들의 난방비 등 생활물가는 급등하게 되었고, 국민의 삶이 피폐해진 것을 물론이고 정부 차원에서도 전기를 아끼는 조치를 단행하기에 이르렀다. 러시아-우크라이나 전쟁으로 인해 치솟은 가스 가격은 유럽을 추위에 떨게 했다.

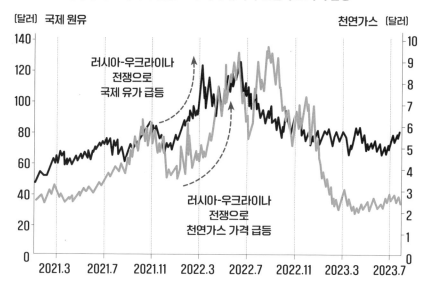

• 2022년 러시아-우크라이나 전쟁 초기 국제 유가와 천연가스 가격 급등

자료: Bloomberg

• 2022년 유럽 국가들의 러시아 제재

구분	제재 내용
에너지 제재	• 3월 7일 독일 총리는 러시아 제재에서 러시아 에너지를 제외하는 것 지지한다고 밝힘 • 3월 8일 EU집행위원회, 2022년 말까지 러시아산 수입 가스 물량의 2/3 축소, 2030년까지 러시아의 화석연료에서 독립 • 3월 10일 EU집행위원회, 2027년까지 러시아산 화석연료로부터 독립 추진, 5월에는 탈탄소화 위한 구조적 변화 방안 마련할 예정

유럽 국가는 제재를 하긴 하지만 일부 균열이 관찰되거나, 단기적인 대응이 아닌 '장기적인 대응'에 중점을 둔 모습이다.

자료: 언론 보도

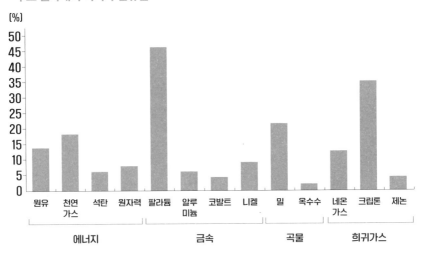

• 주요 원자재의 러시아 점유율

자료: KB증권

    문제는 에너지 부문에 국한되지 않았다. 러시아의 다른 원자재들도 글로벌 시장에서 차지하는 비중이 높기 때문이다. 금속에서는 팔라듐에 대한 점유율이 40%를 상회하며, 곡물에서는 밀에 대한 점유율이 20%에 근접한다. 그리고 희귀가스 중에서는 네온가스, 크립톤 등에 대한 점유율이 높다.

    게다가 러시아와 우호적인 관계를 유지하고 있는 중국은 더 큰 리스크 요인이다. 미국과 중국의 패권전쟁이 본격화하고 있는데, 핵심광물(리튬·니켈 등)에 대한 중국의 선제적인 투자가 지금 그 힘을 발휘할 수 있다. 핵심광물이 집중적으로 매장된 국가들(남미 국가들과 인도네시아 등)이 광물자원 민족주의를 본격화하고 있는 가운데, 핵심광물에 대한 선제적 투자 덕분에 생산 점유율이 높은 중국

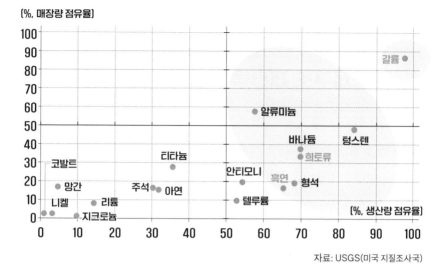

자료: USGS(미국 지질조사국)

이 광물자원을 패권전쟁에 활용할 가능성이 있기 때문이다. 단적인 예는 2023년 7월 3일에 중국 상무부가 발표한 '갈륨/게르마늄에 대한 수출 통제 조치'다. 갈륨의 글로벌 전체 생산량 중 중국이 차지하는 비중은 무려 98%이고, 매장량 기준으로도 86%에 이른다. 그 외에도 중국이 높은 생산 점유율을 가진 광물자원은 희토류, 흑연, 바나듐 등이다. 직접적으로는 반도체와 이차전지 등의 산업에 타격을 줄 수 있는 변수가 될 수 있으며, 간접적으로는 원자재 가격 상승에 따른 인플레이션 요인으로도 볼 수 있는 변수다.

탈세계화,
경제구조 재편을 위한 '투자의 시대'

　지금까지 설명한 바와 같이 탈세계화가 가져올 문제는 '공급망의 붕괴'다. 특히 지금 탈세계화의 원인에 원유·천연가스의 주요 수출국인 러시아와 광물자원 생산을 과점하고 있는 중국이 있다면, '원자재 공급망의 붕괴'로 좁혀 볼 수 있다. 탈세계화로 인해 우리가 직면할 문제가 공급망의 붕괴라면 그 문제를 해결하기 위한 우리의 노력은 어떤 것이어야 할 지도 고민해야 한다. 그 노력이라는 것은 '무엇인가를 한다'라는 의미이기 때문에, 여기서 투자의 기회를 포착할 수 있을 것이다.

　이러한 관점에서 주목해야 할 우리의 노력은 공급망 붕괴를 극복하기 위한 '새로운 공급망 재편'이다. 즉 러시아의 원유·천연가스를 더 이상 믿을 수 없다면 이를 대체할 다른 방법을 강구하는 것이다. 그 방법으로는 단기적인 것과 중기적인 것, 그리고 장기적인 것들이 있기 때문에 이를 구분해서 생각해볼 필요가 있다. 이러한 방법들을 포괄해서 한마디로 요약한다면 '투자의 확대(설비투자의 확대, 새로운 기술에 대한 투자 등을 포괄)'이며, 원자재 공급망의 붕괴라는 점을 고려해 좀 더 좁혀서 이야기한다면 '전력 생산을 위한 투자의 확대'라고 표현할 수 있을 것이다.

일반적으로 기업의 투자(설비투자) 사이클은 경기 사이클과 일치하는 경향이 있다. 투자라는 것은 자금을 투입해 생산시설을 확대하는 것이며, 확대된 생산시설을 통해 공급을 증가시키려는 목적이 있다. 기업의 투자에 내재된 목적을 고려한다면, 기업이 투자를 확대하는 시기는 당연히 경기 개선세가 계속되며 고객들의 수요가 증가할 것으로 예상될 때일 것이다. 수요가 증가할 때 공급도 늘림으로써 매출을 높일 수 있기 때문이다. 반대로 기업이 투자를 축소하는 시기는 당연히 경기 둔화가 예상됨에 따라 고객들의 수요가 감소할 것으로 예상될 때일 것이다. 오히려 공급을 늘린다면 공급량 증가로 인해 판매 가격이 낮아질 뿐 아니라 판매 자체가 어려워짐에 따라 제때 판매되지 못하고 재고로 남게 될 리스크가 높아진다.

이러한 이유로 경제를 분석할 때 '기업의 투자 사이클 ≒ 경기 사이클'이 공식처럼 받아들여진다. 실제 경제 데이터를 보더라도 이러한 공식이 당연히 맞는 것처럼 보인다.

그런데 최근 몇 년간 우리가 경험한 현상들은 과연 일반적인 경

—— 미국 OECD 경기선행지수(좌)　　　—— 미국 민간투자 전년동월대비 증가율(우)

미국 OECD 경기선행지수와 미국 민간투자 전년동월대비 증가율을 보자. 경기 사이클과 매우 유사하게 기업의 투자 사이클이 움직이는 것을 확인할 수 있다.

자료: Bloomberg

제 현상일까? 100년 전의 스페인 독감과 비교했던 코로나19, 미국이라는 거대 국가와 중국이라는 거대 국가 간의 패권싸움, 러시아와 우크라이나의 전쟁, 그리고 주로 1970년대와 비교했던 2022년의 인플레이션 등을 과연 일반적인 경제 현상이라고 볼 수 있을까? 비교한 과거 사례의 시기에서도 유추할 수 있듯이 흔하게 발생하지는 않는, 일반적이지 않은 경제 또는 사회 현상으로 봐야 할 것이다. 그렇다면 우리가 일반적으로 생각하는 '기업의 투자 사이클≒경기 사이클'이라는 공식을 일반적이지 않은 경제 상황 속에서 그대로 대입하는 것이 적절한지에 대해 의문을 제기할 필요가 있다.

왜 이러한 의문을 제기해야 할까? 이는 세계화와 탈세계화라는 현상 자체에 대해 좀 더 고민해봄으로써 답을 얻을 수 있다. 앞서 정의했듯이 세계화는 여러 국가가 각자의 특화된 영역에 집중한 뒤 국제무역을 통해 서로 교류를 확대하는 것이다. 이와 같은 세계화 흐름 속에서 현재까지 글로벌 경제는 각 국가의 특화된 영역에 의존해왔다. 예를 들면 중동 국가들(사우디아라비아)과 러시아 등은 원자재 공급에 특화된 경제구조를 갖췄으며, 중국 및 동아시아 국가들은 제조 및 생산에 특화된 경제구조를 갖췄다. 그리고 미국 등의 선진국들은 반도체 설계 등과 같은 첨단기술 분야에 특화된 경제구조를 갖췄다. 추가로 미국과 영국은 이러한 전반적인 공급망을 아우르는 금융 분야에도 특화된 경제구조를 갖고 있다. 이와 같은 경제 협력하에서는 '공급의 문제'보다는 '수요의 문제'가 더 중요할 수밖에 없다. 수요의 증가 또는 감소에 따라 공급을 확대 또는 축소할 것인지가 결정되기 때문이다.

하지만 지금과 같은 탈세계화 시대는 이와 같은 경제 협력하에서의 공급망이 붕괴된 것을 의미하며, 특히 공급망의 시작점인 원자재 공급의 문제에 해당한다. 원자재 공급의 불안이 계속되면 어떻게 될까? 기업들은 높아진 생산비용에 계속해서 노출됨으로써 판매가격을 높여야 할 것이다. 소비자들은 높아진 가격에 부담을 느끼고, 점차 소비를 줄여갈 것이다. 기업들은 결국 수요 감소라는 리스크에 직면하게 되고, 가격을 추가로 높이기 어렵게 된다(오히려 가격을 인하해야 하는 압박을 받을지도 모른다). 원자재를 조달하는 것에는 계속해서 차질이 생기기 때문에 결국 생산비용은 높아진 채로 판매 가격을 더 이상 높이지 못하게 되는 상황이다. 이는 기업들의 마진이 감소하는 것을 의미한다.

원자재 공급 불안에서 시작해 기업들의 마진 감소라는 결과까지의 과정을 고려해본다면, 결국 기업들이 선택할 것은 '새로운 공급망의 형성'이다. 러시아와 화해하고, 러시아로부터의 에너지 수입에 다시 전적으로 의존하는 형태의 과거 공급망으로 돌아가려는 국가는 얼마나 될 것인가? 분명 많지 않을 것이다. 한 번 잃어버린 신뢰가 회복되는 데는 오랜 시간이 걸리기 때문이다.

기업들이 선택하는 새로운 공급망의 형성은 어떤 방식으로 이뤄질까? 새로운 공급망의 형성은 새로운 국가에서 에너지를 수입하거나, 새로운 방식으로 에너지를 조달하는 것을 의미한다. 이를 위해 필요한 것은 바로 '투자의 확대(설비투자의 확대)'다. 특히 '에너지를 안정적으로 조달하기 위한 투자'가 확대되어야 할 것이다. 이는 분명 일반적인 경제 논리인 '기업의 투자 사이클=경기 사이클'의 공식과는 전혀 다른 형태이지만, 그러한 공식 자체가 세계화 시대를 전제로 형성된 논리이기 때문에 지금과 같은 탈세계화 시대에는 더 이상 과거의 공식이 중요치 않게 된다.

실제로 과거 탈세계화 시대에는 공통적으로 정부지출이나 기업의 투자가 확대되는 현상이 관찰된다. 1940~1950년대와 1970~1980년대가 그 사례에 해당하며, 두 번의 시기에는 미국 기업들의 설비투자 증가율(Capex Growth)이 다른 시기에 비해 유독 높은 증가율을 보였다. 미국 GDP 내의 구성비중으로 보더라도 이러한 특징이 관찰되는데, 다른 시기에 비해 탈세계화 시대에만 특이하게도 개인소비의 비중이 감소하고 민간투자와 정부지출을 합산한 비중이 증가했다. 이는 즉 탈세계화 시대로 인해 발생한 공급망 붕괴에 대응하기 위한, 공급망 재편을 위한 투자의 확대로 해석할 수 있다.

이번에도 같은 현상이 반복되고 있다. 〈파이낸셜 타임지〉는 2022년 보도를 통해 미국 기업들이 경기둔화에도 불구하고 공급망 붕괴와 탈세계화 때문에 자본지출을 늘리고 있다고 지적했다.

> 공급망 붕괴와 탈세계화의 충격이 경기침체에 대한 우려보다 앞서면서, 미국 기업들은 경기둔화에도 불구하고 자본지출을 늘리고 있다. 투자자들과 기업가들은 코로나19로 인한 경제봉쇄에서부터 러시아의 우크라이나 침공 및 미중 갈등 등 일련의 사건들로 인해 지난 수십 년간 형성된 글로벌 공급망에 변화가 생길 것으로 예상하고 있다. (…) 이러한 이유로 인해 S&P500 기업들의 자본지출은 2021년 1분기 대비 20% 이상 증가하고 있다.
>
> 2022년 〈파이낸셜 타임지〉 보도

탈세계화로 인한 투자의 확대에서 주목하는 것은 2가지다. 첫 번째는 투자가 집중될 산업에서 기회를 찾아야 한다는 것이다. 1970년대 탈세계화 때의 사례를 통해 투자 확대의 대상이 될 산업을 확인할 수 있다. 두 번째는 그러한 투자를 주도하는 주체는 누구

• 탈세계화 시대에는 공급망 재편을 위한 투자가 확대되는 경향을 보임

탈세계화 시대에는 공급망 재편을 하기 위해 '기업들이 투자를 확대하는 경향'이 확인된다. 기존 공급망(Supply Chain)에는 불확실성이 생기기 때문에, 새로운 지역에 새로운 공장을 세우려는 투자를 확대하는 것이다. 그리고 이것은 단순히 기업만의 문제가 아니라, 국가 경제의 안보와도 관련되어 있기 때문에 정부가 주도해서 기업들의 투자를 지원한다. 이러한 이유는 1940~1950년대의 첫 번째 탈세계화, 1970~1980년대의 두 번째 탈세계화 때 투자가 확대되는 현상의 원인이 된다. 2020년대, 지금의 탈세계화에도 같은 현상이 반복되고 있다.

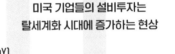

미국 기업들의 설비투자는
탈세계화 시대에 증가하는 현상

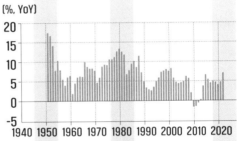

미국 국내 총생산(GDP) 중에서 투자 관련 항목
(정부지출+민간투자)은 탈세계화 시대에 증가하는 현상

자료: Dimensional, using data from CRSP and Compustat, FRB of St.Louis

이며, 어떻게 투자를 확대하는지에 대한 흐름을 확인하는 것이다. 정부와 기업들의 투자에 주목한다.

먼저 1970년대 탈세계화 때 나타났던 투자의 확대는 어떤 것들이었는지 살펴보도록 하겠다. 그리고 다음 장에서부터 투자 확대를 위한 정부 정책과 기업들의 투자활동을 다루도록 한다.

1970년대의 탈세계화 때 투자가 확대된 그린테크 ————

1970년대의 탈세계화는 중동에서의 전쟁이 원인이었다. 중동은 원유 공급지로서의 역할을 했던 지역인만큼, 중동에서의 전쟁은 에너지 가격의 급등 현상을 초래했다. 에너지 급등 현상에 노출된 중동 이외의 국가들은 어떤 선택을 했을까? 당시 주요국들이 선택했던 대응 전략을 보면, 현 상황에서 주요국들이 어떤 선택을 할 것인지에 대한 해답을 얻을 수 있다.

'에너지 가격 급등'이라는 어려운 현상으로 보지 말고, 좀 더 쉽게 생각해보자. 가령 당신이 어떤 문제에 직면했다. 그 문제를 해결하는 방법은 무엇일까? 대략 2가지로 나눌 수 있을 것이다. 문제 상황에 직접 부딪히며 해결하거나, 아니면 대안을 찾는 것이다.

이처럼 단순한 접근을 1970년대의 에너지 가격 급등에 대입시켜 보면, 당시 주요국들이 선택했던 대응 전략을 2가지로 나눠볼 수 있다. 첫 번째는 원유 공급 문제를 완화하기 위해 원유 공급망에 투

• 에너지 가격 추이

1970년대 중동에서의 전쟁은 에너지 가격의 급등 현상을 초래했다.

자료: BP

자하는 것이다(문제 상황에 직접 부딪히며 해결하는 방식). 그리고 두 번째
는 원유를 대체할 에너지원에 투자하는 것이다(대안을 찾는 방식).

첫 번째 대응 전략인 원유 공급망 투자가 바로 1970~1980년대
석유 메이저들의 투자 확대다. 특히 당시에는 미국도 원유 및 석유
제품을 수입했기 때문에 원유 공급망에 대한 투자는 단순히 수익성
의 문제가 아닌 생존의 문제였을 것이다. 이러한 이유로 엑슨, 모빌,
쉘, BP, 쉐브론 등의 글로벌 석유 메이저 기업들은 당시 다운스트림
(Downstream, 정제 및 판매) 분야에 대한 투자보다 업스트림 분야보다
업스트림(Upstream, 탐사 및 시추) 분야에 대한 설비투자를 큰 폭으로
늘렸다. 원유 그 자체를 조달해오는 것이 가장 중요한 상황이었기

때문에 나타난, 당시 투자의 특징이었다. 화석연료에 투자함으로써 일단 당면한 문제부터 완화하는 것이 급선무이며, 그 과정에서 기업들은 높은 가격에 판매량도 더 늘림으로써 이익 창출을 극대화하는 효과도 누릴 수 있기 때문이다.

대표적인 사례는 알래스카 유전 개발 및 파이프라인 연결이었다. 1967년 12월 26일, 미국 알래스카에서 천연가스가 처음 시추되었다. 그리고 1968년에는 원유가 시추되면서 알래스카에서의 거대 유전이 발견되었다. 미국 에너지 산업의 기록될 사건임과 동시에, 그 시기가 1967년이었다는 점도 눈여겨볼 필요가 있다(1960~1970년대는 중동전쟁이 계속되던 시기). 하지만 대규모의 에너지 자원을 미국 본토로 운송해오는 문제에 직면했는데, 그 문제가 해결된 것은 파이프라인 건설을 통해서였다. 무려 10년이 지난 1977년이었다. 탈세계화 시대에 화석연료에 대한 투자가 확대되며 결실을 보게 된 대표적인 사례다.

한편 두 번째 대응 전략인 원유를 대체할 에너지원에 대한 투자 관점에서 봐야 할 것은 주요국들의 에너지 전환 정책이었다. 무려 50년 전이었기 때문에 지금에 비해서는 에너지 전환에 대한 정책적인 의지가 약했을 테지만, 과거의 탈세계화 현상에서도 관찰되는 특징이 '그린테크에 대한 투자 확대'였다는 점은 시사하는 바가 크다. 대표적인 예는 프랑스의 원자력 발전이며, 미국도 원자력 발전을 본격화하기도 했다. 그리고 시간이 좀 더 흐른 후 일본에서도 원자력 및 재생에너지에 대한 투자를 확대하는 흐름이 나타났다.

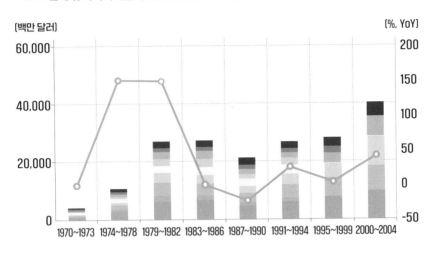

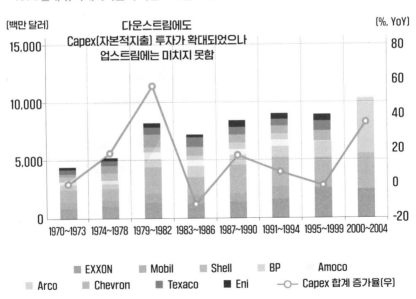

자료: Georgetown University(Oil Company strategies from 1970 to the present)

프랑스 사례는 특히 눈여겨보자. 1973년 중동 국가들의 석유 금수조치 직후 프랑스는 1974년 3월에 '전면적 원자력 에너지(tout électrique-tout nucléaire)'를 채택했다. 오일쇼크를 계기로 에너지 문제가 곧 국가안보와 직결된다는 인식을 하게 된 것이 정책 추진의 배경이다. 이 정책의 목표는 프랑스 전력에서 석유 의존도를 낮추고 그 대안으로 원자력을 채택하는 것이었다.

결과는 매우 성공적이었다. 프랑스의 원자력 발전량은 1970년대 초까지만 하더라도 10TWh 수준에 불과했으나, 현재는 400TWh 수준에 이르게 되었다. 그 결과 프랑스의 에너지 자급률은 20%대에서 50%대로 상승했다. 그리고 현재 프랑스에서는 발전 전력의 70~80%를 원자력 발전을 통해 생산하고 있다. 에너지 자주권을 어느 정도 확보하게 된 셈이다. 게다가 자체적인 에너지 조달을 통해 다른 국가들보다 전력 요금이 저렴해져 기업들의 경쟁력 제고에도 도움이 되었다.

참고로 프랑스가 1970년대부터 추진한 원자력 에너지 채택은 2022년에 한 번 더 성공적이었음이 드러났다. 원자력 발전을 통해 에너지 자급률이 50%대까지 상승한 덕분에 프랑스는 러시아 에너지에 대한 의존도가 독일 등의 국가들에 비해 낮은 수준이었고, 그 덕분에 러시아-우크라이나 전쟁이 발발하면서 러시아에 대한 에너지 제재가 논의될 때 어느 정도 강경한 입장을 보일 수 있었기 때문이다. 프랑스의 브뤼노 르메르 재무장관은 "러시아 제재에 대해 완전한 의지가 있다."라고 강조하며 강경한 입장을 보였다. 러시아에

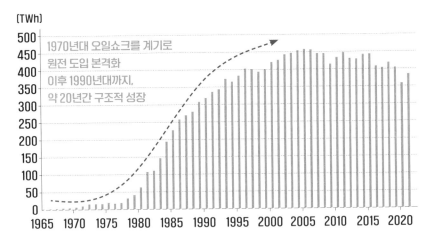

• 프랑스 원자력 발전량

[TWh]

1970년대 오일쇼크를 계기로
원전 도입 본격화
이후 1990년대까지,
약 20년간 구조적 성장

1970년대 오일쇼크 이후 프랑스는 원전 도입을 선택했다. 그 덕분에 러시아 천연가스 의존도는 낮아졌다.

자료: World Nuclear Association

대한 에너지 의존도가 높은 독일이 러시아 제재로 인해 나타날 수 있는 부정적인 영향을 고려해 러시아 제재에 소극적인 입장을 보인 것과는 다른 모습이었다.

1970년대 미국의 사례도 참고할 만하다. 미국은 1973년 4월, 닉슨 대통령이 제2회 에너지 교서를 의회에 제출했다. 여기서 강조한 것 중 하나가 우리에게 주는 시사점이 있는데, 바로 '당면한 에너지원의 대외 의존의 방향을 전환한 것'이다. 이를 통해 미국은 새로운 에너지 개발을 강화하고, 1980년까지 에너지 자급자족 체제를 확립할 것을 계획하는 '에너지자립계획(Project Independence)'을 수립했다.

1973년에 발표된 미국의 에너지자립계획은 미국 내 원유·천연가스를 증산하고 석탄의 이용을 확대하는 중단기적인 대응 전략과 더불어, 원자력 발전을 확대하고 태양광·수소에너지 등의 대체에너지의 이용을 촉진하는 것을 목표로 한다. 에너지자립계획하에서 각 분야에 대한 연구투자에서 확인할 수 있는 중요한 특징은 원자력 발전에 대한 연구투자 규모가 가장 컸다는 점이고, 그 뒤를 이어 연구투자 규모가 큰 석탄과 신에너지(태양광·수소에너지 등)가 비슷한 수준이었다는 점이다. 즉 중단기적인 대응 전략(화석연료 공급량 확대)가 제시되긴 했지만, 더 방점을 둔 것은 중장기적인 대응 전략(그린테크 투자 확대)이었던 것이다.

그리고 1976년에 대통령 선거에서 승리한 카터 대통령은 1977년에 '국가에너지계획'을 발표했고, 이를 근거로 해서 1978년에 '국가에너지법'이 만들어지게 되었다. 국가에너지법은 장기적으로 에너지 자원을 개발하겠다는 목표를 제시했는데, 그 방법 중 하나가 대체에너지로의 전환을 촉진하는 것이었다. 그 내용을 다룬 세부 법안은 '발전소 연료 전환 법안'이었다.

1970년대의 에너지 전환 사례는 일본도 있다. 일본은 1974년 '선샤인 프로젝트(Sunshine Project)'를 추진했는데, 태양전지의 고효율화를 추구하고 생산기술을 고도화하는 내용이었다. 정책 추진의 시기가 프랑스, 미국의 사례와 일치하는 것에서 알 수 있듯이, 일본 역시 중동 오일쇼크를 계기로 해서 에너지 전환을 위한 정책으로

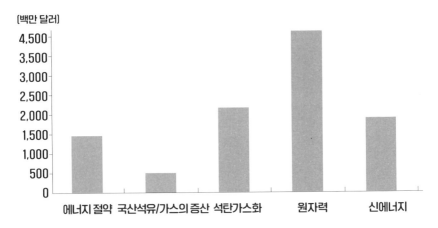

[백만 달러]

1973년, 미국은 '에너지자립계획'을 통해 중단기적인 대응 전략과 중장기적인 대응 전략을 모두 제시했다.

자료: Department of State

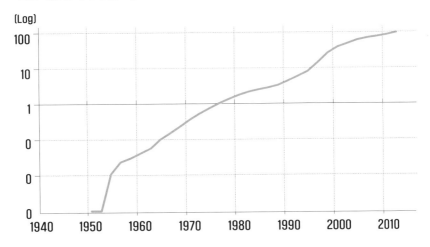

[Log]

일본 태양광에너지 발전은 1990년 초반부터 본격화되었다.

자료: BP

선샤인 프로젝트를 추진한 것이다. 그리고 1993년에는 '뉴선샤인 프로젝트(New Sunshine Project)'를 추진하면서 다시 한번 더 태양광에 대한 투자를 확대했다.

일본 정부의 이러한 노력 덕분에 일본의 태양에너지 발전량은 빠른 속도로 증가했으며, 그로 인해 일본의 화석연료 의존도도 낮아질 수 있었다. 그리고 2000년을 전후로 한 시기에 일본은 태양광 수요와 공급 측면에서 세계 1위 국가였다.

그린테크와 함께 고민할 문제: 광물자원 민족주의 ─────

1970~1980년대의 탈세계화에서는 에너지 원자재(원유·천연가스 등) 문제가 핵심이었던 반면, 지금은 에너지 원자재와 함께 광물 원자재도 문제의 핵심이다. 전기차는 그린테크를 대표하는 분야인데, 리튬·니켈 등의 광물 원자재는 전기차 배터리에 필수이기 때문에 친환경으로의 전환 과정에서 광물 원자재는 에너지 원자재만큼이나 중요하게 고려되어야 한다.

그런데 지금의 탈세계화 시대에 광물 원자재가 에너지 원자재만큼이나 어려운 문제에 직면했다. 수요는 급증하는 반면 공급이 통제될 수 있다는 리스크가 부각되고 있기 때문이다. 수요의 관점에서는 전기차의 보급이 가속화하면서 핵심광물(리튬·니켈 등)에 대한 수요가 급증하고 있는 것이며, 공급의 관점에서는 핵심광물에 대한 글로벌 지배력을 갖춘 중국이 미국과 패권전쟁을 벌이면서 광물자원에 대한 수출 통제를 하려는 것과 이러한 흐름 속에서 일부 국가들이 핵심광물의 채굴과 수출을 통제하려는 것이다. 즉 공급의 관점에서 광물자원 민족주의가 태동하고 있는 것이다. 20세기가 석유자원 민족주의 시대였다면, 21세기는 광물자원 민족주의 시대라고 표현할 수 있다.

전기차 보급의 확대와 그에 따른 이차전지 수요 급증은 이해하기에 어렵지 않다. 전기차의 보급이 확대되고 있는 것은 주지의 사실이며, 당연히 그와 함께 이차전지 수요도 급증할 것이기 때문이다. 여기서 전기차 밸류체인의 첫 번째 단계인 광물자원까지 확장해서 생각하면 된다. 전기차 배터리에는 리튬·니켈·흑연 등이 필수 원자재로 쓰이며, 향후 전기차의 대중화와 함께 이들 광물자원의 수요가 급증할 것으로 예상된다. 친환경으로의 전환을 가속화하기 위해 전기차에 대한 지원이 확대될수록, 그와 비례해서 광물자원에 대한 수요가 증가할 것으로 봐도 무방하다. 2050 또는 2060 탄소중립이라는 대전제가 유지되는 한, 광물자원에 대한 수요는 장기적으로 증가할 것이다.

수요의 관점보다 좀 더 자세하게 봐야 할 것은 공급의 관점이다. 공급 측면에서의 첫 번째 문제는 중국이 미국과의 패권전쟁에 광물자원을 활용하려는 움직임이다. 중국은 2023년 7월 3일, 갈륨과 게르마늄에 대한 수출 통제 조치를 발표했다. 갈륨의 경우 미국 지질조사국에서 제공한 수치에 따르면, 글로벌 전체 매장량 중 중국 비

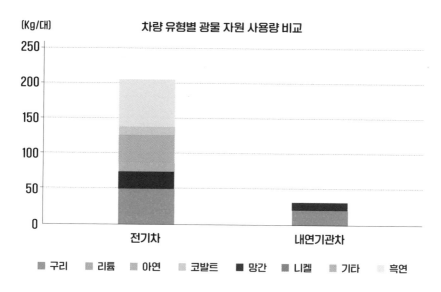

(Kg/대)

차량 유형별 광물 자원 사용량 비교

■ 구리　■ 리튬　■ 아연　■ 코발트　■ 망간　■ 니켈　■ 기타　■ 흑연

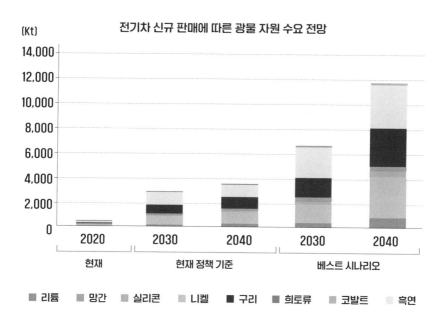

(Kt)

전기차 신규 판매에 따른 광물 자원 수요 전망

■ 리튬　■ 망간　■ 실리콘　■ 니켈　■ 구리　■ 희토류　■ 코발트　■ 흑연

자료: IEA

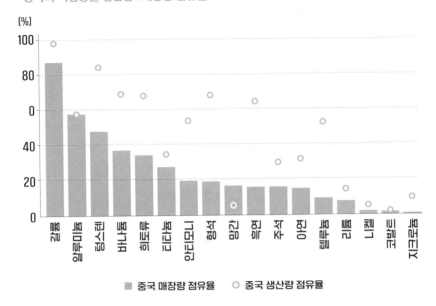

• 중국의 핵심광물 생산량&매장량 점유율

[%]

중국 매장량 점유율 ■ 중국 생산량 점유율 ○

자료: 미국 지질조사국

중이 86%다. 중국이 수출을 통제한다면 미국 입장에서는 사실상 대안을 찾는 것조차 불가능에 가깝다.

　문제는 여기서 그칠 것이라고 단언하기 어렵다는 점이다. 미국과 중국의 패권전쟁이 쉽게 끝나지 않을 것이라고 가정한다면, 중국이 추가로 제재에 나설 가능성을 배제할 수 없다. 갈륨보다는 그 정도가 덜하지만, 중국이 글로벌 광물시장의 생산에서 차지하는 점유율이 압도적이기 때문이다. 전기차에 필요한 핵심광물 중 하나인 흑연의 경우, 중국의 생산 점유율은 60%를 상회한다. 다만 매장량의 중국 비중은 20%를 하회한다.

• 국가별 희토류(위)와 흑연(아래) 생산량&매장량

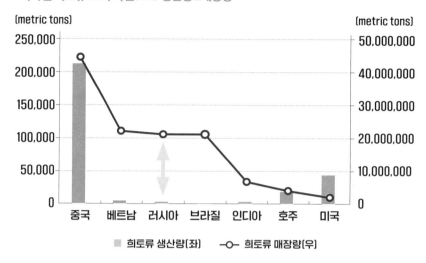

■ 희토류 생산량(좌)   —O— 희토류 매장량(우)

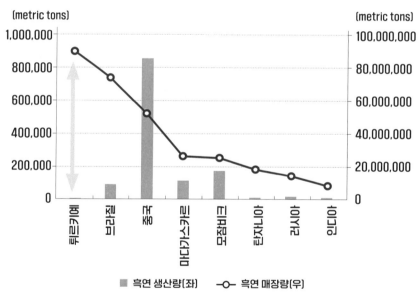

■ 흑연 생산량(좌)   —O— 흑연 매장량(우)

매장량이 많은 국가에서 생산을 확대함으로써 중국을 대체할 수 있을까? 쉽지 않을 것이다. 일단 매장량이 많은 국가 중 하나가 러시아라는 문제가 있고, 생산량을 높이는 데 상당한 시간이 필요하기 때문이다.

자료: 미국 지질조사국

이러한 상황에 대해 쉽게 생각한다면 "중국에 대한 의존도를 낮추고, 다른 국가에서 생산하면 되지 않을까?"라는 질문을 할 수 있다. 이러한 생각에 근거해 접근해본다면, 매장량의 점유율은 높지만 생산은 잘 안 되고 있는 국가에서 생산하는 것이 쉽게 떠올릴 수 있는 대안일 것이다. 하지만 첫 번째 문제는 그 국가들에 러시아가 있다는 점이고, 두 번째 문제는 뒤이어 설명할 광물자원 민족주의 행보를 보이는 국가가 포함된다는 점이며, 세 번째 문제는 가능하다고 하더라도 광물자원을 채굴하고 가공·제련할 시설에 대한 투자가 필요하기 때문에 시간이 걸린다는 점이다. 세 번째 문제가 그나마 대응 가능한 방법이며, 이는 다시 '탈세계화 시대=공급망 재편을 위한 투자의 확대'라는 결과로 귀결된다.

공급 측면의 두 번째 문제는 일부 국가들이 핵심광물의 채굴과 수출을 통제하려는 광물자원 민족주의가 태동하고 있는 것이다. 전기차로 인한 수요가 급증하면서 광물자원의 중요성이 부각되고, 탈세계화 시대가 되면서 원자재 전반의 가격이 상승하면서 주요 광물자원을 보유하고 있는 일부 국가들이 자국 우선주의의 행보를 보이고 있다. 탈세계화 시대에 나타나는 전형적인 모습이다.

먼저 일부 국가들이 자국 우선주의 행보를 보일 수 있는 이유를 이해하기 위해서는 광물자원의 분포 및 국가별 생산 점유율을 확인해 봐야 한다. 대표적인 광물자원 몇 가지만 간략히 살펴보자.

미국 지질조사국에서 제공한 데이터에 따르면, 니켈은 인도네시아와 호주에 가장 많이 매장되어 있다. 현재 글로벌 전체 매장량

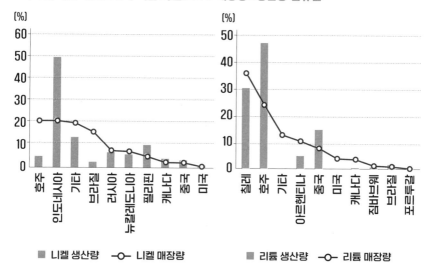

• 국가별 니켈 자원(왼쪽)과 리튬 자원(오른쪽) 매장량&생산량 점유율

■ 니켈 생산량　─○─ 니켈 매장량　　　■ 리튬 생산량　─○─ 리튬 매장량

자료: 미국 지질조사국

기준으로 각각 20%의 비중을 차지한다. 그 뒤를 잇는 것은 러시아
(7.5%), 뉴칼레도니아(7.1%), 필리핀(4.8%), 캐나다(2.2%), 중국(2.1%)
순이다. 물론 니켈 자원에 대한 탐사 활동이 본격화할 경우 달라질
수 있다. 한편 니켈 자원의 생산은 인도네시아가 절대적인 비중을
차지한다(48.5%). 그리고 필리핀(10.0%), 러시아(6.7%), 뉴칼레도니
아(5.8%), 호주(4.8%), 캐나다(3.9%), 중국(3.3%) 순이다. 여기서 주시
해야 할 점은 비중이 아주 크진 않지만, 러시아와 중국도 한 자릿수
대의 매장 및 생산 비중을 차지한다는 점이다.

　리튬은 칠레와 호주에 가장 많이 매장되어 있다. 현재 글로벌
전체 매장량 기준으로 각각 35.8%, 23.8%의 비중을 차지한다. 그

뒤를 잇는 것은 아르헨티나(10.4%), 중국(7.7%), 미국(3.8%), 캐나다(3.6%) 순이다. 리튬 생산은 호주가 1위인데, 그 비중이 46.9%다. 칠레는 30%로 생산 비중 2위다. 그리고 중국이 14.6%, 아르헨티나가 4.8%이며, 다른 국가들은 생산 비중이 미미하다. 중국의 리튬 매장량과 생산량이 모두 높다는 점을 주시할 필요가 있다.

이처럼 주요 광물자원이 일부 국가에 집중적으로 매장되어 있는 지정학적 특성 덕분에, 해당 국가들은 광물자원에 대해 배타적인 접근권을 주장하고 있다.

리튬이 집중적으로 매장되어 있는 중남미 국가들은 이미 그들만의 협력체를 결성하고 있다. 2022년 7월에는 중남미 및 카리브해 국가공동체(CELAC) 정상회의가 열렸는데, 주요 의제가 리튬협의기구를 결성하는 것이었다. 좀 더 나아가 아르헨티나, 칠레, 볼리비아 등 3개국은 리튬판 OPEC 설립을 추진하고 있다. 개별 국가 차원에서도 광물자원에 대한 제재를 강화하고 있는데, 칠레의 경우 리튬을 헌법상 전략자원으로 명시했으며 국영 리튬 기업을 설립할 계획이다. 유사하게 멕시코도 리튬을 국유화하고 있으며 리튬 생산 국유기업인 리티오멕스를 2022년에 설립했다. 이보다 훨씬 앞서서, 볼리비아는 2008년에 이미 리튬을 국유화한 바 있다.

니켈 생산 1위 국가인 인도네시아도 비슷한 행보를 보이고 있다. 니켈을 원광석 형태로 수출하는 것은 이미 금지되어 있으며(따라서 가공·제련한 후에 수출할 수 있음), 향후 니켈뿐만 아니라 보크사이트, 구리, 주석 등도 원광식 형태로의 수출을 제한할 계획이다. 또한 남

구분		국가	광물자원 민족주의 내용
공급측	니켈	인도네시아	• 현재 시행중인 정책: 니켈-원광 형태로의 수출 금지 • 향후 추진 계획: 보크사이트, 구리, 주석 등을 원광 형태로 수출하는 것 금지 • 니켈 기구 설립 의지 표명(니켈판 OPEC) - 인도네시아 투자부 장관의 성명 발표(2022년 11월) "OPEC과 같은 니켈 생산국들을 위한 특별기구 설립 준비에 공식 착수" "호주, 캐나다 정부와 만나 기구 설립에 함께할 것을 제안" • 인도네시아 대통령의 호주 방문(2023년 7월, 호주 총리와의 정상회담) - 전기차 배터리 분야에서의 파트너십 체결 논의 - 인도네시아는 니켈 생산 1위국, 호주는 리튬 생산 1위국
		필리핀	• 향후 추진계획: 니켈 광석 수출에 대해 최대 10% 수준의 관세 부과 예정
	리튬	중남미	• 중남미 및 카리브해 국가공동체(CELAC) 정상회의(2022년 7월) - 주요 의제: 리튬 협의기구 결성 • 아르헨티나, 칠레, 볼리비아 중심의 리튬판 OPEC 추진 중
		아르헨티나	• 라리오하주(리튬 매장량 풍부한 지역)(2023년 1월) - 리튬을 전략광물로 지정, 기업들의 채굴권 정지
		칠레	• 현재 시행중인 정책: 리튬을 헌법상 전략자원으로 명시 • 향후 추진 계획: 국영 리튬 기업 설립
		볼리비아	• 2008년 리튬 국유화 • 2026년부터 리튬 배터리 수출에 나서겠다는 계획 - 볼리비아 정부: 리튬 채굴분만 아니라 개발 및 상업 단계에도 관여할 계획 - 중남미 3국(아르헨티나·칠레·볼리비아)이 OPEC처럼 리튬 가격을 설정할 수 있다는 점 강조
		멕시코	• 리튬 국유화: 대통령 성명(2023년 2월) • 리튬 생산 국유기업 '리티오멕스' 설립(2022년)

수요측	광물	G7 및 EU	· EU: 핵심 원자재법(CRMA)에서 '핵심원자재클럽' 창설 계획 제시
			· G7 및 EU의 기후·에너지·환경장관 회의(2023년 4월) - '핵심광물의 안정적 확보를 위한 행동계획' 합의: 약 10조 원 재정 지원 ① 핵심광물 광산 공동개발 ② 폐배터리 리사이클링 ③ 핵심광물 공급 중단에 대비한 대응 ④ 장기 수급 예측 정밀화 ⑤ 핵심광물 사용량 감축을 위한 기술개발

미 국가들과 유사하게 니켈판 OPEC을 설립할 계획도 발표했다. 인도네시아와 인접해 있는 국가이자 니켈 생산 2위 국가인 필리핀도 유사한 상황이다. 니켈을 원광석 형태로 수출하는 경우 관세를 부과하는 방식으로 수출을 규제하려는 움직임을 보이고 있다.

광물자원에 대한 배타적인 접근권을 주장하는 일부 국가들의 행동은 사실 전혀 낯선 것이 아니다. 20세기의 석유자원 민족주의와 그 흐름이 매우 유사하기 때문이다. 20세기의 석유자원 민족주의를 이해하기 위해 OPEC의 설립 과정을 살펴보도록 하자. OPEC은 1960년 9월에 설립되었지만, OPEC 설립 계획이 처음 제안되었던 것은 10년 전인 1949년이었다. 베네수엘라가 처음 제안했으며, 1959년 아랍석유총회에서 OPEC 설립 논의를 본격화해 1960년 9월에 설립된 것이다. 설립 당시만 하더라도 참여국가는 5개국에 불과했다. 그리고 1960년대부터는 산유국들의 석유 국유화가 진행

• 1950~1970년대의 OPEC 설립 과정 및 석유의 국유화 과정

출처: 저자 작성

되었는데, 이라크(1961년), 이집트(1962년), 인도네시아(1963년) 순이었다. 1970년대 초에는 중동 산유국 대부분이 국유화를 선언했다.

OPEC의 설립 과정을 통해 지금의 광물자원 민족주의가 20세기의 석유자원 민족주의와 매우 유사하다는 점을 알 수 있다. OPEC이 설립되는 데 10년이 소요되었기 때문에 광물자원과 관련한 협의체도 언젠가 생겨날지 모른다는 것이며, 광물자원 민족주의는 더욱더 심화될 가능성이 크다는 점을 유추할 수 있다. 따라서 우리는 이러한 변화에 대응할 전략을 구상해둬야 한다. 그 힌트는 1970년대의 에너지 가격 급등에 어떻게 대응했는지에서 찾을 수 있을 것이며(①광물자원에 대한 직접 투자, ②광물자원을 대체할 방법), 그 대응 전략의 핵심은 역시 '투자'에 있다.

GREEN TECH TRANSITION

PART 3

구조적 전환을 위한
정부 정책

정부 정책은 그린테크로의
전환 촉매제

그린테크 투자 경험이 있는 사람들은 그린테크 시장에서 정부 정책의 중요성을 잘 알고 있을 것이다. 2020년 미국 대선에서 친환경 정책에 적극적인 바이든 대통령이 당선되었을 때(사실 당선이 확정되기 전부터), 그린테크 기업들의 주가가 연일 강세를 보인 바 있다. 2022년 7월에는 미국 민주당 소속의 조 맨친 상원의원이 기후 정책에 대해 지지하는 쪽으로 입장을 바꾸며 인플레이션감축법(Inflation Reduction Act of 2022)이 통과될 가능성이 커지면서 그린테크 기업들의 주가가 다시 한번 강세를 보인 적도 있다.

조 맨친 상원의원은 민주당 소속이지만, 그의 지역구인 웨스트버지니아주는 미국 석탄 생산량 2위인 지역이다. 석탄 생산의 중심지에서 화석연료에 반대하는 정책에 찬성하는 것은 지역 주민들의 이익에 반하는 선택일 수도 있다. 하지만 2022년 7월, 그는 바이든 대통령이 추진하는 기후변화 대응 정책에 찬성하겠다고 갑작스레 입장을 바꿨다. 덕분에 인플레이션감축법이 미국 의회를 통과할 수 있었다. 이 시기 그린테크 기업들의 주가 흐름을 살펴보면, 정부 정책이 그린테크 투자 시 고려해야 할 제1의 변수임을 알 수 있다.

미국뿐만이 아니다. 러시아 에너지 전략 때문에 친환경 전환이 시급한 EU는 미국보다 더 적극적으로 친환경 정책을 추진하고 있다. 중국도 친환경 정책에 관심을 두고 있다. 이외에도 많은 국가가 정책적으로 그린테크에 투자한다. 그린테크 투자자라면 각국이 그린테크에 투자하는 이유를 알아야 한다. 따라서 이번 장에서는 ① 정부가 그린테크에 투자하는 이유는 무엇인지, ② 친환경으로의 전환 과정에서 정부의 역할이 왜 중요한지, ③ 각국 정부는 친환경으로 전환하기 위해 어떤 정책을 추진하고 있는지 등을 살펴보도록 하겠다. 특히 각 국가별 그린테크 관련 정책 추진 및 투자 현황을 살펴볼 것이다.

정부가 그린테크에 투자하는 이유

먼저 정부가 그린테크에 투자하는 이유에 대해 이해할 필요가 있다. 미국 정부는 200억 달러가 넘는 막대한 자금을 환경보호국

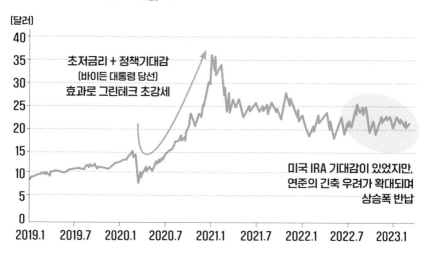

• 한국의 그린테크 ETF

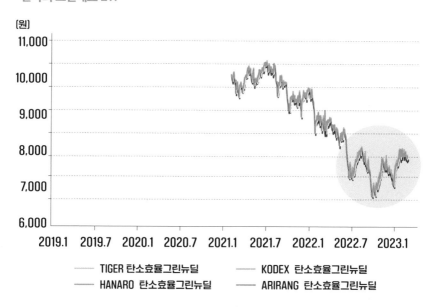

출처: 한국거래소

예산으로 배정하고 있는데, 2022년부터 환경보호국의 예산이 이전 20년과 비교해 크게 증가했다. 미국의 여러 부서 중 직접적으로 '환경'이라는 이름이 들어간 부서의 예산만 이 정도다. 다른 부처의 환경 관련 예산까지 합치면 훨씬 커질 것이다. 대표적으로 2022년 미국 의회에서 통과한 '인플레이션감축법'이 있다. 이 법안은 역사적으로 큰 규모인 7조 4천억 달러로, 주로 그린테크 분야에 집중하고 있다.

한국도 비슷한 상황이다. 2022년 한국 정부 예산안에서 환경 분야의 직접적인 예산은 10조 원 이상이다. 환경과 관련된 다른 부분, 예를 들어 산업, 중소기업, 에너지 및 연구개발(R&D) 예산까지 합치면 그 규모는 10조 원을 훨씬 넘을 것이다. 정부가 예산을 편성한다는 것은 곧 지출을 한다는 것이다. 그리고 정부의 지출은 의회의 감시를 받는다(이는 국민의 감시를 받는다는 의미다). 정부가 대규모 자금을 지출하는 데는 반드시 정당한 이유가 있을 것이고, 그 이유를 이해하는 것이 정부 정책을 보는 시작점이 된다.

정부가 그린테크에 투자하는 이유는 변화하는 글로벌 경제·산업 환경 속에서 국가 경쟁력을 확보할 수 있는 하나의 수단이기 때문이다. 그린테크에 대한 투자가 왜 국가 경쟁력을 확보할 수 있는 수단인지는 2가지 관점에서 이해할 수 있다.

첫째, 그린테크 산업을 에너지의 연장선에서 생각해보자. 에너지는 모든 산업의 시작점이다. 에너지가 없다는 것은 곧 전력이 없다는 것을 의미한다. 이는 모든 산업이 멈추게 되는 결과로 이어진

• 미국 환경보호국 예산

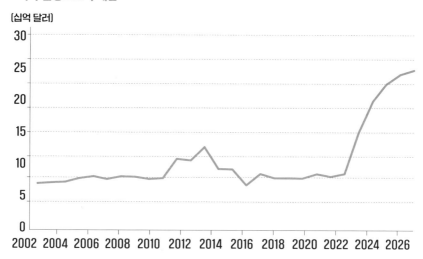

[십억 달러]

출처: US Environmental Protection Agency(미국 환경보호국)

• 2022년 한국 정부의 예산안 중 '환경'

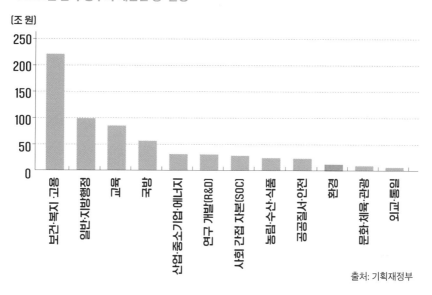

[조 원]

출처: 기획재정부

다. 에너지의 원천이 과거에는 석탄과 석유였고, 이제 그린테크가 그 역할을 조금씩 대체하는 중이다. 이렇게 생각하면 그린테크는 에너지의 원천에 해당한다. 한 국가의 경제 안보 측면에서 매우 중요한 분야가 될 수 있다. 특히 전통적인 에너지 원천이었던 석탄, 석유, 천연가스 등을 수입에 의존하는 국가들에게는 에너지 안보를 강화하기 위한 자구책으로서 여겨질 수 있다. 파트 2에서 설명한 탈세계화 시대의 공급망 재편을 위한 투자로 이해할 수 있겠다.

이와 같은 이유로 그린테크 분야는 미래의 중요 기술이 될 수 있다. 이제 그린테크 분야의 경쟁력이 국가 전체의 경쟁력을 대변하는 중요한 조건 중 하나가 되고 있다. 호주전략정책연구소(ASPI; Australian Strategic Policy Institute)는 『ASPI's Critical Technology Tracker』를 통해 첨단기술에서 선도적인 입지를 갖는 국가들을 평가한다. 평가 대상이 되는 7대 기술 분야 중 하나가 바로 그린테크다(에너지와 환경). 참고로 호주전략정책연구소의 평가에 따르면 에너지와 환경 분야를 선도하는 국가는 중국이며, 한국도 몇몇 분야에서 2~3위 수준의 경쟁력을 갖추고 있다.

이처럼 국가 경쟁력을 상징하는 분야가 된 그린테크에 대해 주요국이 선택해야 할 방향성은 명확하다. 중국은 미국보다 우위에 선 분야에서의 경쟁력을 유지하기 위해 투자를 계속할 것이며, 미국은 중국에 뒤처지지 않기 위해 그린테크에 대한 투자를 더욱 확대할 것이다. 한국은 변화하는 글로벌 경제 환경 속에서 새로운 수출 산업을 육성하기 위해 그린테크에 대한 투자를 확대해야 할 것

• 호주전략정책연구소(ASPI)가 평가한 '에너지&환경 분야의 선도국가'

기술	선도국가				
	1위	2위	3위	4위	5위
수소 및 암모니아 발전	중국 60.43%	미국 6.74%	한국 4.71%	인도 2.83%	오스트레일리아 2.80%
슈퍼커패시터	중국 64.19%	한국 7.28%	인도 4.89%	미국 4.78%	오스트레일리아 2.03%
전기 배터리	중국 65.44%	미국 11.87%	한국 3.81%	독일 2.80%	오스트레일리아 2.43%
태양광에너지	중국 39.33%	미국 9.18%	인도 5.40%	한국 4.90%	영국 3.30%
핵폐기물 처리 및 재활용	중국 35.95%	미국 16.55%	프랑스 6.51%	인도 4.51%	영국 4.39%
지향성에너지	중국 39.09%	미국 19.08%	한국 5.88%	영국 5.34%	캐나다 2.85%
바이오연료	중국 23.15%	인도 15.48%	미국 5.48%	이란 4.42%	말레이시아 3.65%
원자력	중국 26.83%	미국 20.45%	일본 6.11%	인도 4.39%	프랑스 4.26%

출처: 호주전략정책연구소, 『ASPI's Critical Technology Tracker』

이다. 또한 새로운 강국으로 부상하고 있는 인도도 첨단기술 분야의 경쟁력을 갖추기 위해 그린테크에 대한 투자를 확대해야 한다. 모든 결론은 '그린테크에 대한 투자 확대'로 귀결된다.

둘째, 정부는 그린테크에 투자함으로써 새로운 일자리 창출 효과를 기대할 수 있다. 정부가 발표하는 대부분의 경제·산업 정책에서 확인할 수 있는 공통점은 '일자리 창출'이다. 특정 산업에 정책 지원을 하면 일자리가 늘어나고, 고용이 개선되어 국민 소득이 높아져 경제에 긍정적인 영향을 준다. 그래서 그린테크와 다른 산업에 정책 지원을 할 때는 일자리 창출 확대를 목표로 한다.

통상 새로운 산업이 등장할 때마다 '기존 산업의 일자리가 감소할 것'이라는 우려가 제기된다. 일자리가 감소함에 따라 앞서 설명한 선순환이 악순환으로 전개될 수 있다는 우려다(기존 산업이 사양하며 일자리가 감소하고, 이는 국민의 생계에 위협이 되어 내수 경제가 위축될 수 있다는 것이다). 하지만 이런 우려를 제기하는 측에서 간과하는 것이 있다. 새로운 산업의 성장과 함께 신규 고용이 더 많이 증가할 수 있다는 점이다. 기존 산업의 일자리 감소보다 새로운 산업에서의 고용이 더 많이 창출되면 경제 전체적으로 봤을 때 오히려 더 긍정적인 현상이 될 수도 있다.

실제로 그린테크 산업에서의 일자리는 계속해서 증가하고 있다. 그린테크의 분야별 일자리 수를 보면, 태양광·수력·풍력 등 모든 분야에서 지난 10년간 일자리가 계속해서 증가했다. 특히 에너지와 환경 부문에서 선도하고 있는 중국은 그린테크 산업에서의 일자리가 미국에 비해 4배 이상 많은 상황이다. 미국 외 다른 국가에 비해서도 압도적인 차이를 보인다. 최근의 사례도 그린테크 산업의 일자리 창출 효과를 뒷받침한다. 특히 2020~2021년은 코로나19로

• 그린테크 분야별 일자리 수

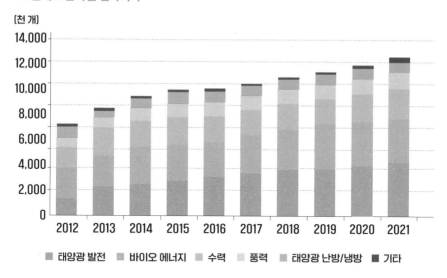

자료: Knoema

• 그린테크 분야의 국가별 일자리 수

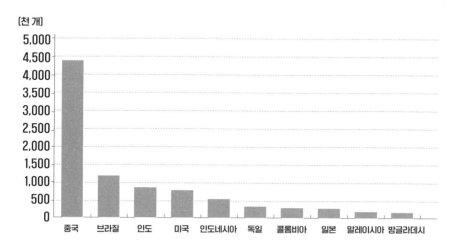

그린테크는 우리에게 더 많은 일자리를 제공하고 있다.

출처: Knoema

인해 경제활동이 둔화하고 실업률이 높아졌던 시기다. 그런데 유럽의 그린테크 스타트업 기업들은 더 많은 채용 공고를 올렸다.

이렇듯 정부는 국가 경쟁력을 높이기 위한 수단으로 그린테크에 대한 정책 지원을 확대하고 있다. 앞으로도 지원을 강화할 것이다. 그런데 그린테크에 대한 정부의 정책적인 지원은 어느 정도 영향이 있을까? 정부의 역할이 친환경 전환에서 중요한 이유를 이해하면, 그린테크 분야에서 정부 정책이 다른 산업보다 더 중요하다는 것을 알 수 있다.

정부의 역할이 왜 중요할까?

첫 번째 이유는 규제가 필요하기 때문이다. 지난 수십 년간 전 세계 대부분 국가는 에너지원에 대해 시장의 자율에 맡겨왔다. 시장의 자율에 맡기게 되면, 민간 기업들은 최저 비용으로 최대의 생산을 할 수 있는 효율성을 추구하게 된다. 제곱미터당 생산 가능한 전략 표를 보자. 당신이 기업 경영자라면 6가지 에너지원 중 어떤 것을 통해 전략을 생산하겠는가? 절대다수의 경영자는 가장 효율적인 에너지원인 화석연료를 선택할 것이다. 그것이 지난 수십 년간 우리가 경험한 사회다. 화석연료의 사용이 가져올 영향(기후위기)에 대한 고민 자체가 부족했을 뿐만 아니라, 효율성을 추구해야 하는 기업 경영자들의 입장에서는 필연적인 선택이었다.

• 제곱미터당 생산 가능한 에너지

에너지원	제곱미터당 와트
화석연료	500~10,000
원자력	500~1,000
태양열	5~20
수력(댐)	5~50
풍력	1~2
나무와 기타 바이오매스	1 미만

자료: 빌 게이츠, 『빌 게이츠, 기후재앙을 피하는 법』

과거에 비해 화석연료의 사용이 가져올 영향에 대한 사회 전반의 우려가 확산되고 있다. 하지만 이런 우려가 기업 경영자들로 하여금 화석연료에 비해 에너지 효율이 훨씬 낮은 태양열, 수력, 풍력 등에 의존하도록 만들 수 있을까? 에너지 효율이 낮은 에너지원 사용으로 인한 문제는 경영자가 직접 처리해야 하지만, 기후위기의 영향은 여러 사람이 공유하기 때문에 경영자가 죄책감을 느끼기 어렵다.

따라서 사회 전반의 인식이 개선되어야 한다. 하지만 이것만으로 부족하다. 정부가 정책을 통해 개입함으로써 기업들이 에너지 전환을 하도록 의무화하고 유도해야 한다. 그린테크로의 구조적 전환에서 정부가 중요한 이유다. 그렇다면 정부는 어떤 역할을 할 수 있을까? 뒤에서 각 국가별 정책 추진 현황에 대해 정리하겠지만, 그에 앞서 몇 가지 공통적인 내용들을 분류해보겠다.

먼저 그린테크 시장의 생태계 조성이다. 정부가 특정 산업의 생태계를 조성하는 방법에는 여러 가지가 있다. 정부가 수요를 창출해서 기업들이 해당 분야에 공급하도록 유도하는 방법(공급을 하기 위해서는 R&D 또는 생산설비에 대한 투자가 선제적으로 이뤄져야 함), 기업이 투자할 때 발생하는 비용들에 대해 세제혜택을 주는 방법, 정책 금융을 통해 저금리에 자금을 조달할 수 있도록 지원해주는 방법 등이 해당한다. 또는 기업들로 하여금 강제적으로 참여할 수밖에 없도록 기존 산업에 제재를 하는 것도 하나의 방법이 된다.

두 번째는 일부 기업이 그린테크 시장을 독과점하지 못하도록 기업 간의 경쟁을 유도하는 것이다. 성장 잠재력이 높은 초창기 형태의 산업을 시장의 자율에 맡기면, 대기업들이 시장을 잠식하는 현상이 나타날 수 있다. 대기업이 시장을 잠식하는 현상 자체가 반드시 나쁘다고 평가할 수는 없지만, 초창기일수록 경쟁이 필요하다. 그래야 여러 기업의 투자가 활발해진다. 대기업이 초기 산업을 잠식하면, 장기적으로 산업 생태계의 건전한 성장에는 역효과가 발생할 수 있다. 따라서 정부는 중소기업 또는 스타트업이 시장에 적극 참여할 수 있도록 유도해야 한다.

세 번째는 기업들이 투자하지 못할 '하이 리스크, 하이 리턴(High Risk, High Return)' 기술에 대한 투자를 지원하는 것이다. 기업의 최종 목적은 이익 창출이다. 만약 어떤 기술에 투자해서 기대할 수 있는 효과(또는 성과)가 매우 큰 반면 성공할 가능성이 매우 낮다면, 기업은 그 기술에 투자할 수 있을까? 거대 기업이라면 가능할지 모른다. 하지만 대부분의 기업은 투자하기를 망설일 것이다. 정부는 앞장서서 이런 기술에 대한 투자를 지원해야 한다. 정부가 직접 연구개발을 하는 것도 좋은 방법일 수 있다. 기대 효과는 크지만 성공확률이 매우 낮은 분야에 대한 지원이 초기 산업이 성장하는 데 초석이 될 수 있다.

정부 정책은 항상 기업에 미치는 영향을 통해 그 효과를 가늠해봐야 한다. 앞서 설명한 정부의 역할 3가지가 기업의 손익계산서에 어떻게 영향을 미칠 것인지를 보면 더 쉽게 이해할 수 있기 때문이다. 첫 번째로 언급한 그린테크 시장의 생태계 조성은 곧 그린테크에 대한 수요 확대를 의미하므로 매출액 증가로 연결될 수 있을 것이며, 정부의 금융혜택은 영업외손익인 금융손익에, 정부의 세제혜택은 법인세에 영향을 줄 수 있다(53쪽 참고).

다음 페이지의 그림은 유엔 환경 계획(UNEP; United Nations Environment Programme)에서 발간한 'Emission Gap Report 2022'에서 발췌했다. 정부 정책의 시나리오별 탄소 배출을 전망한 것이다. 2010년도의 정책이 그대로라면 탄소 배출은 계속 증가할 것이다. 그러나 2022년 현재 정책에 따른다면 탄소 배출 증가 속도는 줄어들 것이다. 즉 정책이 강화될수록 탄소 배출이 줄어드는 것이다. 정부 정책이 기후위기 대응, 그린테크 산업의 발전에 원동력이 된다는 점을 주목하자.

• 정책 시나리오별 탄소 배출 전망

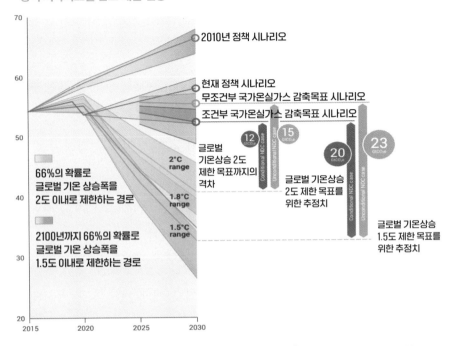

출처: UN Environment Programme 『Emissions Gap Report 2022』

지금까지 그린테크에 대한 투자에서 정부가 담당하는 역할을 알아봤다. 이런 내용을 기반으로 주요 국가들이 기후위기에 어떻게 대응하고 있으며, 그 대응이 어떻게 그린테크 투자와 연결되는지 알아보겠다.

먼저 살펴볼 국가는 미국이다. 그린테크 분야에서 미국이 중요한 이유는 세계 경제를 선도하는 국가이며, 다른 국가의 정책에도 영향을 미칠 수 있기 때문이다. 그리고 2022년에 발표한 인플레이션감축법은 그린테크의 성장 과정에 있어서 가장 중요한 정책 중 하나가 될 만큼 규모와 파급력이 컸다.

두 번째로 살펴볼 국가는 EU다. EU는 러시아-우크라이나 전쟁으로 인해 러시아의 에너지 무기화 전략에 가장 직접적인 타격을 받은 국가들이다. 그만큼 에너지 전환에 절실할 수밖에 없다. 미국과 직면한 상황이 다르기 때문에, EU의 정책은 장기적인 계획뿐만 아니라 단기적인 대응에도 중점을 둘 것이다.

세 번째로 살펴볼 국가는 중국이다. 그린테크가 미래 성장 산업의 하나가 된다고 가정한다면, 중국 입장에서도 놓칠 수 없는 산업이다. 게다가 전 세계 전기차 수요의 절반을 담당하는 곳이 중국이다. 태양광 시장도 중국이 주도하고 있다.

네 번째로 살펴볼 국가들은 사우디아라비아, UAE, 인도네시아 등이다. 이들 국가를 하나로 묶어서 제시하는 이유는 최근 이들이 '도시 건설 계획'을 추진하고 있기 때문이다. 이들이 추진하는 도시 건설 계획에는 그린테크에 대한 투자가 포함되어 있다. 그 과정에서 새로운 산업에 대한 기술력을 확보하려는 목적을 갖고 있는 것으로 추측해볼 수 있다.

다섯 번째로 살펴볼 국가는 한국이다. 한국은 국가 전략기술이 될 산업 중 하나로 '그린테크'를 선택했다. 변화하는 국제 정치·경제 흐름 속에서 새로운 수출 산업으로 육성하려는 의지를 강하게 보이고 있다. 한국 정부가 연이어 발표하는 그린테크 지원 정책들을 살펴보도록 하겠다.

그린테크 투자를
본격화한 미국

2017년 6월, 도널드 트럼프 미국 전 대통령은 파리기후협약(Paris Agreement)을 탈퇴했다. 트럼프 대통령의 임기 동안 미국 정부의 그린테크 투자가 후퇴하게 될 것임을 알리는 상징적인 사건이었다. 트럼프 대통령은 대선 후보 때부터 미국의 에너지 독립을 위한 방안으로 화석연료 부문에 대한 투자를 강조했다. 석유·석탄·천연가스 등에 대한 자원 개발을 통해 일자리를 창출하고, 에너지 자립을 하겠다는 계획이었다(이는 곧 버락 오바마 전 대통령의 기후변화 정책[청정에너지 계획, Clean Power Plan]을 폐지하겠다는 의도였다). 그리고 화석연료에 대한 투자를 유도하고, 친환경으로의 전환을 위해 화석연료 부문에 적용되었던 규제들을 완화할 것을 주장했다. 이런 정책 방

• 2016년 미국 대선에서 공화당의 주요 공약

구분	내용
미국 최우선 에너지 계획	미국 내 화석연료 개발 및 생산 확대를 통한 에너지 독립 추구
	에너지·환경 규제 철폐 주장
공화당 정강	국내자원 생산 및 수출 확대
	연방정부의 규제 반대
	주정부 중심의 에너지·환경정책 추진
	기후변화 대응 노력 반대
취임 100일 과제	UNFCCC에의 미국 정부의 재원공여 중단
	에너지·인프라법 제정으로 인프라 투자 확대

출처: 에너지경제연구원

향성을 보여준 가장 대표적인 사례가 '파리기후협약 탈퇴'였다.

그런데 조 바이든 미국 대통령은 취임 첫날 파리기후협약에 재가입했다. 그는 기후변화 대응에 진심이었던 오바마 행정부의 부통령이었다는 점을 일깨워 준 것이자, 트럼프 행정부와는 전혀 다른 행보를 보일 것임을 알리는 서사였다. 바이든 대통령은 대선 공약에서부터 친환경 전환을 빠르게 진행하겠다고 주장했다. 기후변화 대응의 필요성을 국가안보의 관점에서 접근했으며, 2050년까지 온실가스 배출 순제로(Net-Zero)를 선언했다. 그리고 친환경으로의 전환을 위해 10년간 1조 7천억 달러의 재원 투입을 제시했다. 이런 목표하에 바이든 행정부는 청정에너지 보급 확대, 신에너지 기술 개발 확대 등을 강조하고 있다. 그린테크 전반(풍력·태양광·원전·수소 등)에 대한 재정 정책 확대를 강조하는 것은 물론, 에너지저장기술 (ESS[Energy Storage System] 등)과 소형모듈형원자로(SMR)와 탄소포집기술(CCUS) 등에 대한 기술개발도 강조한다.

바이든 대통령의 친환경 정책은 트럼프 전 대통령의 전통 에너지 정책과는 정반대의 내용이다. 하지만 사실 기후변화 대응이라는 인류의 공통 목표가 아닌 미국의 이익 관점에서는 같은 목표를 갖고 있다. 두 대통령 모두 일자리 창출을 늘리고 미국의 에너지 자립을 이루려는 공통 목표를 갖고 있었다.

트럼프 정부는 친환경 전환 대신 전통 에너지 투자를 확대했고, 그 때문에 오바마 정부 때 감소하던 미국 탄소 배출이 일시적으로 증가했다. 4년의 짧은 임기 때문에 이 현상을 트럼프 정부 정책 탓이라고 확실히 말하기는 어렵지만, 그 기간 동안 탄소 배출 감소 추세가 멈춘 것은 확실하다. 바이든 정부의 목표는 지난 4년 동안 멈춘 탄소 배출 감소 추세를 다시 되돌리는 것이다. 미국이 파리기후협약에 다시 가입하며 설정한 목표를 이루기 위해, 더 강한 친환경 정책이 필요하다는 의견이 제시된다.

이러한 이유 때문일까? 바이든 정부가 2021년부터 추진하고 있는 정책에는 "미국 역사에서 최대 규모의 투자"와 같은 수식어가 자주 붙는다. 2021년에 통과된 '인프라 투자 및 일자리 법안 (Infrastructure Investment and Jobs Act)'은 1조 2천억 달러 규모의 정책

• 미국의 에너지 분야별 이산화탄소 배출

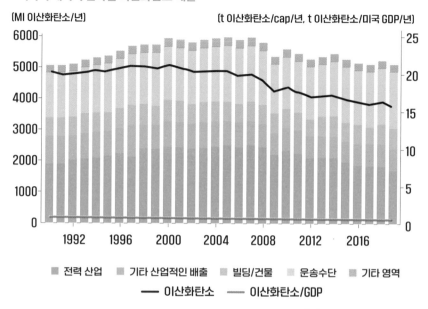

[MI 이산화탄소/년]   [t 이산화탄소/cap/년, t 이산화탄소/미국 GDP/년]

■ 전력 산업   ■ 기타 산업적인 배출   ■ 빌딩/건물   ■ 운송수단   ■ 기타 영역
— 이산화탄소   — 이산화탄소/GDP

출처: European Commissio

• 미국의 에너지 정책 목표 상향 필요

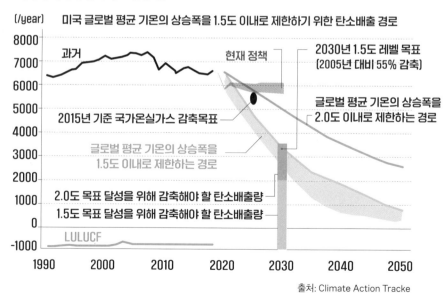

[/year]   미국 글로벌 평균 기온의 상승폭을 1.5도 이내로 제한하기 위한 탄소배출 경로

과거   현재 정책   2030년 1.5도 레벨 목표
                                            (2005년 대비 55% 감축)

                                            글로벌 평균 기온의 상승폭을
                                            2.0도 이내로 제한하는 경로

2015년 기준 국가온실가스 감축목표

글로벌 평균 기온의 상승폭을
1.5도 이내로 제한하는 경로

2.0도 목표 달성을 위해 감축해야 할 탄소배출량
1.5도 목표 달성을 위해 감축해야 할 탄소배출량

LULUCF

출처: Climate Action Tracke

인데, 미국 역사에서 인프라에 대한 최대 규모의 투자로 불린다. 통상 '인프라'라고 하면 건설·기계 등의 산업을 떠올리는 경향이 있지만, 사실 '인프라 투자 및 일자리 법안'의 내용을 보면 이 정책 역시 기후변화 대응을 위한 인프라 투자라고 보는 것이 더 적합하다. 청정에너지 교통수단에 투자하고, 전기차 충전 인프라에 투자하고, 청정에너지 발전 시설에 투자하는 등의 내용을 갖고 있기 때문에 과거에 통용되던 인프라가 아닌 친환경 인프라의 성격을 많이 띠고 있다.

참고로 친환경으로의 전환 과정에서 인프라에 대한 투자는 가장 기본이다. 뒤이어 다룰 다른 국가들의 그린테크 투자 정책에서도 가장 많이 확인할 수 있는 내용이 바로 '인프라 투자'다. 인프라 투자는 그린테크의 보급·확산을 위한 제1의 전제조건이기 때문이다. 예를 들어 테슬라의 주행거리(배터리 1회 충전을 통해 갈 수 있는 거리)는 약 500km라고 알려져 있다. 대부분의 운전자가 배터리를 100% 충전한 후 0%까지 다 쓴 후에만 충전하지 않는다. 배터리 사용 중에도 계속 충전해야 하는데, 그러려면 전국에 전기차 충전소가 많아야 한다. 2022년 기준 미국에는 약 5만 개의 전기차 충전소가 있지만, 주로 동부와 서부의 큰 도시에 집중되어 있다. 도시에서만 이동하면 전기차 충전에 문제가 없지만, 멀리 가야 할 때는 어려움이 있다. 주행거리를 늘리는 연구에 투자할 수도 있지만, 기술 한계 때문에 충전소를 더 짓는 것이 더 합리적이고 효율적이다. 그래서 '인프라 투자 및 일자리 법안'에서 인프라 투자는 친환경 전환에 중요한 역할

• 최근 미국에서 추진된 주요 정책

정책	투자 규모	지원 내용
인프라 투자 및 일자리 법안 (2021년 11월)	1조 2천억 달러	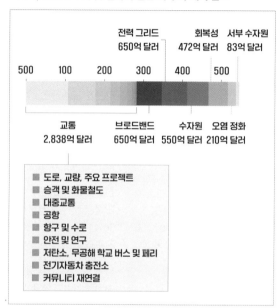

• 미국, 인프라 투자 및 일자리 법안 내 투자 계획 발표

기술과 관련된 투자 내용

· 초고속 인터넷: 650억 달러 투자. 인터넷 가격 인하, 디지털 격차 감소 등
· 기후 회복력을 강화한 도로와 교량 재건: 5년간 1,100억 달러 투자(전통적인 인프라에 해당)
· 청정에너지 교통수단: 대중교통 현대화에 390억 달러 투자(청정에너지, 무탄소 차량 전환)
· 국가 충전 네트워크 건설: 전기자동차 충전 시설 네트워크 구축(중국에 비해 부족한 상황)
· 청정에너지 발전 시설: 650억 달러 이상 투자. 전력 인프라 업그레이드

자료: 글로벌 과학기술정책정보 서비스(과학기술정보통신부)

• 최근 미국에서 추진된 주요 정책(위)과 IRA 재원조달 및 투자(아래)

분류		세부 내용
2022년 인플레이션 감축법 중에서, Climate & Energy Program (3,690억 달러)	소비자들의 에너지 비용 부담 완화를 위한 지원	· 10년간 소비자 세금 혜택(루프탑 태양광 설비 등 도입을 통한 에너지 효율 개선) · 중하위 소득층 대상, 친환경 차량 구매 시 세금 혜택(중고: 4천달러, 신차: 7,500달러)
	에너지 안정성 강화 (친환경 에너지 확대) 및 친환경 제조 설비 구축	· 태양광 패널, 풍력 터빈, 배터리 생산과 주요 광물 정제 등 세금 혜택(300억 달러) · 친환경 기술 제조공장 건설 세금 혜택(100억 달러) · 기존의 자동화 제조 설비를 친환경 차량 제조용으로 전환 지원(20억 달러) · 친환경 차량 제조 설비 건설을 위한 대출(200억 달러) · R&D 지원(20억 달러)
	경제 전반의 탄소 배출 감축 목표 (전력 생산, 수송, 산업용 공장, 빌딩, 농업)	· 친환경 방식의 전력 생산을 위한 지원(300억 달러) · 미국산 친환경 제품 시장을 확대하기 위함(90억 달러, 30억 달러=우편서비스용 차량 구매) · 친환경 에너지 기술개발(270억 달러)
	소외된 지역사회 지원	· 항구 등 탄소 배출 절감 장비 및 기술 도입(30억 달러) · 친환경 기반의 학교 차량, 쓰레기 수거차 도입(10억 달러)
	농촌 지역 지원	· 농업 분야 친환경 지원(200억 달러) · 산림 보호 등 지원(50억 달러) · 바이오 연료 생산 확대 및 인프라 구축 등 지원 · 해안서식지 보호 등(26억 달러)

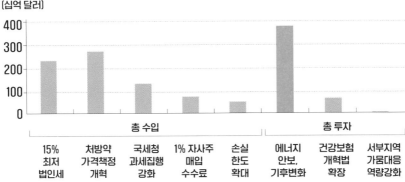

[십억 달러]

총 수입: 15% 최저 법인세 / 처방약 가격책정 개혁 / 국세청 과세집행 강화 / 1% 자사주 매입 수수료 / 손실 한도 확대

총 투자: 에너지 안보, 기후변화 / 건강보험 개혁법 확장 / 서부지역 가뭄대응 역량강화

출처: Senate Democrats

• 미국의 온실가스 배출 전망: 인플레이션감축법으로 인해 앞당겨질 효과

출처: Rhodium Group

을 하는 것으로 이해해야 한다.

그리고 2022년에 이보다 더 그린테크에 대한 투자를 강조한 법안인 '인플레이션감축법(IRA)'이 통과되었다. 이 정책은 10년 동안 7,900억 달러를 확보해 에너지 안보, 기후변화 및 헬스케어 등에 투자하는 내용이다. 주로 기후변화 대응을 목적으로 하고 있다. 바이든 대통령의 정책은 그린테크 전체를 지원하는 것으로 확인되며, 전기차·태양광·풍력·수소·원전 등 모든 분야에 지원한다. 인플레이션감축법을 보완하기 위한 세부 규정들은 2023년에도 발표되고 있다.

바이든 정부의 친환경 정책은 트럼프 정부의 중단했던 친환경

전환을 다시 빠르게 만들 전망이다. 미국 컨설팅 회사 로디움그룹(Rhodium Group)의 분석에 따르면, 인플레이션감축법이 통과되어 기존 정책보다 미국의 온실가스 배출 감소가 더 빨라질 것이다. 아직 파리기후협약 목표에 도달하지 못했지만, 친환경 전환 속도가 빨라진 것은 좋은 일이다. 투자자들에게는 더 기대할 수 있는 부분이 있다. 파리기후협약 목표를 이루기 위해 앞으로 추가 정책이 나올 가능성이 있기 때문이다. 인플레이션감축법을 지원할 다른 정책들도 앞으로 기대할 수 있다.

유럽의 에너지
자립을 위한 여정

EU는 최근 몇 년간 기후변화에 대응하기 위한 정책 추진에 박차를 가하고 있다. 현재 EU의 기후변화 대응 정책의 근간이 되는 것은 2019년 12월에 발표한 '유럽 그린딜(The European Green Deal)'이다. 유럽 그린딜은 2050년까지 기후중립 달성 목표를 제시한 것인데, 기후변화, 에너지, 순환경제, 연구개발, 재정지원 등 기후변화 대응에 대한 향후 정책 방향, 구체적 실행 계획, 일정 등을 제시한다. 따라서 유럽 그린딜에 대해 알아보는 것이 EU의 정책 방향성을 이해하기 위한 시작이다.

유럽 그린딜을 지원하는 것은 '유럽 그린딜 투자계획(European Green Deal Investment Plan)'이다. 기존의 EU 예산만으로는 부족하다고 생각되어, 앞으로 10년간 최소 1조 유로를 마련할 계획이다. 세부적인 자금 조달 계획은 다음과 같다. ①기후변화와 관련한 EU 예산을 확대(EU 예산의 25%, 향후 10년간 5,030억 유로), ②기후변화 프로젝트에 대한 회원국의 협조를 통해 향후 10년간 약 1,140억 유로 조달, ③InvestEU Programme을 통한 민간과 공공 투자로 향후 10년간 약 2,790억 유로를 조달, ④공정 전환 메커니즘을 통해 향후 10년간 약 1,430억 유로를 지원, ⑤EU배출권거래제에서 발생하는 수입을 통해 향후 10년간 약 250억 유로를 지원하는 계획이다. 투자의 기본이 되는 예산 확보에 대한 구체적인 계획이 제시되었다는 점에서 매우 의미 있는 발표라고 할 수 있다.

유럽의 기후변화 대응 정책은 2020년부터 시작했지만, 2022년부터 친환경 전환에 대한 필요성이 더 커졌다. 러시아-우크라이나 전쟁으로 인해 러시아의 에너지 무기화 전략에 가장 직접적으로 노출된 국가들이 바로 유럽 국가들이기 때문이다. 미국은 셰일혁명 덕분에 세계 최대 천연가스 생산국이 되어 러시아의 에너지 전략에 크게 영향받지 않지만, 그럼에도 불구하고 7,400억 달러 규모의 인플레이션감축법을 추진했다. 그러나 유럽 국가들은 러시아-우크라이나 전쟁에 직접 노출되어 있다. 유럽 국가들이 러시아의 천연가스에 다시 의존할까? 아니면 시간이 걸려도 대안을 찾을까? 유럽은 대안 찾기를 본격화하고 있다.

따라서 2019년 12월 발표된 유럽 그린딜과 그 후의 정책들을 이해하는 것도 중요하지만, 러시아-우크라이나 전쟁 후 발표된 정

시기	내용	정책 분야
2019년 12월	유럽 그린딜 발표	총괄
2020년 1월	유럽 그린딜 투자계획 및 공정전환체계 발표	투자 계획
2020년 3월	순환경제 행동계획 제안	산업
2020년 7월	에너지시스템 통합 및 수소전략 채택	수송
2020년 12월	배터리 및 폐배터리 규정 제안	수송
2021년 6월	유럽기후법 채택	탄소감축
2021년 7월	탄소감축 입법안 패키지 'Fit-for-55' 발표	총괄
2022년 5월	에너지 위기 대응을 위한 REPowerEU 발표	에너지
2023년 2월	그린딜 산업계획 제안	산업

출처: 대외경제정책연구원

책들에 더 주목해야 한다. 2022년 5월에 발표한 에너지 위기 대응을 위한 REPowerEU, 2023년 2월 1일에 발표한 그린딜 산업계획 (Green Deal Industrial Plan) 등이 해당된다. 그리고 그린딜 산업계획에는 핵심원자재법(RMA; Critical Raw Materials Act)과 탄소중립산업법 (Net-Zero Industry Act) 등이 포함된다. 또한 유럽국부펀드(European Sovereignty Fund) 등과 같이 친환경 기술에 투자하는 펀드가 신설되는 내용도 있다. 해당 내용들은 2023년부터 자세하게 공개되거나 본격적으로 추진될 예정이다.

• 그린딜 산업계획의 4가지 구성

구분	내용
규제 단순화	• [Net-Zero Industry Act 제안] 핵심 친환경 기술의 제조 역량 강화 • [Critical Raw Materials Act 제안] 핵심 원자재 공급 안정화 • [Reform of the electricity market design 3월 제시] 전력시장 개편
친환경 기술에 대한 투자 확대 (재정 지원 확대)	• [National Funding] 정부의 지원 • [EU Funding] ① REPowerEU, ② InvestEU Programme • [Innovation Fund] 2023년 여름까지, 유럽국부펀드(European Sovereignty Fund) 신설 추진
인력 육성	• 인적자원에 대한 지원
공급망 안정성 강화	• 국제적인 협력 강화

출처: European Commission, KB증권

EU집행위원회는 2022년 5월 18일에 REPowerEU 계획을 발표했다. 러시아-우크라이나 전쟁 발발 직후에 발표된 첫 정책이었다. 그래서 탈세계화 시대 EU의 친환경 정책으로서 갖는 상징성이 더욱 크다. 정책 발표 시점에서 유추해볼 수 있듯이 REPowerEU 계획은 러시아 화석연료에 대한 의존을 중단하는 것과 친환경으로의 전환을 가속화하는 것이 정책 목표다. 주요 내용은 에너지 소비 절감, 에너지 공급망 다변화, 신재생 에너지 보급 확대, 산업 및 운송 섹터의 화석연료 소비 감축, 운송 섹터 탈탄소화 지원 등으로 구성된다. 이를 달성하기 위해 태양광, 풍력, 수소 등에 대한 정책적인 지원과

• EU의 핵심원자재법 주요 내용

전략 원자재 역내 생산 확대
- 2030년까지 EU 연간수요 대비 역내 채굴(10%), 가공(40%), 재활용(15%) 까지 확대
- 역외 특정국 의존도 65% 이하로 감축

전략 프로젝트 신속 이행 지원
- 인허가 기간 단축(채굴 24개월, 가공·재활용 12개월)
- 자금 조달 원활화

원자재 공급망 관리 강화
- 공급망 스트레스 테스트, 전략 비축량 관리 및 공동 구매
- 기업별 공급망 사내 감사 실시

원자재 지속가능성 강화
- 영구자석 포함된 제품 출시 기업 대상 정보제공 의무
- 환경발자국 신고

전략적 파트너십 통한 공급망 다변화
- 핵심원자재클럽 등 전략적 파트너십
- 환경, 인권 등 지속가능한 원자재 교역 확대

출처: 한국무역협회 통상리포트

그린테크의 적용 의무화 등의 내용이 포함되었다.

2023년에는 핵심원자재법, 탄소중립산업법 등이 추진되고 있다. 핵심원자재법은 리튬·니켈 등의 핵심광물을 안정적으로 조달하기 위한 방안으로서, 폐배터리 리사이클링을 의무화하는 내용이 담겨 있다. 예를 들어 산업 및 전기자동차용 배터리의 경우 2030년

• EU의 핵심원자재법 추진 현황과 내용

일자	내용
2020년 12월	**EU 집행위원회** ① 2035년부터 내연기관 자동차의 역내시장 판매 중지와 그린딜 구현을 위해 지속가능한 배터리 법안을 수립할 필요가 있다는 것에 동의 ② 기존 배터리 지침(2006/66/EC)을 폐지하고 역내 제품 감시규정(2019/1020)을 통합한 신 EU 배터리 규정안 마련
2022년 2월	**유럽의회 환경위원회** ① 핵심원자재법 채택 ② 배터리 법안의 적용 대상 확대, 폐배터리 회수율 목표 강화 등 기존 집행위 내용을 보다 강화한 수정안을 채택
2022년 3월	**유럽의회 본회의** ① 찬성 584표, 반대 67표, 기권 40표 등으로 통과 ② 법안 주요내용: 산업 및 전기자동차용 배터리의 경우, 2030년부터 코발트, 납, 리튬, 니켈 물질의 재활용 원료 사용이 일정 비율 의무화되며 2035년부터 해당 비율은 증가할 예정
2022년 10~11월	의견 수렴
2023년 3월 16일	핵심원자재법 초안 발표

자료: KOTRA 「뉴스 – 유럽의회, 지속가능한 EU 배터리법 채택」 내용 요약, European Commission

부터 코발트, 납, 리튬, 니켈 물질의 재활용 원료 사용이 일정 비율(코발트: 12%, 납: 85%, 리튬: 4%, 니켈: 4%)로 의무화되며 2035년부터 해당 비율을 상향 조정할 예정(코발트: 20%, 납: 85%, 리튬: 10%, 니켈: 12%)이다.

이런 정책의 추진 이유는 핵심광물이 부족한 EU 내 공급망 위험을 줄이려는 첫 번째 목표 때문이다. 더불어 전기차 증가로 발생하는 폐배터리를 재활용해 공급망 위험도 줄이고 환경 문제도 해결하기 위함이다.

한편 EU는 2023년 3월에 탄소중립산업법의 초안도 공개했다. 탄소중립산업법은 친환경 산업에 대한 규제를 완화하고, 지원함으로써 EU 역내 생산능력을 확대하고자 하는 법안이다. 탄소중립산업법에서는 8개 분야의 탄소중립기술을 지정했는데, ① 태양광, ② 풍력, ③ 배터리, ④ 히트펌프·지열에너지, ⑤ 수전해장치, ⑥ 바이오메탄, ⑦ 탄소포집·저장, ⑧ 그리드(Grid) 등이다. 2030년까지 EU 역내 탄소중립기술에 대한 수요의 40%를 자체적으로 조달하는 것을 목표로 하고 있으며, 재정지원을 위한 조치들도 잇따라 추진될 예정이다.

EU가 추진하고 있는 핵심원자재법과 탄소중립산업법은 이제 정책의 초안이 공개되었을 뿐이다. 향후 유럽의회에서의 입법 절차가 진행되고 정책 입안을 위해서는 1~2년이 소요될 예정이다. 이는 즉 향후 1~2년간 그린테크에 대한 EU의 정책 기대감이 점차 높아질 수 있음을 가리킨다.

EU의 정책에서 확인할 수 있는 특징은 2가지다. 첫째, 친환경 전환은 2050년 탄소중립 목표를 위한 노력이므로, 정책이 한 번에 끝나지 않고 부족한 부분을 보완하는 추가 정책이 계속 이어질 수 있다. 투자의 관점에서는 정책 모멘텀이 언제든 계속될 수 있다는 기대감으로 이어질 수 있는 포인트다. 둘째, 정책의 적용 시점도 장기적인 계획에 따른다는 것이다. 핵심원자재법에서 재활용 원료 사용 의무화 비율이 적용되는 시점을 2030년으로 제시한 것과 탄소중립 산업법에서도 2030년까지 자체 조달 능력을 높이겠다는 목표를 제시한 것에서 확인할 수 있다. 세부 조치가 장기적 계획에 따라 실행되므로, 투자 관점에서는 단기 변화보다 중장기 변화를 고려할 필요가 있다.

친환경 투자에 가장 적극적인 프랑스 ────────

2022년 초 프랑스 대선도 돌아볼 필요가 있다. 당시 초기였던 러시아-우크라이나 전쟁과 관련해서 정치인들이 어떠한 대응 전략(에너지 정책)을 제시했는지 단적으로 확인할 수 있기 때문이다.

2022년 프랑스 대선 후보들은 모두 '친환경 에너지 정책'을 제안했다. 당선된 에마뉘엘 마크롱 대통령의 친환경 에너지 공약과 다른 후보들의 공약도 살펴보자.

에마뉘엘 마크롱의 기본적인 정책 방향은 '탈탄소화 가속화'였다. 화석연료에 대한 수입 의존도를 낮추고 에너지 자율성을 확보하려는 정책 의지를 표명했다. 이는 앞서 설명했던 EU 핵심원자재법의 정책 방향성(=원자재 수입 의존도를 낮추고, 자체적인 조달 방법 강구)과 일치한다. 친환경 에너지 내의 세부 분야에 있어서 차별적인 접근을 하지 않은 점도 주목해야 한다. 친환경 에너지에 대한 투자 의

• 2022년 프랑스 대선 후보별 주요 공약

구분		제재 내용
에마뉘엘 마크롱	친환경 에너지	• 탈탄소화 가속화: 수입 화석연료 의존도 하향 및 에너지 자율성 보장 • 2050년까지 태양광 발전 10배, 해상풍력 단지 50개
	원자력	• 6개 원자력 발전소 건설
발레리 페크레스	친환경 에너지	• 재생에너지 분야 및 수소 등 미래 에너지 개발(풍력발전 주민 동의 필수화) • 항공 및 물류 분야 친환경 연료 전환 프로젝트 지원

	원자력	• 드골주의적(독립) 원자력 복구 계획
		  - 최소 6개 신규 원자로 건설
		  - 원자로 수명 연장과 차세대 프로젝트 대규모 투자

마린 르 펜	친환경 에너지	• 수력발전 재가동 및 수소 부문 투자 • 풍력 프로젝트 중단: 풍력발전 단지 점진적 해체
	원자력	• 원자력 재가동
에릭 제무르	친환경 에너지	• 산업 및 운송 수소클러스터 • 육상 및 해상 풍력 종료: 풍력을 지열, 목재 에너지 등의 열 에너지로 전환 • 수력발전 중단
	원자력	• 2035년까지 원전 비중 50%로 축소 목표 폐지 및 연장 • 2030년 폐쇄 예정 12개 원자로 폐쇄 중단 • 2050년까지 적어도 14개의 새로운 EPR 원자로 건설
장 뤼크 멜랑숑	친환경 에너지	• 재생에너지 전환 100%: 2030년까지 65% 배출량 감축 목표 상향 • 해외를 포함한 화석 연료에 대한 보조금 중단
	원자력	• 탈원전 정책 • EPR 프로젝트 포기, 해체, 복구 • 원자력 부지 생활지역 전환

출처: 언론 보도

지가 강한 경우에도 원자력 발전과 관련해서는 의견이 나뉘는 경우가 있다. 마크롱 대통령은 원자력 발전소 건설 계획을 공약으로 제시했기 때문에, 친환경보다는 에너지 자립에 더 큰 의미를 두는 것으로 볼 수 있다.

다른 후보들의 공약이 최종적으로 선택되지 않았지만, 그들의 공약 내용을 통해 프랑스 사회에서 어떤 요구가 있는지를 알 수 있다. 다른 후보들의 정책 방향성도 결국 '탈탄소화 가속화'라는 것이 명확하다. 비록 세부 사항에서는 탈원전이나 풍력 반대와 같은 차이점이 있지만, 전반적으로 친환경 에너지 투자를 늘리자는 점에서 사회적 합의가 이루어진 것을 볼 수 있다.

에마뉘엘 마크롱 대통령 당선인뿐만 아니라 다른 후보들의 공약까지 살펴본 이유는 2가지다. 첫 번째 이유는 마크롱 대통령이 추진하려는 정책의 통과 가능성을 가늠해볼 수 있기 때문이고, 두 번째 이유는 차기 대통령 때도 정책이 지속될 가능성을 확인할 수 있기 때문이다. 다른 후보(다른 정당)들도 친환경 에너지 투자의 필요성에 동의하기 때문에, 마크롱 대통령이 추진할 정책들이 의회를 통과하는 데 큰 문제가 없을 것이다. 그리고 마크롱 대통령 이후 다른 정당의 대통령이 집권하더라도 친환경 에너지에 대한 투자가 중단될 리스크가 낮다는 것도 유추해볼 수 있다.

시진핑 중국 주석의
새로운 과제

중국은 전 세계에서 이산화탄소를 가장 많이 배출하는 국가다. 최근에는 잠시 탄소 배출이 느려졌지만, 여전히 탄소 배출이 증가하는 추세를 보이고 있기 때문에 글로벌 탄소 배출 순제로 목표를 달성하는 데 가장 큰 변수가 될 것이다.

다행인 점은 그린테크 시장에서 중국의 행보가 심상치 않다는 것이다. 이미 몇몇 분야에서 글로벌 선두주자로서 입지를 공고히 하고 있다. 그리고 그린테크 분야의 주도권을 놓치지 않기 위해 투자를 계속하고 있다. 글로벌 전기차 시장의 점유율은 50%로 압도적인 위치이고, 그 뒤를 이어 미국(10% 내외)과 유럽 국가(독일·프랑스·영국·노르웨이·이탈리아·스웨덴 등), 그리고 한국이 있다.

• 글로벌 전기차 시장 점유율

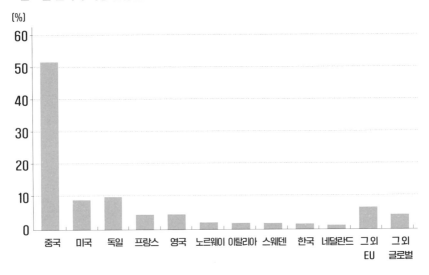

출처: IEA

• 전기차 배터리 시장 점유율

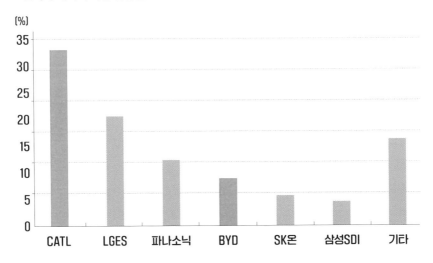

출처: SNE리서치

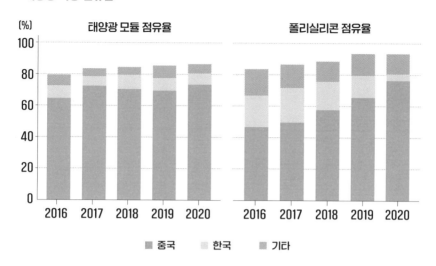

출처: Bloomberg

수요자 관점에서뿐만 아니라 공급자 관점에서도 중국은 그린테크 시장에서 중요한 위치에 있다. 전기차 배터리 공급의 관점에서 중국 기업들은 글로벌 시장에서 50%에 이르는 시장 점유율을 확보하고 있다(CATL 30% 초중반, BYD 10%). 그 뒤를 잇는 것이 한국 기업(LG에너지솔루션, SK온, 삼성SDI 등)이다. 태양광 시장에서의 위치는 더욱 절대적인데, 중국의 점유율이 70%에 이른다.

중국 정부는 이런 입지를 더욱 강화하기 위해 그린테크에 대한 투자를 늘릴 것이다. 그린테크는 시진핑 주석 1~2기의 핵심 분야로서 정책적인 수혜를 가장 많이 받은 산업 중 하나다. 시진핑 주석 3기에도 중국 정부의 정책적인 지원은 계속될 전망이다.

중국의 친환경 정책은 12.5 규획(12차 5개년 규획: 2011~2015년의 정책)을 계기로 시작했다. 2016년에는 파리기후협약에도 참여하면서 친환경 정책을 본격화하고 있다. 특히 시진핑 주석이 2020년 9월 유엔총회에서 연설하며 '2030년 이전 탄소 배출 정점, 2060년 이전 탄소중립 달성'이라는 목표를 대외적으로 선언했다. 이후 친환경 정책에 더욱 박차를 가하는 모습이다.

2021년 10월에는 '탄소중립 마스터플랜'과 '2030년 이전 탄소 배출 정점 행동방안' 등을 잇따라 발표했다. 2030년 이전 탄소 배출 정점 행동방안은 2025년과 2030년을 목표 시점으로 한 중기적인 액션플랜이다. ①2025년까지 친환경 에너지 소비 비중을 20%로 확대하고, GDP 단위당 에너지 소비를 2020년 대비 13.5% 감축하겠다는 계획과 ②2030년까지는 친환경 에너지 소비 비중을 25%로 확대하고, GDP 단위당 에너지 소비를 2020년 대비 65% 이상 감소하겠다는 계획이다.

중국은 시진핑 3기가 시작함에 따라 다시 한번 그린테크에 대한 투자를 확대하려는 움직임을 보이고 있다. 중국이 그린테크에 대한 투자를 확대할 것이라고 예상하는 근거는 2가지다. 첫째, 미국의 중국 제재는 글로벌 공급망에서 중국의 입지를 약화시키려는 계획이다. 중국이 글로벌 시장에서 절대적인 위치를 차지하고 있는 분야라면 미국의 제재는 한계에 봉착할 것이다. 미국의 제재로 인해 중국의 그린테크 기술이 미국으로 수출되는 데는 제한이 생길 수 있지만, 미국 외의 국가들로 수출되는 것까지 완전히 제한하기는 어렵다. 중국은 글로벌 경쟁력을 갖춘 그린테크 분야에 지속적으로

• 2022년 12월 경제공작회의 주요 내용

발표 시기	정책	내용
재정 정책· 통화 정책	재정 정책	· 적정 지출 유지 · 적자·특별채권·이자할인 등 정책 조합 최적화 · 중앙정부에서 지방정부로의 이전 지급 확대
	통화 정책	· 풍부한 유동성 유지 · 중소기업·기술혁신·녹색개발에 대한 금융지원 강화 · 위안화 환율 안정 유지
	산업	· 중점산업 핵심기술·부품 확보로 자주적인 공급망 형성 · 에너지·광물 생산·저장능력 강화, 곡물 생산능력 향상 · 신에너지, 인공지능, 바이오, 저탄소, 양자컴퓨팅 연구·응용 강화 · 플랫폼 기업의 발전 견인 역할 강화, 고용 창출, 글로벌 경쟁력 　강화
	과학기술	· 범국가적 차원에서 핵심 과학 및 기술 프로젝트 추진
내수	소비	· 소비진작을 최우선 과제로 설정 · 소득 제고, 소득확대 및 소득분배체계 개선 · 주택개선·신에너지 자동차·양로 서비스 등 분야 소비 지원
	투자	· '14.5 계획' 주요 프로젝트 집중 시행 · 정부·민간 자금 투입 확대
리스크 예방	부동산	· 소비진작을 최우선 과제로 설정 · 소득 제고, 소득확대 및 소득분배체계 개선 · 주택개선·신에너지 자동차·양로 서비스 등 분야 소비 지원
	금융	· 지역적·시스템적 금융리스크 형성 예방 · 지방정부 부채 억제·해소

민생	방역	• 방역 최적화, 노인·기저질환자 관리, 중증예방 중점 추진
	고용	• 청년실업률 개선을 위한 청년층(특히 대학졸업자) 고용 촉진
	물가	• 식료품 가격 상승 등 구조적 물가상승의 취약계층 영향 최소화
	인구	• 법정 정년연장 추진, 출산지원 시스템 개선
고수준 개방		• 외자유치 및 무역투자 협력 확대, 국제협정 적극 참여 • 외자기업 합법적 권익 보호, 현대서비스업 개방 • 일대일로 지속, 환태평양경제동반자협정(CPTPP)·디지털경제동반자협정(DEPA) 가입 추진

출처: KOTRA

투자함으로써, 미국의 제재에 대응해갈 것이다.

둘째, 최근 중국의 정치 이벤트에서 이런 방향이 명확하게 확인되고 있다. 2023년 상반기의 경제 정책 방향을 제시하는 2022년 12월 경제공작회의에서는 산업과 과학기술 분야에 대한 정책적인 지원을 강조했다. 여기서 거론된 분야는 첨단기술 분야와 그린테크 분야가 대표적이다. 그리고 경제공작회의에서 강조한 것 중 하나가 "14.5 계획의 주요 프로젝트를 집중적으로 시행하겠다."라는 것이다. 14.5 계획에서 하나의 제안이 나왔다. 미국이 견제를 하고 있는 중국제조 2025를 대신할 정책으로 '9대 전략적 신흥 산업 집중 육성 계획'을 추진하자는 것이다.

여기서 가리키는 9대 전략적 신흥산업에는 차세대 정보기술, 바이오기술, 신재생 에너지, 신소재, 첨단설비, 신에너지 자동차, 환경

보호, 항공우주, 해양설비 등이 포함된다. 신재생 에너지, 신에너지 자동차, 환경보호 등 3가지가 그린테크에 해당한다.

현재 중국이 진행하고 있는 정책적인 투자는 이미 중국의 정책 계획이 실현되고 있다는 사실을 보여주며, 앞으로 제시될 중국의 정책계획 또한 마찬가지일 것이다. 유럽처럼 중국도 인프라 투자를 집중적으로 하고 있다. 중국의 신형 인프라 구축 계획에서 중심이 되는 것이 바로 그린테크다. 중국의 신형 인프라 구축은 데이터센터를 설립하려는 계획이 핵심인데, 대표적인 프로젝트가 '동수서산 프로젝트'다.

중국 동쪽에서 발생한 데이터를 서쪽으로 옮겨 처리하겠다는 계획으로, 중국 서부 지역에 데이터센터를 건설해 동부 지역에서의 수요에 대응하겠다는 것이다. 데이터센터가 핵심이긴 하지만, 데이터센터를 가동하기 위한 전력을 조달하는 방안으로 그린테크 투자가 필요하다. 따라서 중국은 이와 같은 방식으로 그린테크에 대한 투자를 강화할 것이며, 탈세계화 시대 중국의 생존 전략에서 그린테크가 중심이 될 것이다.

그 외 국가들의
도시 건설이 갖는 의미

지금까지 미국, EU, 중국 등 주요국들의 그린테크 투자 동향을 살펴봤다. 이들 국가가 그린테크에 투자하는 공통적인 이유는 원자재 공급망의 재편을 위한 것이다. 그린테크 중심의 원자재 공급망으로 바꿔 다른 나라에 대한 의존도를 줄이려는 것이다.

그런데 이미 원유·천연가스 공급의 중심지인 국가들도 그린테크 투자를 확대하는 모습을 보이고 있다. 사우디아라비아가 가장 대표적인 국가이며, UAE와 인도네시아 등도 참고해볼 만하다. 사우디아라비아는 '네옴시티(Neon City)'라는 이름의 도시를 건설할 계획이며, UAE는 D33 계획을 통해 두바이를 10년 후 세계 3대 도시로 만들겠다는 계획을 제시했다. 인도네시아는 수도 이전을 추진하고 있는데, 기존의 수도인 자카르타에서 칼리만탄(신수도 이름은 누산타라)으로 옮기겠다는 계획이다.

사우디아라비아, UAE, 인도네시아(이하 원자재 수출국으로 통칭)는 모두 원자재 생산 및 수출 중심의 국가다. 따라서 이들이 그린테크에 투자하는 것은 앞서 설명했던 '공급망 재편을 위한 구조적 전환 관점의 투자'와는 그 성격이 다르다. 그렇다면 세계 최대의 원유·천연가스 생산국가인 이들은 왜 그린테크에 투자하는 것일까? 그린테크 투자가 단순히 공급망을 개선하기 위한 것뿐만 아니라 미래의 기술을 선도하기 위한 것이기 때문이다.

또 하나 흥미로운 점은 원자재 수출국들이 도시 건설을 통해 그린테크 투자를 확대한다는 것이다. 2022년 사우디아라비아의 네옴시티 건설이 화두가 되었을 때 국내에서는 주로 건설업종만 수혜를 봤다. 하지만 도시 건설을 통해 결국 무엇을 하려는지 고민해야 한다. 이런 점을 고려한다면 그린테크도 수혜를 볼 수 있다.

사우디아라비아의 네옴시티

2022년 하반기, 국내 주식시장에서 투자자들이 가장 큰 관심을 가졌던 이슈 중 하나는 '사우디아라비아의 네옴 프로젝트(Neom Project)'였다. 네옴시티가 무엇이길래 그토록 투자자들의 관심을 끌었을까? 네옴 프로젝트는 어떤 목적에서 추진되었는지, 그리고 그린테크와 관련해서 네옴시티를 왜 주목해야 하는지 살펴보도록 하겠다.

사우디아라비아의 네옴시티가 큰 주목을 받으면서 '사우디＝네옴시티'가 공식처럼 받아들여지고 있다. 하지만 네옴시티는 사우디아라비아가 추진하고 있는 여러 프로젝트 중 하나일 뿐이다. 사우디아라비아가 추진하는 정책의 방향성을 이해하기 위해서는 네옴 프로젝트뿐만 아니라 다른 프로젝트도 함께 봐야 한다.

네옴 프로젝트는 5천억 달러(약 650조 원)에 이르는 대규모 프로젝트다. 그 외에 국가산업전략(National Strategy for Industry)도 결코 간과할 수 없는 규모다(3,500억 달러, 약 450조 원). 그리고 여러 프로젝트가 동시에 추진되고 있는데, 이들 프로젝트는 모두 사우디아라비아의 VISION2030 정책에 포함되어 있다. 따라서 사우디아라비아가 궁극적으로 달성하고자 하는 목표를 이해하기 위해서는 VISION2030의 관점에서 생각해야 할 것이다.

과거 원자재 슈퍼사이클로부터 얻은 교훈 ─────────────

사우디아라비아의 재정 수입은 70% 이상이 석유 부문에서 발생한다. 따라서 국제 유가의 흐름이 사우디아라비아 재정 수입에 절대적인 영향을 주는 구조이며, 국제 유가가 상승할 때 사우디아라비아의 재정 수입이 증가한다. 이런 구조적인 특징으로 인해 사우디아라비아는 국제 유가가 강세를 보일 때마다(원자재 슈퍼사이클) 대규모 투자를 집행하는 경향이 있다. 투자를 하기 위해서는 자본이 필요한데 원자재 슈퍼사이클이 되면 막대한 자본이 들어오기에 투자를 본격화할 수 있는 것이다. 최근 국제 유가가 2022년에 비해 다소 낮아지긴 했으나 여전히 80달러를 전후로 등락하고 있다. 그리고 2022년에는 100달러를 상회했었다. 따라서 사우디아라비아와 다른 원자재 수출국들의 투자가 본격화할 가능성에 주목할 때다.

원자재 슈퍼사이클은 현재까지 세 번 정도 나타났다. 첫 번째 슈퍼사이클은 탈세계화 시대와 일치하는데, 1970년대부터 1980년대 초까지다. 중동에서 전쟁이 발발함에 따라 오일쇼크가 발생했었다. 이때는 글로벌 경제의 중동 원유 의존도가 훨씬 심했기 때문에 중동발 원유 공급 부족 사태는 매우 심각한 문제였다. 당시 원자재 슈퍼사이클은 중동전쟁과 동시에 종료되었다. 결국 원자재 슈퍼사이클의 시작과 끝은 중동전쟁이었다고 해도 무리가 아니다.

두 번째 슈퍼사이클은 2000년대였다. 중국과 다른 신흥국들의 경제가 가파르게 성장함에 따라 석유 수요가 급증했던 때다. 그리고 미국은 이전에 원유를 수출했지만, 원유 생산이 감소하게 되면서 원유 수입으로 전환되었다. 이런 상황 때문에 국제 유가의 강세 흐름은 더욱 강할 수밖에 없었다.

마지막으로 세 번째 슈퍼사이클은 가장 최근인 2021~2022년이다. 다시 한번 탈세계화 시대와 일치하며, 러시아-우크라이나 전쟁으로 인한 공급 부족 사태가 촉발한 슈퍼사이클이다. 2020년 3월에

[달러]   [%, 저점 대비 상승률]

2000년대의 원유 가격 급등
사우디가 자금을 쓴 곳은 '미국 국채'

원유 가격 급등
후에는 다시
하락기가 온다는
경험을 하게 된
두 번째 사례

1970년대의 원유 가격 급등
사우디가 자금을 쓴 곳은 '복지'

원유 가격 급등
후에는 다시
하락기가 온다는
경험을 하게 된
첫 번째 사례

2000년대의 원유 가격 급등
사우디가 자금을 쓸 곳은?

| 저점 대비 상승률(우) —— Crude Oil: 월평균 가격(좌)

출처: Bloomberg

는 코로나19로 인해 마이너스 유가까지 기록했었다. 그러나 대규모 유동성 공급에 따른 인플레이션 효과와 러시아-우크라이나 전쟁에 따른 공급 부족 문제가 결합되면서 2022년 중 미국 텍사스산 원유 (WTI)는 130달러까지 상승했다. 2022년 하반기부터는 국제 유가가 안정되는 모습이긴 하지만 여전히 80달러 내외에서의 추세를 유지하고 있다. 최근 중국의 리오프닝으로 인한 수요 증가로 인해 추가적인 유가 상승 가능성까지 언급되고 있다.

1970~1980년대 슈퍼사이클의 원인은 중동전쟁이었다(1973년 제4차 중동전쟁이자 욤 키푸르 전쟁, 그리고 1979년에는 이란혁명이 발발하며 이

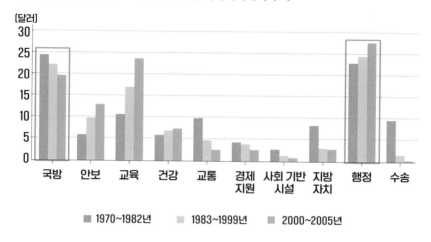

• 첫 번째 슈퍼사이클(1970~1980년대) 사우디아라비아의 투자

[달러]

■ 1970~1982년　　■ 1983~1999년　　■ 2000~2005년

출처: The SAUDI ARABIAN Budgeting System: An Institutional Assessment(Ghazi Joharji)

란이 세계 석유 수요의 5%에 이르는 규모의 금수조치를 실시). 슈퍼사이클의
원인이 중동전쟁이었기 때문에 사우디아라비아의 투자가 향한 첫
번째 분야는 '국방(Defense)'이었다. 당시 사우디아라비아 재정 지출
을 분야별로 정리해보면, 1970~1982년(첫 번째 원자재 슈퍼사이클 기
간에 해당)에는 국방과 행정(Administration) 분야가 절반 정도 차지한
것을 알 수 있다.

　사우디아라비아는 이때 본격적으로 재정 수입이 증가하면서 장
기적인 성장을 위해 투자를 확대하기 시작했다. 다시 한번 그림에
서 확인할 수 있는 특징은 1980년대부터 안보와 교육과 같은 분야
에 대한 투자가 확대된 것이다. 이는 장기적인 관점에서 성장동력
을 확보하기 위한 투자로 이해할 수 있다. 그리고 이때 사우디아라

비아(그리고 중동 국가들)의 인프라 투자도 확대되었다. 한국의 건설 기업들이 중동에 진출했던 '중동 건설 붐'이 성행한 시기다.

2000년대 두 번째 슈퍼사이클은 벤 버냉키 전 연준의장의 '글로벌 과잉저축(The Global Saving Glut)'이라는 표현으로 설명된다. 2005년 3월 10일, 벤 버냉키 전 연준의장(당시 연준이사)은 '글로벌 과잉저축과 미국의 경상수지 적자(The Global Saving Glut and the U.S Current Account Deficit)' 주제로 연설을 했다. 그 내용은 다음의 3가지로 요약할 수 있다.

① 미국은 총저축이 총투자에 비해 적으며, 이 부족분을 해외로부터 빌려온다.

② 과거에는 자금을 빌리는 역할(Borrower)을 했던 개발도상국과 신흥국이, 이제는 자금을 빌려주는 역할(Lender)로 변했다.

③ 자금을 빌려주는 역할을 하게 된 국가들은 수출형 제조업 국가(중국 및 동아시아 국가들), 원자재 수출국(사우디아라비아를 비롯한 산유국들) 등이다.

실제로 주요 지역별로 나눠서 본 GDP 대비 경상수지를 보면, 미국과 유럽 국가들의 경상수지 적자 규모는 중국 및 산유국들의 경상수지 흑자 규모와 유사하다(①내용에 해당). 이 말은 중국과 산유국들이 미국 국채에 투자를 늘렸다는 것을 의미하는데, 2000년대부터 사우디아라비아의 미국 국채 보유 규모가 크게 증가한 것을 볼

• 미국의 경상수지 적자 ≒ 사우디, 중국 등의 경상수지 흑자

출처: Financial Times

수 있다(미국 국채 투자가 늘어난 이유는 1990년대 후반 동아시아 국가들의 외
환위기가 간접적으로 영향을 준 것으로 보인다). 즉 1970년대에는 사우디아
라비아가 원자재 슈퍼사이클로 인한 수입 증가를 이용해 인프라와
국방 투자를 늘렸고, 2000년대에는 다시 한번 원자재 슈퍼사이클
로 수입이 증가하며 미국 국채 투자를 확대한 것이다(물론 인프라에
대한 투자는 계속되었다).

　마지막으로 2020년대의 세 번째 슈퍼사이클을 상징하는 것은
VISION2030이다. VISION2030이 제안된 것은 2016년이기 때문

• 두 번째 슈퍼사이클(2000년대)

[십억 달러] [달러]

원유 가격 상승으로 돈을 벌 때마다
미국 국채에 투자했던 사우디아라비아

—— 미국 국채 보유 규모(사우디, 좌)　—— WTI(우)

출처: Bloomberg

에 세 번째 슈퍼사이클과는 무관해 보일 수 있다. 하지만 세 번째 슈
퍼사이클 덕분에 사우디아라비아의 재정 투자가 가속화될 수 있다
는 점에서 슈퍼사이클의 결과물로도 볼 수 있을 것이다.

　일단 가장 먼저 확인할 점은 2000년대 사우디아라비아의 투자
형태인 금융 부문에 대한 투자(미국 국채 투자)에 변화가 나타나고 있
다는 점이다. 사우디아라비아의 금융수지 계정(경상수지 내에 금융 부
문의 증감을 측정하는 지표)을 보면, 2000년대부터 2010년대 초반까지
는 보유고 자산(외환보유고)이 계속해서 증가한 것을 알 수 있다. 앞
서 설명한 벤 버냉키 전 연준의장의 글로벌 과잉저축 이론에 부합
하는 흐름으로 해석할 수 있다.

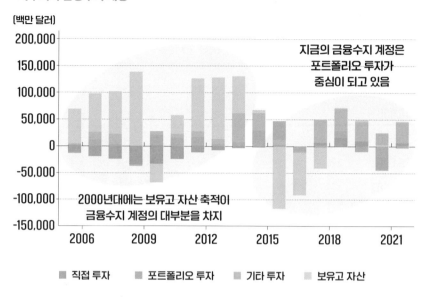

• 사우디의 금융수지 계정

(백만 달러)

지금의 금융수지 계정은
포트폴리오 투자가
중심이 되고 있음

2000년대에는 보유고 자산 축적이
금융수지 계정의 대부분을 차지

2006　　2009　　2012　　2015　　2018　　2021

■ 직접 투자　　■ 포트폴리오 투자　　■ 기타 투자　　■ 보유고 자산

출처: Bloomberg

　하지만 2010년대 중반부터 보유고 자산이 감소하는 현상이 관찰되었다. 특히 2020년부터 나타나는 특징은 '포트폴리오 투자'가 확대되고 있다는 점이다. 이런 변화를 통해 사우디아라비아가 세 번째 슈퍼사이클에서 원하는 투자 방향을 알 수 있다.

　사우디아라비아의 금융수지 계정 내 포트폴리오 투자를 분석해보면, '주식 및 투자펀드 지분'이 가파르게 증가하고 있음을 알 수 있다. 게다가 사우디아라비아의 VISION2030은 PIF(Public Investment Fund: 사우디아라비아의 투자를 주도하는 국부펀드)의 자산을 약 10배가량 확대할 계획을 갖고 있다. 이는 원자재 슈퍼사이클이 나

• 사우디아라비아의 포트폴리오 투자

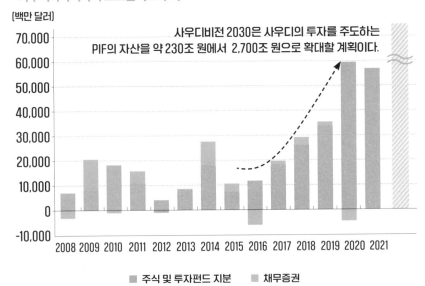

출처: Bloomberg

• 사우디아라비아 국부펀드(PIF)의 미국 주식 보유 현황

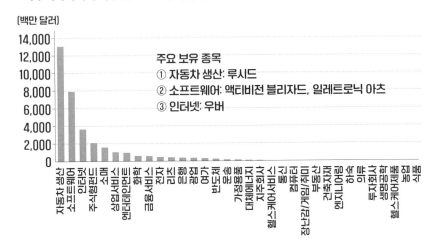

출처: Public Investment Fund

타나고 있기에 가능한 것이라 추론할 수 있다.

그렇다면 사우디아라비아의 '주식 및 투자펀드 지분'은 어디로 향하는 걸까? PIF가 어디에 투자하고 있는지를 보면 그 방향성을 가늠해볼 수 있다. PIF가 보유하고 있는 미국 주식은 자동차 생산업체, 소프트웨어, 인터넷 등이 가장 큰 규모를 차지한다. 자동차 생산업체는 전기차 업체인 루시드(Lucid)가 가장 대표적이며, 소프트웨어는 액티비전 블리자드(Activision Blizzard), 인터넷 업종은 우버(Uber) 등이 대표적이다. 이들 업체는 사우디아라비아의 경제구조와는 전혀 다른 형태의 산업에 해당한다. 통칭하면 한 마디로 '신성장 산업'이 되겠다.

VISION2030, 원자재 슈퍼사이클 이후를 위한 투자

'사우디아라비아=네옴시티'라는 공식으로 사우디아라비아의 투자를 바라보게 되면, 도시 건설에 초점이 맞춰져서 정확한 투자 방향을 파악하기 어려워진다. 이런 오류를 피하기 위해 사우디아라비아가 추진하고 있는 다른 프로젝트까지 함께 살펴보도록 하자.

사우디아라비아는 VISION2030의 일환으로 여러 프로젝트를 추진하고 있다. 네옴 프로젝트가 규모가 크기 때문에 많은 관심을 받았지만, 사우디아라비아가 하는 투자의 전부는 아니라는 것을 명심해야 한다. 네옴 프로젝트에 이어 두 번째로 규모가 큰 프로젝트는 국가산업전략이다. 여기서 사우디아라비아가 추구하는 방향성을 좀 더 이해할 수 있다.

이 프로젝트의 목표는 4가지가 핵심이다. ①국가산업전략 추진을 통해 사우디아라비아로의 투자를 유치하는 것(외국인 직접투자 확대를 목표), ②경제를 다각화하고 GDP를 성장시키는 것, ③글로벌 공급망 확보에 기여하는 것, ④첨단기술 제품을 전 세계에 수출하는 것 등이다. 국민이 살기 좋은 도시를 건설하거나 국민들의 복지를 증진하는 것 등과는 그 방향성이 전혀 다르다는 것을 눈치챌 수 있다. 즉 석유 의존도를 낮추기 위해 새로운 산업에 투자하고, 이를 수출하는 것을 장기적인 목표로 제시하고 있는 것이다.

프로젝트의 규모는 작지만, 최근에 발표된 또 다른 정책의 세부적인 내용을 보면 다시 한번 사우디아라비아가 추구하는 방향성을 이해할 수 있다. 2022년 10월에 발표된 '글로벌 공급망 회복 이니셔티브(Global Supply Chain Resilience Initiative)'라는 프로젝트인데, 여기서는 3가지 목표가 핵심이다. ①사우디아라비아를 글로벌 공급망의 허브로 만들겠다는 계획, ②사우디아라비아 경제의 원유 의존도를 낮추겠다는 것, ③운송 및 물류, 디지털 인프라, 태양광 발전 및 수소 수출 등 저탄소 에너지원 등을 지원하겠다는 것 등이다. 여기서도 석유 의존도를 낮추겠다는 장기적인 계획과 함께 새로운 산업에 대한 지원 의지를 명확히 보여준다.

다른 프로젝트의 목표를 먼저 이해한 후에 네옴 프로젝트를 다시 보면, 네옴시티를 통해 사우디아라비아가 결국 무엇을 추구하려

• 사우디아라비아의 주요 프로젝트

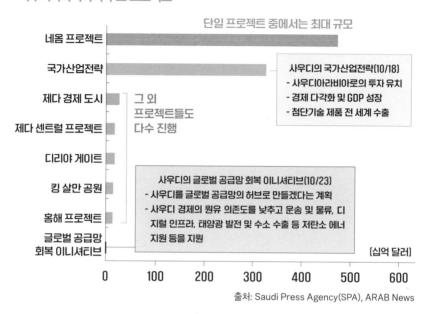

단일 프로젝트 중에서는 최대 규모

네옴 프로젝트

국가산업전략

제다 경제 도시

제다 센트럴 프로젝트

디리야 게이트

킹 살만 공원

홍해 프로젝트

글로벌 공급망
회복 이니셔티브

그 외
프로젝트들도
다수 진행

사우디의 국가산업전략(10/18)
- 사우디아라비아로의 투자 유치
- 경제 다각화 및 GDP 성장
- 첨단기술 제품 전 세계 수출

사우디의 글로벌 공급망 회복 이니셔티브(10/23)
- 사우디를 글로벌 공급망의 허브로 만들겠다는 계획
- 사우디 경제의 원유 의존도를 낮추고 운송 및 물류, 디지털 인프라, 태양광 발전 및 수소 수출 등 저탄소 에너지 지원 등을 지원

[십억 달러]

0   100   200   300   400   500   600

출처: Saudi Press Agency(SPA), ARAB News

• 사우디아라비아의 '국가산업전략'에 대한 SPA의 보도 내용

구분	내용
수출가치 국가산업전략	· 투자 규모: 346억 달러
산업최고위원회 구성	· 산업 분야 거버넌스 모델 개발 · 민간이 참여하는 산업위원회 중심
목표	· 국가산업전략 추진을 통해 사우디아라비아로의 투자 유치 - VISION2030에서는 외국인 직접투자 확대를 목표로 함(현재 GDP 대비 3.8%에서 5.7% 수준으로 높일 것) · 경제 다각화 및 GDP 성장 · 글로벌 공급망 확보에 기여 · 첨단기술 제품 전 세계 수출

출처: Saudi Press Agency(SPA), KB증권

출처: Neom(사우디아라비아의 Neom Project 공식 홈페이지)

고 하는지 생각해볼 수 있다. 필자가 생각하는 목표는 네옴시티 건설을 통해 해외 국가, 기업들에게 프로젝트 수주 기회를 주는 동시에 그 프로젝트의 과제로 신산업 분야를 제시함으로써 기술력을 획득하는 것이다.

네옴시티는 사막 한가운데 건설되는 신도시다. '더라인(The Line)'이라는 이름에서 알 수 있듯이 일직선 모양의 거대한 도시를 건설할 계획이며, 그 안에는 친환경적이고 첨단기술이 가득한 도시가 만들어질 예정이다. 쉽게 생각하면 그저 겉보기에 좋은 신도시를 건설하는 것에 불과할 수도 있다. 좀 더 높이 평가한다고 해도 스마트도시 정도로 치부할 수 있는 프로젝트일 것이다. 세상의 이목이 '신도시 건설'에 집중되면서 네옴시티 자체의 성공 여부가 논의의 중심이 된 것이다. 우리는 네옴 프로젝트에 어떤 목표가 담겨 있는지 좀 더 확인해볼 필요가 있겠다.

사우디아라비아의 빈 살만 왕세자는 네옴시티에 대해 "탄소 배출이 없는, 100% 재생에너지를 사용하는 친환경 스마트도시"라고 설명했다. 여기서 궁극적으로 네옴시티를 통해 지향하는 바를 확인할 수 있다. 사우디아라비아를 비롯한 중동의 원자재 수출국들은 원자재 슈퍼사이클을 경험해온 것과 동시에, 슈퍼사이클 이후의 원자재 가격 하락기 때의 재정수입 절감 역시 경험한 바 있다. 역사적인 경험은 원자재 슈퍼사이클이 영원하지 않음을 알려주었다.

그렇다면 사우디아라비아도 슈퍼사이클 이후를 대비하고 있을 가능성이 높다. 빈 살만 왕세자가 언급한 "100% 재생 에너지를 사용하는 친환경 스마트도시"로서의 네옴시티는 친환경 기술(그리고 또 다른 기술들까지)을 해외의 기술 선진국들로부터 배우기 위한 수단으로 봐야 하지 않을까? 네옴 프로젝트의 세부 사업들을 보면 이런 판단은 더욱 설득력이 높아진다.

네옴 프로젝트 홈페이지에 나오는 세부 사업(Our Business) 항목에는 14가지 세부 사업이 소개되어 있다. 디자인과 건설(Design and Construction), 교육(Education), 에너지(Energy), 건강&웰빙과 생명공학(Health & Well-being and biotech), 엔터테인먼트와 문화(Entertainment and Culture), 금융 서비스(Financial Services), 음식(Food), 미디어(Media), 제조업(Manufacturing), 스포츠(Sports), 이동수단(Mobility), 기술과 디지털(Technology and Digital), 관광(Tourism), 물(Water) 등이다. 14개의 세부 사업들이 소개되었지만, '사우디아라비아=네옴시티'라는 공식에 해당되는 건설 분야는 1개에 불과하다. 나머지는 사우디아라비아가 지향하는 신성장 산업들이다.

특히 14개의 세부 사업 중 에너지 분야를 보면, 태양광 에너지와 풍력기술, 그린수소, 스마트 에너지 그리드, 탄소 배출 제로 등이 소개되어 있다. 결국 사우디아라비아가 네옴시티로 대표되는 VISION2030을 통해 달성하고자 하는 목표는 ①원자재 슈퍼사이클 이후의 국면을 대비하기 위해, ②신성장 산업에 투자함으로써 사우디아라비아의 경제구조를 다변화할 것이며, ③그 중심에는 그린테크에 대한 투자가 있을 것이라는 3가지로 요약할 수 있겠다.

UAE의 D33 계획은 무엇을 위한 것인가?

2023년 초에 발표한 아랍에미레이트(UAE)의 D33 계획도 앞서 설명한 사우디아라비아의 신성장 산업 투자 및 그린테크에 대한 투자와 그 방향성이 매우 유사한 정책이다.

UAE가 D33 계획을 추진하는 방법과 달성하고자 하는 목표는 사우디아라비아의 투자와 성격이 매우 유사하다. ①정부 주도로 미래 경제를 위한 투자를 확대하는 측면에서 비슷하고, ②미래 경제를 위해 신성장 산업을 발전시키고 그 중심에 그린테크가 있을 것이라는 목표 측면에서도 비슷하다.

UAE가 D33 계획을 추진하는 방법은 정부 지출 확대를 시작으로, 정부 주도로 민간 투자를 유도하고 외국인 투자(FDI; Foreign Direct Investment)도 끌어들이는 것이다. 그리고 UAE의 D33 계획에

구분	Past	Future
국제무역	From AED 14.2 trillion	To AED 25.6 trillion
외국인직접투자	From an average of AED 32 billion annually	To an average of AED 60 billion annually
정부지출	From AED 512 billion	To AED 700 billion
민간투자	From AED 790 billion	To AED 1 trillion
상품/서비스에 대한 국내 수요	From AED 2.2 trillion	To AED 3 trillion
디지털 전환	AED 100 billion annual contribution of digital transformation projects	

출처: UAE

서 제시하는 10가지 목표들을 보면, 첫 번째 목표는 경제 전반의, 가장 거시적이고 큰 방향성에서의 목표로 이해할 수 있다(외국과의 교역 확대). 두 번째 목표부터 세부적인 분야로 좁혀지는데, 그중에서도 가장 먼저 제시된 목표에 주목해보자. 바로 '친환경, 지속가능한 제조업(Green and sustainable manufacturing)'이며, 이는 UAE의 정책 방향성도 결국 신성장 산업에 대한 투자를 확대하겠다는 계획이자 그 중심에는 그린테크가 있다는 것을 의미한다.

• Dubai Economic Agenda D33

구분	내용
1	두바이의 국제 교역을 현재 대비 2배로 확대(doubling the size of Dubai's Foreign trade and adding 400 cities to Dubai's foreign trade map)
2	친환경, 지속가능한 제조업 정책 본격화(launching Dubai's plan for green and sustainable manufacturing)
3	두바이의 미래경제회랑2033 본격화(launching Dubai's Future Economic Corridors 2033 with Africa, Latin America, South East Asia)
4	새로운 경제 분야에서의 글로벌 유니콘을 만들기 위한 기업 지원 본격화 (launching a scale-up programme for 30 companies to become global unicorns in new economic sectors)
5	6만 5천 명의 젊은 세대를 고용시장에 참여(integrating 65,000 young Emiratis into the job market)
6	두바이 트레이더 프로젝트 시행(launching Dubai Traders project to empower the new generation of traders in key sectors)
7	두바이 통합 라이선스 발행(launching Dubai's unified licence as a unique commercial identity for all companies all over Dubai)
8	혁신 기술의 도입을 촉진하기 위한 '샌드박스 두바이' 시행(launching 'Sandbox Dubai' to allow testing and commercialisation of new technologies and making Dubai a major innovation hub)
9	해외 유수대학 유치(launching a programme to attract the world's best universities, making Dubai a global pioneering hub for higher education)
10	중소기업 육성(developing a Small and Medium Enterprises scale-up programme by identifying 400 high-potential companies, supporting their capacity building, and supporting them to grow globally)

출처: UAE

인도네시아의 행정수도 이전에 숨겨진 의도

인도네시아의 행정수도 이전은 사우디아라비아의 네옴 프로젝트와 UAE의 D33 계획과 목표에 차이가 있긴 하다. 하지만 결국 그 속에서 발견되는 공통점은 있다. 바로 그린테크다.

인도네시아 정부가 추진하는 행정수도 이전의 표면적인 이유는 2가지다. 기존 자카르타에서 인구 과밀화로 인한 심각한 교통체증, 지반 침하와 홍수 등의 자연재해에 노출되고 있는 문제다. 이러한 이유로 누산타라로의 이전을 추진하고 있으며, 2024년 1단계 이전을 시작해 2045년까지의 장기 프로젝트다. 프로젝트 규모는 원화 기준으로 약 40조 원이며, 정부재정 19.2% 외에 민간투자와 민관 합작투자를 통해 조달할 예정이다.

그런데 인도네시아 행정수도 이전 계획의 세부 내용을 살펴보면, 표면적인 2가지 이유가 전부는 아니라는 점을 알 수 있다. 인도네시아 정부가 추진하고 있는 계획 곳곳에서 그린테크에 대한 투자가 확인되기 때문이다.

첫째, 인도네시아 신수도의 9개 경제권 설립 계획에 그린테크가 포함된다. 인도네시아 신수도의 9개 경제권을 순서대로 살펴보면 1구역은 행정의 중심지로서의 역할을 할 예정이며, 2구역은 경제와 금융의 중심지 역할을 할 예정이다. 1, 2구역은 정치와 경제의 중심지라고 볼 수 있겠다. 그리고 3구역부터 9구역까지는 좀 더 세분화된 분야를 담당하는(즉 산업과 관련된 분야를 담당하는) 구역으로 분류할

단계	기간	세부내용
1단계	2022~2024년	· 도로, 상/하수도, 송배전 등 기본 인프라 설치. 행정 기관, 사법, 입법, 군 기관 이전
2단계	2025~2029년	· 상업/산업 지구, 교육, 여행 시설 등 다용도 지역 개발 · 학생, 연구원, 소매상인 등 중심으로 120만 인구 이전 목표
3단계	2030~2034년	· 대중교통 개발, 수자원 인프라 확충. 산업/상업 지구 중심 신수도 성장 예상
4단계	2035~2045년	· 주거지역 확충과 스마트도시 콘셉트 구체화, 교육 및 의료 시설 개발 집중
5단계		· 170만~190만 인구 예상
완료	2045년	· 독립 100주년에 맞춰 수도 이전 사업 완료 공식화

자료: Ashurst

수 있다. UAE의 D33 계획에서 '친환경, 지속가능한 제조업'을 첫 부분에 강조한 것처럼 인도네시아의 9개 경제권 중에서도 '재생에너지 구역(Renewable Energy Area)'이 정치와 경제·금융 경제권에 이어 가장 먼저 제시되었다. 이런 점에서 그린테크에 대한 관심을 엿볼 수 있다.

실제로 인도네시아 정부는 2045년(독립 100주년)까지 신수도 건설을 완료하겠다는 계획이다. 이를 위해 신수도 마스터플랜을 계획했다. 여기서 신수도의 기본 개념을 제시했는데, 결국 신수도가 가리키는 것은 '탄소중립의 스마트도시'다. 자연친화도시(Forest city),

인도네시아 신수도의 9개 경제권

1. 정부핵심구역
2. 경제 및 금융 센터
3. 재생에너지 구역
4. 관광 및 레저
5. 교육서비스
6. 혁신, 리서치
7. 농산물 원자재, 무역&물류
8. 어업 및 농업

출처: 인도네시아 신수도청

살기 좋은 도시(Livable city), 스마트도시(Smart city)의 기본 개념이 핵심이다.

둘째, 한국 정부가 인도네시아 행정수도 이전과 관련해 협력하고 있는데, 여기서도 그린테크에 대한 내용이 확인된다. 한국 정부는 2023년 3월에 '원팀코리아 인도네시아 수주지원단'을 인도네시아에 파견한 바 있는데, 국토교통부 장관과 기업이 다수 참여했다. 인도네시아와는 주로 행정수도 이전을 위한 협력을 추진하고 있기 때문에 참여한 기업들은 주로 행정수도 건설과 관련된 기업들이 대부분이었다. 건설, 스마트시티, IT, 문화&라이프 등이 그 예다. 그런데 특이하게도 모빌리티와 자원개발·물류 기업들이 수주지원단에 포함되었다. 단순히 행정수도 이전만이 전부는 아니라는 점을 유추해 볼 수 있는 근거다. 모빌리티와 자원개발(니켈 등)은 모두 그린테크에 해당한다.

한편 인도네시아 정부는 행정수도 이전과 관련해 행정수도 이전을 한 경험이 있는 한국으로부터 직접적인 도움도 많이 받고 있다. 도움의 일환으로 인도네시아 수도 이전 협력을 위한 컨설팅도 제공하고 있는데, 그 컨설팅에서도 그린테크에 대한 투자를 확인할 수 있다. 다음 장의 그림에서 '2. 신수도 계획'을 보면, 가장 먼저 도시 콘셉트 및 정체성 확립에서 '지속가능한 녹색성장'과 '숲 도시'라는 방향성을 확인할 수 있다. 그리고 신수도 도시계획에서는 더욱 구체적인 내용들도 확인할 수 있다. 인프라 계획과 특화 계획이 모두 스마트도시이자 그린테크 중심의 도시라는 점을 알 수 있다.

인도네시아 행정수도 이전 계획에서 확인되는 그린테크에 대한 2가지 사례를 통해 유추할 수 있는 것은 인도네시아의 행정수도 이전에는 표면적인 이유 외에, 그 이면에 내포된 또 다른 목적이 있다는 것이다. 그 목적은 인도네시아의 미래 성장동력을 확보하기 위한 투자이며, 그 투자의 핵심은 그린테크에 있다. 인도네시아는 광물자원(니켈 생산 1위) 보유국이라는 점을 내세워 그린테크 내에서도 배터리/EV 생태계를 자국 내에 구축하는 것을 꿈꾸고 있다. 만약 계획대로 자국 내에 배터리/EV 공급망(Supply Chain)을 갖추게 된다면, 그들이 가진 광물자원의 부가가치를 더욱 높일 수 있을 뿐만 아니라 수출 확대를 통한 경제 성장까지도 기대할 수 있기 때문이다.

결국 사우디아라비아, UAE, 인도네시아의 도시 건설(또는 수도 이전) 계획을 통해 내릴 수 있는 결론은 다음과 같다. 구체적인 이유에

• 인도네시아 수도 이전 협력을 위한 한국 정부 컨설팅 지원 현황

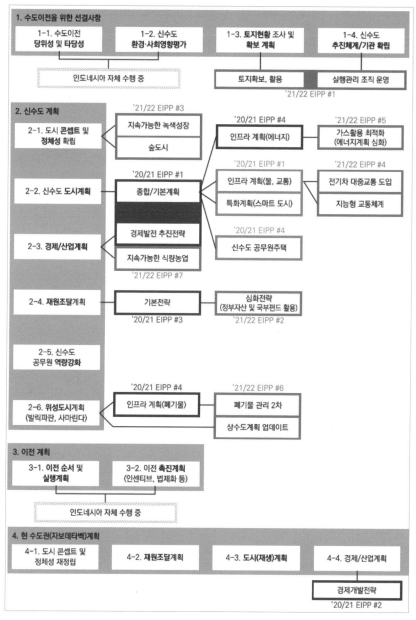

1. 수도이전을 위한 선결사항

| 1-1. 수도이전 당위성 및 타당성 | 1-2. 신수도 환경·사회영향평가 | 1-3. 토지현황 조사 및 확보 계획 | 1-4. 신수도 추진체계/기관 확립 |

인도네시아 자체 수행 중

토지확보, 활용 | 실행관리 조직 운영
'21/22 EIPP #1

2. 신수도 계획

2-1. 도시 콘셉트 및 정체성 확립
'21/22 EIPP #3
지속가능한 녹색성장
숲도시

'20/21 EIPP #4
인프라 계획(에너지)
'21/22 EIPP #5
가스활용 최적화 (에너지계획 심화)

2-2. 신수도 도시계획
'20/21 EIPP #1
종합/기본계획
'20/21 EIPP #1
인프라 계획(물, 교통)
특화계획(스마트 도시)
'21/22 EIPP #4
전기차 대중교통 도입
지능형 교통체계

2-3. 경제/산업계획
경제발전 추진전략
지속가능한 식량농업
'21/22 EIPP #7
'20/21 EIPP #4
신수도 공무원주택

2-4. 재원조달계획
기본전략
'20/21 EIPP #3
심화전략 (정부자산 및 국부펀드 활용)
'21/22 EIPP #2

2-5. 신수도 공무원 역량강화

2-6. 위성도시계획 (발릭파판, 사마린다)
'20/21 EIPP #4
인프라 계획(폐기물)
'21/22 EIPP #6
폐기물 관리 2차
상수도계획 업데이트

3. 이전 계획

3-1. 이전 순서 및 실행계획 | 3-2. 이전 촉진계획 (인센티브, 법제화 등)

인도네시아 자체 수행 중

4. 현 수도권(자보데타벡)계획

4-1. 도시 콘셉트 및 정체성 재정립 | 4-2. 재원조달계획 | 4-3. 도시(재생)계획 | 4-4. 경제/산업계획

경제개발전략
'20/21 EIPP #2

출처: KIND 투자관리본부 정책사업실

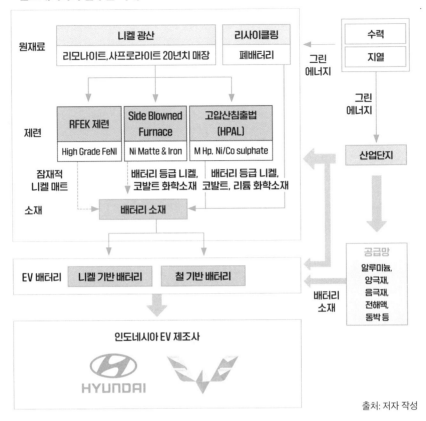

출처: 저자 작성

는 차이가 있을지 모르지만, 공통적으로 도시 건설이라는 표면적인 목표하에 '새로운 산업에 대한 투자 확대'를 지향하고 있다. 이러한 투자가 최우선 순위로 가리키는 분야는 바로 '그린테크'다. 이들 국가의 그린테크에 대한 투자는 그린테크 시장의 크기를 확대할 수 있는 배경이 될 것이며, 그린테크 기업들에게는 성장을 위한 기반이 될 것이다.

그린테크를 미래전략산업으로
육성시키려는 한국

파트 3을 시작하면서 그린테크에 있어 정부 정책이 중요한 2가지 이유를 제시했다. 첫 번째는 그린테크 산업은 아직 개화하는 중인 만큼 정부 정책이 시장의 크기를 키울 수 있는 밑거름이 될 수 있다는 점, 두 번째는 아직 사업의 효율성이 높지 않은 만큼(수익성이 낮음) 세제, 금융 혜택으로 인해 수익성을 보전받을 수 있다는 점이다. 사실 두 번째 포인트(수익성 보전)가 첫 번째 포인트(그린테크 시장의 확대)로 이어지기 때문에, 궁극적으로는 정부 정책이 그린테크 시장 성장의 밑거름이 될 것이라는 점이 핵심이다. 지금까지 본 미국, 유럽, 중국, 중동 국가들과 인도네시아 정부의 그린테크 육성 정책은 결국 그린테크 시장의 크기를 확장하는 데 주요한 역할을 할 것이다.

이러한 해외 주요국들의 정책 흐름 속에서 한국 정부는 어떻게 대응하고 있을까? 해외 주요국들의 그린테크 분야 육성 의지는 시장의 크기를 키울 수 있다는 점에서 '수출을 지향하는 한국 기업'에는 큰 기회가 될 수도 있다. 그러나 만약 자국에서 생산설비를 늘리는 정책이라면, 한국 경제에는 생산시설이 해외로 옮겨질 위험이 있다. 따라서 관련 분야의 시장이 성장하는 것과 함께 한국 경제에도 기회가 될 수 있도록 해야 한다. 이를 위해 한국 정부도 그린테크 분야를 육성하고 지원하려는 강력한 정책을 지원해야 할 것이다.

다행히 한국 정부는 그린테크 분야 지원과 발전에 진심이다. 특히 정부의 성격과 관계없이 그린테크 분야에 대해 정치권에서 어느 정도 공통된 의견이 형성된 것 같아 다행스럽다. 문재인 행정부 때 '그린 뉴딜'이라는 콘셉트로 그린테크 분야에 대해 정책적인 지원을 했었다는 점, 윤석열 행정부 때는 취임 초기에 '새정부 에너지 정책 방향'을 제시하며 그린테크 분야에 대한 정책적인 지원을 본격화하고 있다는 점이 그 근거가 되겠다. 먼저 문재인 행정부 때는 어떤 방식으로 그린테크를 지원했었는지, 현 행정부에서 추진하고 있는 그린테크 분야 육성방안은 어떤 것이 있는지 살펴보도록 하겠다.

문재인 정부의 '그린 뉴딜'

문재인 정부는 2020년 7월 14일, '한국판 뉴딜 종합계획(한국판 뉴딜 1.0)'을 발표했다. 이어서 2021년 7월 14일에는 '한국판 뉴딜 2.0 추진계획'을 발표했다. 먼저 한국판 뉴딜 정책을 추진한 배경부터 살펴보자. 한국판 뉴딜 종합계획의 첫 번째 추진 배경으로 제시된 것은 저성장과 양극화가 심화하는 상황에 대응해 경제 패러다임 전환을 추진 중이라는 점이다. 경제 패러다임을 추진하는 일환으로 그린테크 투자가 추진되었다. 이로써 일자리를 창출하고 구조적 변화에 적응하고 선도할 수 있는 내용들이 담겼다. 또한 신산업 창출 기회로서 그린테크 투자가 필요하다는 점도 언급되었다. 한편 그린 경제로의 전환에 성공한다면 신산업을 창출하는 기회가 되지만, 반대로 전환에 뒤처질 경우에는 글로벌 밸류체인(GVC; Global Value Chain) 내 경쟁 우위를 상실하게 될 리스크도 있는 것이다.

자세한 내용을 보면, 디지털 뉴딜과 그린 뉴딜에 투자하는 것이 핵심이다. 디지털 뉴딜은 경제 전반의 디지털 혁신과 역동성을 추구하는 것으로서, 대규모 ICT 인프라를 구축하는 것과 관련되어 있다. 우리가 관심 있는 그린 뉴딜은 그린 경제로의 전환을 가속화하고 탄소중립을 지향하는 것을 목표로 하며, 친환경 산업의 경쟁력을 전방위적으로 강화해서 글로벌 시장을 주도하는 것을 목표로 한다. 이를 위해서 정부는 대규모 재정투자 계획도 발표했는데, 2025년까지 114조 원 규모의 국비를 순차적으로 투입할 예정이다.

이 중 그린 뉴딜에는 국비 42조 7천억 원과 총사업비 73조 4천억 원이 투입될 예정이다.

그린 뉴딜의 세부적인 내용은 ① 도시·공간·생활 인프라를 녹색 전환하는 것, ② 저탄소·분산형 에너지를 확산하는 것, ③ 녹색산업 혁신 생태계를 구축하는 것 등이다. 먼저 도시·공간·생활 인프라를 녹색 전환하는 것은 공공건물에 신재생 에너지 설비를 사용해서 친환경 에너지 고효율 건물을 신축하거나 기존 건물을 리모델링하는 것이다. 또한 상수도와 하수도 등을 친환경적으로 개선하고, 도심 녹지 조성을 통해 생활환경을 친환경적으로 개선하는 것 등이 포함된다.

두 번째로 저탄소·분산형 에너지를 확산하는 것은 R&D와 설비 투자 등을 통해 신재생 에너지를 확산하는 것이다. 풍력, 태양광 등이 보급될 수 있도록 지원비를 제공하거나, 정부가 주도해서 실증 단지 등을 구축하는 등의 내용이다. 전기차의 경우 충전 인프라 확충을 지원하는 것, 수소차의 경우 충전 인프라 확충과 수소차 보급 확대 등을 지원해주는 내용 등이 포함된다. 기본적인 생태계 조성을 유도하는 정책들로 이해할 수 있다.

세 번째로 녹색산업 혁신 생태계를 구축하는 것은 환경 및 에너지 분야의 중소기업들에 대해 R&D 등의 지원을 해주고, CCUS(이산화탄소 포집·저장·활용 기술)의 기반을 구축하는 등의 내용으로 구성된다.

문재인 정부는 2020년 7월 '한국판 뉴딜 1.0'에 이어, 1년이 지난

• 2020년 7월 14일에 발표된 한국판 뉴딜 종합계획(한국판 뉴딜 1.0)

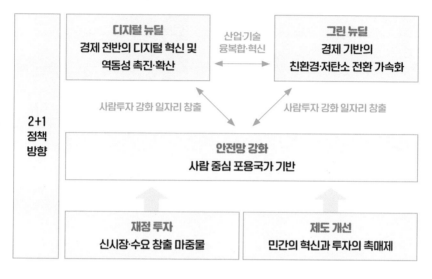

| 비전 | 선도국가로 도약하는 대한민국으로 대전환
추격형 경제에서 선도형 경제로, 탄소의존 경제에서 저탄소 경제로,
불평등 사회에서 포용 사회로 도약 |

2+1 정책 방향

| 디지털 뉴딜
경제 전반의 디지털 혁신 및
역동성 촉진·확산 | 산업·기술
융복합·혁신 | 그린 뉴딜
경제 기반의
친환경·저탄소 전환 가속화 |

사람투자 강화 일자리 창출   사람투자 강화 일자리 창출

안전망 강화
사람 중심 포용국가 기반

| 재정 투자
신시장·수요 창출 마중물 | 제도 개선
민간의 혁신과 투자의 촉매제 |

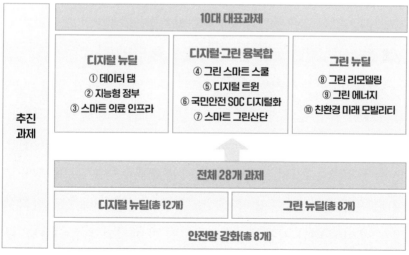

추진 과제

10대 대표과제

| 디지털 뉴딜
① 데이터 댐
② 지능형 정부
③ 스마트 의료 인프라 | 디지털·그린 융복합
④ 그린 스마트 스쿨
⑤ 디지털 트윈
⑥ 국민안전 SOC 디지털화
⑦ 스마트 그린산단 | 그린 뉴딜
⑧ 그린 리모델링
⑨ 그린 에너지
⑩ 친환경 미래 모빌리티 |

전체 28개 과제

| 디지털 뉴딜(총 12개) | 그린 뉴딜(총 8개) |
| 안전망 강화(총 8개) | |

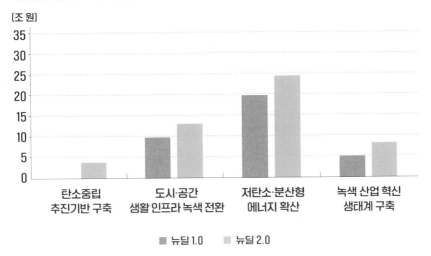

• 한국판 뉴딜 2.0 추진계획

[조 원]

(막대그래프)
- 탄소중립 추진기반 구축: 뉴딜 2.0 약 4
- 도시·공간 생활 인프라 녹색 전환: 뉴딜 1.0 10, 뉴딜 2.0 약 13
- 저탄소·분산형 에너지 확산: 뉴딜 1.0 20, 뉴딜 2.0 25
- 녹색 산업 혁신 생태계 구축: 뉴딜 1.0 약 6, 뉴딜 2.0 9

■ 뉴딜 1.0   ■ 뉴딜 2.0

'탄소중립 추진기반 구축'이 추가되었다.

출처: 대한민국 정부

2021년 7월에 '한국판 뉴딜 2.0 추진계획'을 추가로 발표했다. 전반적인 내용은 한국판 뉴딜 1.0과 비슷하지만, 정책의 규모가 확대되었을 뿐만 아니라 새로운 내용들이 일부 추가되었다.

먼저 재정투자 계획이 강화되었다. 2020년의 한국판 뉴딜 1.0에서는 그린 뉴딜 분야에 대한 국비 지원이 42조 7천억 원 규모였는데, 2021년에 발표된 한국판 뉴딜 2.0에서는 그 규모가 61조 원으로 증액되었다. 3가지 분야에 대한 지원 규모는 56조 2천억 원으로 확대되었는데, '탄소중립 추진기반 구축'이라는 내용이 신설되면서 이 분야에 대한 지원이 4조 8천억 원 더 배정되었다. 신설될 '탄소중립 추진기반 구축'은 국가 온실가스 감축 목표(NDC; Nationally

Determined Contribution)를 뒷받침할 수 있도록 하는 내용, 재자원화 시스템을 구축하는 것 등이 포함되었다.

그리고 정부는 10대 대표 과제를 선정함으로써 해당 분야에 대한 집중적인 투자 계획도 밝혔다. 그중 그린 리모델링(노후 건물 및 에너지 저효율 설비 등을 에너지 다소비 구조로 전환하는 데 지원하는 것, 태양광 설치 및 친환경 단열재로의 교체 등을 지원함으로써 그린테크 분야의 수요 창출에도 기여할 수 있는 내용), 그린 에너지(신재생 에너지 확산을 지원하는 정책으로서 태양광 및 풍력 등 신재생 에너지 산업의 생태계를 육성하기 위한 내용이며, R&D 및 설비 보급 확대 등을 지원), 친환경 미래 모빌리티(전기·수소 중심의 그린 모빌리티 확대로 기후변화에 대응하고 미래 시장을 선도하는 정책으로서 전기차와 수소차 보급을 위한 내용, 충전 인프라를 확충하고 기술개발을 지원해주는 내용 등)가 그린테크에 해당한다.

윤석열 정부의 에너지 정책 방향

윤석열 정부의 그린테크 분야 육성 및 지원 방향을 알기 위해 가장 먼저 확인해야 할 것은 2022년 7월에 발표된 '새정부 에너지 정책 방향'이다. 그린테크 분야의 향후 5년간 청사진이 담긴 발표로 볼 수 있겠다.

'새정부 에너지 정책 방향'에서 제시한 5대 정책 방향을 하나씩 보자. '에너지 믹스의 재정립'을 가장 먼저 제시했는데, 여기서 '실현 가능하고 합리적인'이라는 단서를 붙였다. 그리고 기대 효과에서 '원전, 재생, 수소에너지의 조화'라고 표현했다. 에너지 믹스의 재정립은 원전, 재생, 수소에너지의 믹스라고 볼 수 있겠다. 태양광, 풍력 등의 에너지보다는 원전과 수소를 강조했다.

두 번째로 제시한 정책 방향인 '자원·에너지 안보 확립'은 탈세계화 흐름 속에서 자원·에너지 공급망 리스크를 고려한 것으로 볼 수 있다. 공급망 리스크를 고려한 것이기 때문에, 자체 공급망을 만들거나 수입국을 다양화해 리스크를 줄이는 것이 중요하다. 여기서 새 산업을 키우는 것과 관련해 생각할 수 있는 것은 '자체 공급망 구축'이다. 새정부 에너지 정책 방향에 소개된 것 중 '핵심광물의 재자원화 추진'에 주목한다.

세 번째로 제시한 정책 방향인 '에너지 수요 효율화 및 시장 구조 확립'과 다섯 번째로 제시한 '에너지 복지 및 정책 수용성 강화'는 전기 요금 체계 확립 등과 같은 기본적인 제도 개선과 관련되어 있다. 매우 중요한 내용들이지만, 그린테크 투자와는 무관하기 때문에 자세하게 다루진 않겠다.

마지막으로 네 번째로 제시한 정책 방향인 '에너지 신산업의 성장동력화 및 수출산업화'가 그린테크에 대한 투자와 가장 연관성이 깊다. 자세한 내용은 다음 페이지의 표에 정리한 것들을 참고하자. 가장 먼저 원전산업 생태계를 복원하겠다는 계획, 나아가 원전 수출을 하겠다는 목표다. 또한 청정수소 공급망을 구축하기 위해 수소와 관련한 여러 기술에 투자를 확대하는 내용도 포함되어 있다.

• 윤석열 정부의 새정부 에너지 정책 방향(2022년 7월 5일 발표)

구분	내용
원전	· 신한울 3·4기 건설 · 원전 비중 확대: 2021년 27.4% → 2030년 30% 이상 · 원전 수출: 2030년까지 10기 수출 목표 · SMR: 약 4천억 원 투입(독자 SMR 노형 개발 및 2030년대 수출시장 진입 추진)
리사이클링	· 수입선 다변화가 어려운 핵심광물(망간, 코발트, 텅스텐 등)의 재자원화 추진 ① 폐기물로부터 핵심 희소 금속을 고순도 재자원화(폐전기차 부품, 폐배터리 등으로부터 희소 금속 추출) ② 친환경 석유대체 연·원료 개발 및 보급 확대(폐플라스틱 활용 등)
수소	· 5대 핵심분야 및 고부가 소재·부품 핵심기술 자립 ① 5대 핵심분야: 수전해, 연료전지, 수소선박, 수소차, 수소터빈 ② 소재·부품: 수소 저장탱크, 튜브 트레일러, 연료전지 부품 · 민관 합동 수소펀드 조성: 혁신 기업에 투자 확대 및 수소 R&D 및 시설투자 세액공제 강화
태양광·풍력	· 태양광 탠덤 셀, 풍력 초대형 터빈 등 차세대 기술 조기 상용화 · 수입 의존 터빈 핵심 부품의 경쟁력 강화

출처: 대한민국 정부

수소 관련 주요 분야(수전해, 연료전지, 수소선박, 수소차, 수소터빈)의 핵심 기술을 독립적으로 발전시키는 것을 지원하고, 수소펀드를 통해 혁신 기업들을 돕고, 기업들이 R&D와 시설 투자를 늘릴 수 있도록 세금 감면을 강화하는 계획이 포함되어 있다. 또한 태양광과 풍력의 기술을 고도화하고 인프라를 확대할 수 있도록 지원하는 방안이 담겨 있다.

한편 제도를 선진화하는 관점에서 몇 가지 중요한 내용도 짚어봐야 한다. 바로 배출권거래제와 RE100 등의 시행을 본격화하겠다는 계획도 명시되어 있다. 2022년에 발표된 새정부 에너지 정책 방향은 윤석열 정부의 임기 동안에 추진할 정책의 방향성을 제시한 것이다. 물론 향후 언젠가 정부가 바뀌게 되면 정책 방향성이 바뀔 리스크도 고려해야 한다. 다만 세부적인 내용이 바뀔 수는 있어도 큰 틀에서 '그린테크에 대한 투자 확대'는 쉽게 바뀌기 어려울 것이다.

그린테크로의 구조적 전환은 이미 진행되고 있다. 글로벌 주요 국들의 정책 방향성도 그린테크 분야 육성을 가리키고 있는 상황이다. 이런 상황에서 소규모 개방경제인 한국이 나홀로 외딴 길을 가긴 어렵다. 글로벌 트렌드에 맞춰 우리의 신산업 육성 및 새로운 경쟁력 확보 관점에서 그린테크는 계속해서 주목받을 것이다.

5대 정책 방향

① 실현 가능하고 합리적인 에너지 믹스의 재정립

② 튼튼한 자원·에너지 안보 확립

③ 시장원리에 기반한 에너지 수요 효율화 및 시장구조 확립

④ 에너지 신산업의 성장동력화 및 수출산업화

⑤에너지 복지 및 정책수용성 강화

기대 효과

• 원전, 재생, 수소에너지의 조화를 통해 화석에너지 비중 감소

→ 2030년 화석연료 수입이 2021년 대비 약 4천만 석유환산톤(TOE)

감소로 에너지 안보 강화, 물가 안정, 무역수지 개선 등 국민경제에
기여
 • 규제혁신을 통한 에너지 분야 신산업 창출 및 수출산업화
  → 2030년까지 에너지혁신벤처 분야 일자리 약 10만 개 창출

그린테크에 대한 투자 의지

새정부 에너지 정책 방향에 이어 윤석열 정부가 그린테크에 대한
투자 의지를 보여준 또 다른 사례는 과학기술정보통신부가 2022년
10월 28일에 발표한 '국가 전략기술 육성방안'이다. 12대 분야에 대
해 집중적으로 육성할 의지를 보였다. 12대 국가 전략기술에 해당
하는 분야는 ①반도체·디스플레이, ②이차전지, ③첨단모빌리티,
④차세대원자력, ⑤인공지능, ⑥첨단로봇·제조, ⑦차세대 통신,
⑧양자, ⑨첨단 바이오, ⑩우주항공·해양, ⑪수소, ⑫사이버 보안
등이다. 여기서 그린테크에 해당하는 분야는 이차전지, 차세대 원
자력, 수소 등 3개다.

12대 국가 전략기술 분야에 해당하는 3개 그린테크 분야를 봤을
때 유추할 수 있는 점은, 윤석열 정부는 특히 이차전지와 원전, 수소
등에 관심이 많다는 것이다. 윤석열 정부 기간 동안 특히 3개 분야
에 대해 많은 정책 지원이 나올 것으로 예상할 수 있다.

국가 전략기술 육성방안에 맞춰 한국 정부의 예산도 비슷한 방

• 국가 전략기술 육성방안 (2022년 10월 28일 발표)

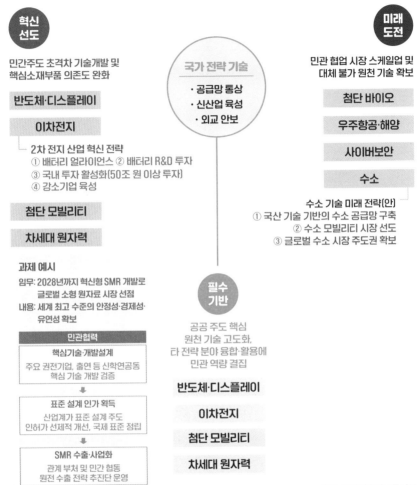

혁신 선도

민간주도 초격차 기술개발 및
핵심소재부품 의존도 완화

반도체·디스플레이

이차전지

└ 2차 전지 산업 혁신 전략
① 배터리 얼라이언스 ② 배터리 R&D 투자
③ 국내 투자 활성화(50조 원 이상 투자)
④ 강소기업 육성

첨단 모빌리티

차세대 원자력

과제 예시
임무: 2028년까지 혁신형 SMR 개발로
글로벌 소형 원자료 시장 선점
내용: 세계 최고 수준의 안정성·경제성·
유연성 확보

민관협력

핵심기술 개발설계
주요 권전기업, 출연 등 신학연공동
핵심 기술 개발 검증

↓

표준 설계 인가 획득
산업계가 표준 설계 주도
인허가 선제적 개선, 국제 표준 정립

↓

SMR 수출·사업화
관계 부처 및 민간 협동
원전 수출 전략 추진단 운영

국가 전략 기술
· 공급망 통상
· 신산업 육성
· 외교 안보

미래 도전

민관 협업 시장 스케일업 및
대체 불가 원천 기술 확보

첨단 바이오

우주항공·해양

사이버보안

수소

수소 기술 미래 전략(안)
① 국산 기술 기반의 수소 공급망 구축
② 수소 모빌리티 시장 선도
③ 글로벌 수소 시장 주도권 확보

필수 기반

공공 주도 핵심
원천 기술 고도화,
타 전략 분야 융합·활용에
민관 역량 결집

반도체·디스플레이

이차전지

첨단 모빌리티

차세대 원자력

출처: 과학기술정보통신부

향을 보인다. 한국 정부의 최근 몇 년 예산과 앞으로 3~4년 예산 계획을 살펴보면, 지난 4년 동안 산업, 중소기업, 에너지 부문과 사회복지, 보건, 환경 부문의 예산 증가율이 가장 높았다. 앞으로 4년 동안 과학기술 부문과 사회복지, 보건, 환경 부문의 예산 증가율이 가장 높을 것이다. 분석한 두 기간(2019~2022년, 2023~2026년)에서 에너지나 환경 관련 부문의 예상 증가율이 다른 분야들(SOC, 교통, 국방, 안전, 교육 등 그린테크와 관련 없는 부문)보다 높은 것이 확인된다.

하지만 그 성격의 차이점도 고려해볼 필요가 있다. 2019~2022년은 복지와 관련되거나 사회 전반적으로 에너지 또는 환경에 대해 예산을 크게 증가시켰다. 반면 2023~2026년 예산은 국가 전략기술 육성방안이라는 표현에서 볼 수 있듯, 과학기술의 관점에서 에너지 또는 환경에 대한 예산을 크게 증가시켰다.

세부적인 R&D 분야 부문별 지출 계획을 보자. 정부의 정책 추진 방향에서 그린테크의 중요성이 더욱 명확하게 드러난다. 반도체, 이차전지, 차세대원전, 우주항공, 첨단 바이오, 인공지능 로봇, 양자기술 등 12대 국가 전략기술에서 제시한 분야들이 상당수 포함되어 있음을 확인할 수 있다. 2022년 대비 2023년 R&D 예산이 가장 많이 증가한 항목들을 보면, (비록 금액이 작아서 그럴 수도 있지만) 이차전지와 차세대 원전이 가장 큰 증가율을 보인다. 그리고 예산의 절대 규모 측면에서도 '탄소중립'과 관련한 R&D 예산의 규모가 매우 크다.

정부의 예산안 중에서 세부적인 R&D 분야 부문별 지출 계획을 통해 알 수 있는 점은 2가지다. 먼저 정부가 12대 국가 전략기술 육성방안을 발표함과 동시에 정책적으로도 연구를 확대하려는 의지를 확실히 갖고 있다는 것이다. 두 번째는 R&D 예산에서도 중심이

• 한국 정부 R&D 분야 부문별 지출 계획

[억 원]

[2019년 대비
2022년 분야별 예산 증가율]
산업·중소기업 및 에너지: 66%
사회복지·보건·환경: 64%

[2022년 대비
2026년 분야별 예산 증가율]
과학기술: 24%,
사회복지·보건·환경: 19%

	2019	2020	2021	2022	2023	2024	2025	2026
기타 (국방·국민안전)	58,975	69,295	78,591	87,817	91,970	97,491	96,705	95,577
SOC	7,973	8,883	10,137	10,794	11,009	13,977	10,820	7,498
사회복지· 보건·환경	9,391	10,457	14,140	15,407	15,519	15,331	16,546	18,380
교육	20,392	23,105	24,368	25,436	26,692	26,750	27,125	27,706
산업·중소기업 및 에너지	44,867	58,230	67,866	74,545	75,149	76,740	81,835	90,735
과학기술	63,732	72,225	78,903	83,772	86,234	89,998	98,938	104,091

출처: 국회예산정책처(2023년도 예산안 총괄 분석)

되는 분야 중 하나에 그린테크가 있다는 것이다.

그렇다면 한국 정부는 국가 전략기술 육성방안을 통해 그린테크 분야를 어떻게 지원할 계획일까? 가장 먼저 국가 전략기술 육성방안에서 그린테크에 해당하는 이차전지, 차세대 원자력, 수소 등에 대해 어떤 지원 계획을 밝혔는지 확인해보자. 그리고 세부 정책이 이미 나온 이차전지와 수소 분야에 대해 좀 더 자세히 알아보겠다.

먼저 3개 분야(이차전지, 차세대 원자력, 수소) 모두 공통적으로 단기 정책 방향(5년 이하)과 중장기 정책 방향(5~10년)을 제시했다. 이차전지의 단기 목표는 리튬이온전지 4대 핵심소재에 대한 기술개발을 통해 글로벌 시장에서의 주도권을 유지하겠다는 계획이다. 중장기 목표는 전고체와 리튬황 등 차세대 전지 분야를 조기 상용화하고, 폐전지 재사용 및 원료 재활용 기술(폐배터리 리사이클링) 등 새로운 시장으로 성장하고 있는 분야를 지원하겠다는 계획이다. 폐배터리 리사이클링은 '새정부 에너지 정책 방향'에서도 개별적으로 언급된 분야다. 정부에서 상당히 많은 관심을 보이고 있다.

차세대 원자력도 단기 목표와 중장기 목표가 있다. 단기 목표는 세계 최고의 SMR 제조 및 핵심 기술을 확보하겠다는 것이다. 원전과 관련해서는 다른 것보다도 기술 확보를 위한 정책 지원이 중심일 것이라는 점을 의미한다. 이는 정부의 R&D 예산 증가율이 가장 높은 분야가 원전이라는 점을 통해서도 확인할 수 있다. 기술 확보를 한 후에는 중장기 목표로 세계시장에 진출하겠다는 계획이며, 이는 곧 원전의 수출 산업화를 의미한다.

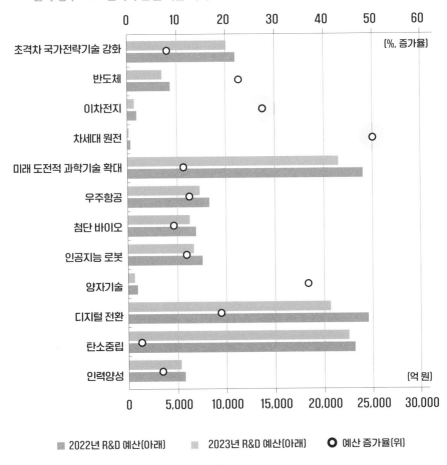

• 한국 정부 R&D 분야 부문별 지출 계획

■ 2022년 R&D 예산(아래)　■ 2023년 R&D 예산(아래)　○ 예산 증가율(위)

출처: 국회예산정책처(2023년도 예산안 총괄 분석)

세 번째는 수소인데, 수소는 이차전지와 원전에 비해 상용화가
덜 된 분야다. 그렇기 때문에 단기 목표는 '핵심원천기술 확보'에 초
점이 맞춰진 것으로 보인다. 중장기 목표 또한 원전처럼 수출 산업
화를 지향하는 것이 아닌, 핵심소재 및 부품을 국산화하거나 상용

• 국가 전략기술 육성방안(2022년 10월 28일 발표)

구분	세부 내용

이차
전지
	• 단기: ~5년
	  - 리튬이온전지 4대 핵심소재(양극재, 음극재, 전해질, 분리막) 고용량·안정화
	    강화 기술개발로 시장주도권 유지
	• 중장기: 5~10년
	  - 전고체·리튬황 등 차세대 전지 조기 상용화
	  - 폐전지 재사용, 원료 재활용 기술 등 신시장 대응
	• 세부 중점기술
	  - 리튬이온전지 및 핵심소재
	  - 이차전지 모듈·시스템
	  - 차세대 이차전지 소재·셀
	  - 이차전지 재사용·재활용

차세대
원자력
	• 단기: ~5년
	  - 공공·민간 협업으로 안정성·경제성·유연성 등 세계 최고 SMR 제조·핵심
	    기술 확보
	• 중장기: 5~10년
	  - SMR 표준설계인가 취득, 세계시장 진출
	  - 수소·공정열 생산 등 4세대 원자로 기술개발
	• 세부 중점기술
	  - 소형모듈형원자로(SMR)
	  - 선진원자력시스템·폐기물관리

수소	• 단기: ~5년
	  - 수전해 수소생산 원천기술 확보(1~2MW급)
	  - 기체수소 저장·운송 및 수소발전핵심 기술개발
	• 중장기: 5~10년
	  - 준상용급(10MW) 수전해시스템 실증 및 핵심소재·부품 국산화, 상용급 액
	    화플랜트(5톤/일) 구축
	• 세부 중점기술
	  - 수전해 수소생산
	  - 수소저장·운송
	  - 수소연료전지 및 발전

출처: 대한민국 정부

급 액화플랜트를 구축하겠다는 계획이다. 즉 수소 생태계를 조성하는 것이 관건이다.

이차전지와 원전, 수소는 상용화의 관점에서 전혀 다른 단계에 있다. 이차전지는 전기차가 우리 일상에서 자주 보이게 되면서, 경쟁력을 계속 유지하는 것이 중요한 분야가 되었다. 정책 역시 이런 단계에 맞춰 경쟁력을 유지하기 위한 것에 초점이 맞춰져 있다. 원전은 이미 널리 알려진 기술이지만, 글로벌 시장에서 경쟁력을 갖춰 수출 산업화하는 것에 집중하고 있다. 그리고 수소는 아직 초기 단계이자 상용화가 되지 않은 기술이기 때문에 생태계를 조성하는 것이 핵심이다. 다음 장에서부터는 세부적인 정책들이 이런 요구사항을 어떻게 충족시키고 있는지 살펴보도록 하겠다.

주력 수출산업이 되어가는 이차전지 ─────────

이차전지 산업은 명실공히 한국을 대표하는 산업이다. 하지만 몇 가지 리스크에 직면하고 있다. 이러한 리스크들은 기업들의 노력만으로 해결하기 어렵다. 따라서 정부가 문제 해결을 위한 정책을 추진하고 기업들이 그 정책을 따라가야 할 것이다. 투자의 기회는 그 정책흐름에서 포착할 수 있다.

정부는 2022년 11월 1일, '이차전지 산업 혁신전략' 정책을 발표했다. 이차전지 산업을 육성하기 위해 정부가 할 일을 제시했는데,

여기서 단순히 한국 정부의 정책뿐만 아니라 한국이 직면한 문제점들이 무엇인지도 동시에 확인 가능하다.

이차전지 업계가 직면한 첫 번째 리스크는 '원자재(핵심광물) 조달의 문제'다. 앞서 확인했던 EU 국가들의 주요 원자재의 공급 의존도를 보면, 한국도 비슷한 문제에 직면할 수밖에 없음을 알 수 있다. 이차전지에는 리튬, 니켈 등 희귀 금속들이 필수 원자재로 필요한데, 러시아와 중국 등에서 원자재들을 공급받는 데 리스크가 생길 수 있음을 의미한다.

이러한 이유 때문일까? 정부가 이차전지 산업 혁신전략에서 첫 번째로 제시한 것은 '핵심광물 확보를 위한 팀 코리아(Team Korea) 구성'이다. 정부가 순방, 고위급회담으로 기업의 리튬, 니켈 등 핵심광물의 장기 공급계약 체결을 지원하겠다는 목표다. 그리고 나아가 '핵심광물 확보 방안'이라는 추가적인 정책 마련과 배터리 얼라이언스 조직 등을 통해 중장기적인 대응 전략을 마련하겠다는 청사진을 제시했다.

핵심광물 확보를 위한 팀 코리아 구성에서 핵심이 되는 분야는 '폐배터리 리사이클링'이다. 원자재가 매장되어 있지 않은 국가가 원자재를 안정적으로 조달하는 방법은 2가지인데, 수입을 하거나 기존에 있는 것을 다시 쓰는 것이다. 그런데 공급망 리스크라는 대외적인 현실에 직면했기 때문에 단순히 수입을 확대하는 것은 한계가 있으며, 수입국 다변화를 해야 한다. 정부가 순방, 고위급회담 등을 통해 하고자 하는 것이다. 수입국 다변화를 하는 것도 좋은 방법이긴 하지만 기존에 수입해와서 쓰던 것을 버리기에는 아쉬움이 들 수밖에 없다. 이것을 다시 쓰자는 것이 결국 폐배터리 리사이클링이며, 정부가 주축이 되어 조직한 배터리 얼라이언스는 리사이클링 산업을 활성화하겠다는 정부의 의지를 보여준다.

이차전지 산업 혁신전략의 두 번째 내용인 '지속 가능한 배터리 순환체계(Closed Loop) 구축'도 마찬가지로 폐배터리 리사이클링이 핵심이 되는 정책이다. 사용후 배터리의 회수, 유통, 활용 등 민간이 주도하는 통합 관리체계를 마련하겠다는 계획이다. 이는 곧 폐배터리 리사이클링 산업의 생태계를 조성하겠다는 의미다. 폐배터리 리사이클링의 경우 향후 가파른 성장이 예상된 분야이긴 하지만, 시장이 이제 개화하고 있는 분야인 만큼 생태계 조성이 되지 않은 상태다. 예를 들어 사용후 배터리(폐배터리)의 소유권은 누구에게 귀속되는가에 대해 정확히 알고 있는 사람들이 매우 드물며, 특히 사용후 배터리에 대한 소유권 문제는 국가마다 차이가 있다. 시장이 개화하기 위해서는 생태계 조성이 급선무인 만큼, 정부가 주도해서 생태계를 조성하고 민간이 그 생태계를 관리하는 방식으로 만들려는 계획으로 이해할 수 있겠다.

이차전지 산업 혁신전략의 세 번째 내용인 '배터리 첨단기술 혁신허브(Mother Factory) 구축'은 정부가 주도해 이차전지 산업의 고도화를 통해 글로벌 경쟁력을 강화하겠다는 방향의 일환이다. 산업을 고도화하겠다는 내용이기 때문이 주로 R&D에 대한 지원 확대가 중심이다(2030년까지 1조 원 이상을 배터리 R&D에 투입, R&D 센터 및 최첨단 생산기지 조성 등). R&D에 중점을 두면서 강조하는 내용들은 상용기술을 고도화하는 것(하이니켈 양극재 및 실리콘 음극재 기술개발), 포트폴리오를 다변화하는 것(비리튬계 등에 신규 투자), 그리고 차세대 전지를 개발하는 것(전고체, 리튬황, 리튬금속전지 중심) 등이다.

이차전지 산업 혁신전략의 네 번째 내용인 '국내 투자 활성화'와 다섯 번째 내용인 '국내 생태계 강화'는 모두 이차전지 산업 전반에 대한 중장기적인 지원에 해당한다. 국내 투자 활성화는 기업들이 투자를 확대할 수 있도록 정부가 지원(세제혜택 및 금융지원)을 하는 것이 골자다. 기업들이 투자를 확대할 때 나타날 수 있는 효과는 이차전지 산업의 성장으로만 확인되는 것이 아니라 고용 창출도 기대할 수 있기 때문이다. 또한 미국의 인플레이션감축법이나 EU의 핵심원자재법 때문에 한국 기업들이 해외로 생산시설을 옮기려는 움직임에 대비해야 한다. 그래서 해외에서 주는 혜택과 비슷한 지원을 통해 국내 생산시설이 늘어날 수 있게 유도하는 정책이다.

국내 생태계 강화는 좀 더 장기적인 계획에 해당한다. 첨단산업으로 갈수록 산업 내의 인력 수준이 중요하기 때문에, 이차전지 산업으로 우수한 인재가 유입될 수 있도록 교육 지원을 하는 것이다. 그리고 대기업의 성장과 함께 중소기업들의 균형 있는 성장이 있어야 건전한 생태계가 조성될 수 있기 때문에, 강소기업을 육성하는 것 또한 중요한 내용이다.

이상으로 한국 정부에서 추진하는 이차전지 산업 지원방안인 '이차전지 산업 혁신전략'의 내용을 살펴봤다. 이차전지는 이미 한

• 이차전지 산업 혁신전략(2022년 11월 1일 발표)

구분	세부 내용
① 핵심광물 확보를 위한 Korea team 구성	
수입 다변화	· 정부가 순방, 고위급회담으로 기업의 장기공급계약 체결 지원(리튬·니켈 등 확보) · 향후 계획: 핵심광물 확보 방안 마련
배터리 얼라이언스	· [공급망 분과] 　- 참여: 산업부, 광업공단, 배터리 3사, 지질자원연구원, 포스코홀딩스/케미칼, 고려아연, LS MnM, 수출입은행, 무역보험공사 · [배터리 규범 분과] 　- 참여: 전지협회, 배터리 3사, 완성차 업체, 재사용/재활용 전문기업, 보험개발원, 환경공단, 국표원, 교통안전공단 · [산업경쟁력 분과] 　- 참여: 산업부, 전지협회, 배터리 3사, 소재 기업, 연구기관, 학계 등
② 지속가능한 배터리 순환체계(Closed Loop) 구축	
순환경제 구축 위한 제도 정비 추진	· 사용후 배터리 회수, 유통, 활용 등 민간이 주도하는 통합 관리체계 마련
③ 배터리 첨단기술 혁신허브(Mother Factory) 구축	
2030년까지 1조 원 이상 배터리 R&D에 투입	· [상용기술 고도화] 하이니켈 양극재, 실리콘 음극재 기술개발로 주행거리 확대 · [포트폴리오 다변화] LFP, 비리튬계 등에 신규 투자 · [미래 차세대 전지 기술개발] 전고체, 리튬황, 리튬금속전지 중심. 1,500억 원 규모 신규 예타
R&D센터, 최첨단 생산기지 조성	· 핵심 경쟁력은 국내에 축적

④ 국내 투자 활성화	
2030년까지 50조 원 이상 민간 투자	· 2030년까지 총 50조 원 이상의 국내 투자가 추진 또는 검토 중 - 국내 배터리 생산설비: 2025년까지 현재 대비 1.5배 이상 증가할 계획 - 양극재/음극재 관련 국내 생산설비: 2025년까지 현재 대비 각각 3.2배, 2.2배 확대
민간 투자 활성화를 위한 세제·금융 지원	· 세제 지원: 국가 전략기술과 관련된 주요 기업들의 국내시설 투자에 대해 세액공제율 확대 · 금융 지원 - 배터리 소부장, 완제품의 생산설비 국내외 투자: 5년간 5조 원규모의 대출 및 보증 지원 - 핵심전략산업 투자펀드 출시 예정(2022년, 1조 원 규모) · 첨단산업 특화단지 지정: 이차전지 첨단산업 특화단지 신규 지정및 집중 지원 추진
⑤ 국내 생태계 강화	
2030년까지 1.6만 명 이상의 인력 배출	· 배터리 아카데미 신설 · 산학협력 계약학과 운영 · 정부 인력양성 확대
강소기업 육성	· 2천억 원+α 규모 '이차전지 R&D 혁신펀드 통해 중소/중견 소부장 기업들의 R&D 자금 지원 · 소부장 핵심전략기술 지정 확대: 차세대 전지 기술 추가, R&D 확대, 으뜸기업 선정, 규제특례 · 공급망 강화형 지원: 밸류체인 연계형 패키지 R&D 신규 추진 · 안정적 소부장 공급망: 공급망 3법 입법 추진 - 공급망관리기본법 제정(기재부), 소부장법 개정(산업부), 자원안보 특별법 제정(산업부) - 공급망 리스크 상시 관리 및 위기 시 기금 투입, 수입 다변화/국산화 투자 지원

출처: 산업통상자원부(이차전지 산업 혁신전략, 2022년 11월 1일

국을 대표하는 그린테크 분야의 선두주자가 되었지만, 글로벌 경쟁력 강화와 공급망 재편에 대한 대응, 탈세계화 흐름 속 새로운 산업 육성의 필요성(폐배터리 리사이클링) 등 나름의 과제들을 해결해야 하는 상황이다. 그 과제를 해결하는 중심 역할을 하는 것이 바로 정부이며, 정부가 주도해 정책을 발표함으로써 기업들도 투자를 확대하도록 유도해야 한다.

이차전지는 명실공히 그린테크의 가장 대표적인 산업일 뿐만 아니라, 2023년 상반기 주식시장에서 가장 큰 관심을 받았던 산업이다. 따라서 이 책에서는 이차전지에 대해서는 자세히 다루지 않을 것이다. 오히려 이차전지 산업의 성장을 더 공고히 하기 위해, 이차전지 산업 성장의 리스크를 보완하기 위한 정부와 기업의 투자에서 나타날 수혜에 더 주목하고자 한다. 폐배터리 리사이클링, 광물자원 투자(종합상사), 배터리 첨단기술에 대한 투자 등이 해당된다.

광물자원의 안정적 조달을 위한 투자

파트 2의 마지막 부분에서 지금의 광물자원 민족주의가 20세기의 석유자원 민족주의와 매우 유사하다는 점을 지적했으며, 유사점에 근거해서 OPEC 설립 과정을 통해 광물자원 민족주의가 어떻게 태동할 것인지를 다루었다. 파트 3에서는 석유자원 민족주의의 공급 리스크를 극복하기 위해 선택되었던 대응 전략에서 광물자원 민족주의의 공급 리스크를 극복할 전략을 가늠해보고자 한다.

석유, 광물, 곡물 등의 자원 매장이 집중된 일부 국가들이 공급을 통제하려는 움직임을 자원 민족주의라고 한다면, 자원 민족주의 리스크가 완화될 수 있는 유일한 조건은 새로운 공급의 출현일 것이다(해당 자원에 대한 수요가 급격히, 지속적으로 감소하는 것이 아니라면 수요 관점에서의 해결이 아닌 공급 관점에서의 해결만이 해결책이다). 그렇다면 새로운 공급의 출현은 어떤 방식으로 가능할까? OPEC의 위상이 절대적이었던 석유자원 민족주의가 힘을 잃게 된 배경을 통해 새로운 공급의 출현 방식을 추론해보도록 하자. 3가지가 대표적인 예다.

첫 번째는 새로운 유전을 발견하는 것이다. 대응 전략으로 생각하기 가장 쉬운 방법이자, 그 효과가 바로 나타나는 방법이기도 하다. 유가가 고공행진했던 1970년대가 지난 후, 1980년대에 걸프만과 알래스카 등에서의 새로운 유전이 발견된 것은 1970년대부터 진행되어온 탐사활동의 결과물이다. 이것이 지금의 광물자원 민족주의에 시사하는 바는 핵심광물을 채굴할 수 있는 광산에 직접 투자하거나(이미 투자가 완료되어 보유하고 있거나) 광산으로부터 안정적으로 조달할 수 있는 계약을 체결하는 노력이 필요하며, 또는 그러한 노력의 가치가 부각될 것이라는 점이다.

두 번째는 새로운 기술을 도입함으로써 이전의 방식으로는 얻을 수 없었던 자원을 획득하는 것이다. 석유자원 민족주의의 힘을 잃게 만든 가장 직접적인 원인은 단연 셰일 혁명인데, 이는 과거와는 다른 방식의 시추를 통해 이전에선 시추할 수 없었던 원유와 천연

핵심광물 확보 다각화	세부 내용
자원협력 강화	① 양자협력: 전략협력국을 선정하여 국가별 진출전략 수립·시행 ② 다자협력: 광물안보파트너십, 국제에너지기구 협력체계 적극 참여
국내외 자원개발 활성화	① 해외광물자원개발: 민간기업의 핵심광물 투자 촉진 　- 금융지원 및 세제지원 ② 국내광물자원개발: 민간기업의 광산 개발에 대한 정부 지원 확대
재자원화 기반 조성	① 원료확보: 미래자원(전기차, 배터리)의 폐기·유출을 방지하고, 핵심광 　물 원료로 재자원화 할 수 있는 순환체계 마련 ② 금융·세제지원: 재자원화 생태계 활성화를 위한 지원 강화 추진 ③ 핵심광물 정제련·소재 융복합 클러스터 조성(폐자원 회수 → 재자원화 　→ 유통 → 비축)
비축 확대	① 비축일수·품목 확대 ② 핵심광물 전용 신규 비축기지 구축

출처: 산업통상자원부

가스를 시추하게 되면서 미국에서의 공급이 급증하도록 만들었다. 이를 광물자원에 대입시켜본다면, 현재로서는 폐배터리 리사이클링 기술을 떠올려볼 수 있다. 한 번 쓰고 버리던 배터리를 재사용하거나 재활용함으로써 공급 리스크를 완화할 수 있기 때문이다.

　세 번째는 대체재를 찾는 것이다. 석유자원의 대체재는 원전, 태양광 등의 그린테크였다. 파트 2에서 살펴봤듯이, 1970년대 오일쇼크를 계기로 해서 미국과 유럽, 일본 등 선진국들이 석유에 대한 의존도를 낮추기 위해 그린테크를 도입한 것이 그 사례다. 이를 광물자원에 대입시켜본다면, 리튬과 니켈 등의 핵심광물을 덜 사용하는 기술인 LFP, 페라이트 등에 대한 투자가 확대될 것이라 예상할 수 있다.

3가지 방식 중 첫 번째와 두 번째 방법은 한국 정부의 '핵심광물 확보전략'에도 반영되어 있다. EU의 정책에서 살펴봤던 핵심원자재법과 같은 정책 배경을 가졌으며, 정책의 내용도 매우 유사하다. 광물자원 보유 국가들과 전략적인 협력을 강화하고, 국내외 광물자원 개발에 대한 세제 및 금융 지원을 확대하며, 재자원화(폐배터리 리사이클링) 기반을 조성하는 내용이다.

핵심광물 확보전략에서 제시한 첫 번째와 두 번째 내용, 즉 자원협력 강화와 국내외 자원개발 활성화가 핵심광물에 대한 직접 투자에 해당한다. 이를 지원하기 위해 정부 고위급 인사가 직접 해외에 출장을 다니며, 협력을 강화하는 중이다. 일부 국가에만 집중해서 매장되어 있기 때문에 기업 입장에서는 정부의 도움이 절실하며, 정부도 그 중요성을 아주 명확히 인지하고 있는 듯하다.

재자원화 기반 조성과 관련된 지원 내용은 원료 확보와 생태계 조성을 위한 클러스터, 금융 및 세제지원 등으로 구성된다. 원료 확보는 2023년 중 발표될 것으로 예상되는 '사용후 배터리 회수·유통·활용 등 통합 관리체계' 정책을 통해 구체화될 예정이다. 폐배터리가 폐기되는 것을 막고 재자원화될 수 있도록 유통 체계를 구축하는 것이다. 폐배터리 리사이클링 산업의 시작은 '폐배터리 확보'에 있기 때문에, 산업의 시작점을 만들어주는 정책이 될 것이다.

그리고 나아가 핵심광물 정제련·소재 융복합 클러스터 조성을 통해서 '폐자원 회수 → 재자원화 → 유통 → 비축'으로 연계시킬 계획이다. 또한 폐배터리 리사이클링 기업들이 낮은 이자로 대출을 받고, 설비투자와 연구개발에 대한 세금 혜택을 받아 투자를 늘릴 수 있도록 도와주는 지원이 포함되어 있다. 한국 정부는 2023년 2월 '핵심광물 확보전략'에 이어, 2023년 중 '재자원화 산업 활성화 로드맵'과 '사용후 배터리 회수·유통·활용 등 통합 관리체계' 등의 정책을 추가적으로 추진함으로써 폐배터리 리사이클링 분야를 육성하려는 의지를 강하게 보이고 있다. 전기차 시장의 확대, 한국 이차전지 기업들의 성장과 함께 봐야 할 또 하나의 중요한 분야가 바로 '폐배터리 리사이클링'인 것이다.

2022년부터 새로운 성장 산업으로 주목받기 시작한 폐배터리 리사이클링 분야에 대해서는 좀 더 자세하게 살펴볼 필요가 있다. 아직 시장이 개화하고 있는 단계이기 때문에 향후 수백조 원의 시장 규모가 형성될 것이라는 전망이 지배적이다. 아직은 시장 규모가 작음에도 불구하고 정부 정책의 중심에 자리하고 있다. 리사이클링 산업이 정부 정책의 중심에 있다는 것은 리사이클링과 관련한 개별 정책이 발표된 것을 통해 알 수 있다.

정부는 2022년 9월에 '규제개선·지원을 통한 순환경제 활성화 방안 – 플라스틱 열분해 및 사용후 배터리 산업을 중심으로' 정책을 발표하며 폐플라스틱 및 폐배터리 리사이클링 산업에 대한 지원방안을 제시했다. 여기서 몇 가지 짚어볼 필요가 있기 때문에 정책의

• 규제개선·지원을 통한 순환경제 활성화 방안

내용

• 전기차 사용후 배터리에 대한 폐기물 규제 면제
  - 순환자원으로 인정될 경우, 폐기물에서 제외되어 폐기물관리법상 규제 면제
  - 현재는 사전 승인받은 용도·방식에 한해서만 순환자원으로 인정

• 사용후 배터리 재사용을 위한 안전검사제도 마련 및 검사부담 완화
  - ESS 등 제조 시 부품으로 활용되는 재사용전지의 안전검사제도 마련
  - 재사용전지 제조업자의 자가검사 허용, S/W 검사기법 도입으로 검사시간 단축

• 전기차 배터리의 독자유통 기반 마련
  - 전기차 배터리의 임대-재사용 활성화를 위해 배터리가 전기차와 별개로 독자 유통될
    수 있는 기반 마련
    * 전기차 배터리 구독사업, 사용후 배터리 재사용 제품 이력관리 등에 활용
     - 전기차 등록 시 배터리를 별도로 등록·관리하는 체계 마련

• 배터리 전주기 이력 관리체계 구축 및 정보공유 방안 마련
  - '제작-등록-운행-탈거-재사용·재활용' 등 전주기에 발생하는 이력정보를 축적하는
    공공DB 구축
  - DB에 축적된 정보 일부는 산업계·보험사 등에 공개

• 민간 중심으로 사용후 배터리 통합 관리체계 구축
  - 민간 중심으로 '통합 관리체계 구축방안' 마련
  - 업계 중심의 '배터리 얼라이언스(가칭)' 출범

출처: 기획재정부(2022년 9월 5일 발표), KB증권

내용을 정리해보고자 한다.

첫 번째로 전기차 배터리의 독자 유통 기반을 마련하는 것이다. 폐배터리 리사이클링에 있어서 매우 중요한 내용인데, 폐배터리 리사이클링을 하나의 독자적인 산업으로 인정한다는 것을 의미하기

• 사용후 배터리 산업 중심 활성화 방안

정책 분류	내용

사용후 배터리 관련 기술 R&D 지원	• 사용후 배터리 잔존가치·안전성 평가기술
	  - 배터리 안전진단 시스템 개발: 41억 원(2021~2024년)
	  - 실주행 기반 데이터플랫폼 개발: 35억 원(2022~2024년)
	• 고효율·친환경 재활용
	  - 중대형 폐리튬이차전지 재활용기술 및 이차전지 원료화 기술 개발: 154억 원(2020~2024년)
	  - 재생자원의 저탄소 산업원료화 기술개발: 286억 원 (2022~2026년)
	• 사용후 배터리 재제조
	  - 저탄소·고부가전극 재제조 혁신 기술개발: 240억 원 (2022~2026년)
	• 재활용기술개발
	  - 폐배터리 안전사고 대비체계 구축: 31억 원(2022~2024년)
	  - 해체·파쇄 스마트화: 41억 원(2022~2024년)
	  - 이차전지 함유 소형 폐전기·전자제품 해체·선별: 33억 원 (2022~2024년)

신제품·기술 실증·상용화 지원	• 사용후 배터리 자원순환 클러스터 조성
	  - 사용후 배터리 재활용 기술개발·실증, 창업·교육 등을 지원
	• 사용후 이차전지 산업화 센터 확충
	  - ESS 등 재사용 제품 개발 및 대규모 실증·상용화 지원

사용후 배터리 친환경성 평가·인증 강화	• 국내 재생원료 인증체계 구축 - EU 등의 배터리 재생원료 사용의무화에 대응 • 배터리 재생원료 및 사용후 배터리 재활용·재사용 제품을 공공조달 시 우대되는 우수 재활용 제품 인증 대상 포함 추진 • 전기차 배터리 전주기 탄소배출량 산정에 필요한 기초정보 DB를 확충하고, 평가기법 개발

출처: 기획재정부(2022년 9월 5일 발표), KB증권

때문이다. 배터리가 전기차와 별개의 독자 유통 시스템을 갖출 수 있도록 하는 내용이며, 이는 곧 배터리 소유권 문제로도 연결될 수 있다.

현재 한국은 2021년 이후 등록 전기차에 대해서는 배터리 소유권을 차주에게 귀속시키고 있다(이전에는 지자체에 반납할 의무가 있었다). 그런데 차주에게 배터리 소유권이 귀속되면 과연 일반 차주들은 그 배터리를 어떻게 활용할 수 있을까? 일부는 배터리를 처리할 방법을 고안할 수 있겠지만, 대부분의 일반인은 배터리를 처리할 방안에 대해 알지 못할 것이다. 결국 배터리 소유권 변경(지자체에 반납해야 할 의무에서 차주에게 귀속시키게 된 변화)은 사실 정부에서 민간(기업들)으로 소유권을 이전시킨 것과 유사한 의미다.

이런 변화에 따라 완성차 회사는 전기차를 판매할 때 배터리를 리스 계약으로 제공함으로써, 나중에 폐배터리를 회수해 재사용 및 재활용할 때 주도적 역할을 할 수 있다. 이차전지 기업들은 배터리 구독 사업 등을 통해 폐배터리 산업에서 주도적 역할을 하려고 할 수도 있다. 어떤 방향으로 진행될지 확실하지 않지만, 정부가 기업들에게 배터리 소유권을 넘겨줘 기업들이 관련 생태계를 스스로 구축할 수 있는 기반이 마련되었다고 볼 수 있다.

두 번째로 배터리 전(全)주기 이력 관리체계 구축 및 정보공유 방안을 마련하는 계획인데, 이는 데이터베이스(Database)에 배터리의 이력정보를 축적해서 내용의 일부를 산업계와 보험사에 공개하는 것이다. 보험사에 정보가 공개되기 때문에 금융산업과의 연결성도 확보될 수 있어 산업의 확장에 도움이 될 것으로 보인다.

살펴본 3가지의 새로운 공급 출현 방식은 그 순서대로 현실화 가능성이 낮다고 볼 수 있다. 따라서 투자의 관점에서 본다면 순서에 따라 테마 성격이 더 강해지는 특징을 갖는다는 점을 인지해야 하며, 투자 시계열을 단기로 할지 장기로 할지를 선택할 조건이라는 점도 참고할 수 있다.

전력수급기본계획에서 확인되는 특징

이차전지를 제외한, 원자력, LNG, 신재생 등의 그린테크에 대한 국내 정책의 근간은 '제N차 전력수급기본계획'에 있다. 현재는 2023년 1월에 발표된 '제10차 전력수급기본계획'을 따르고 있고, 2023년 중에 준비해서 2024년에는 '제11차 전력수급기본계획'을 발표할 예정이다.

전력수급기본계획에서 확인되는 특징은 2가지다. 첫 번째는 제9차 전력수급기본계획과 비교했을 때 그 비중이 가장 큰 폭으로 증가하는 것은 원전이라는 것과 두 번째는 가장 빠르게 성장하는 분야는 단연 친환경이라는 것이다. 따라서 정부 정책의 관점에서 볼 것은 원전의 비중을 높이기 위해 어떤 지원이 나올 것인가와 신재생의 도입을 가속화하기 위한 정책이 어떻게 추진되는가 여부다.

2023년 상반기는 그야말로 이차전지의 시대였다고 해도 과언이

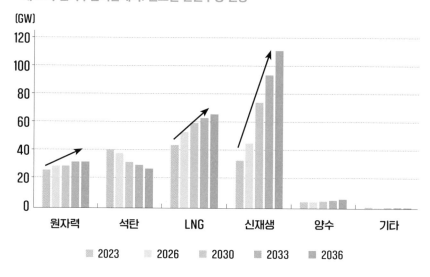

출처: 산업통상자원부 '제10차 전력수급기본계획'(2023년 1월 12일)

아니다. 이차전지가 그토록 관심을 받았던 이유는 미국 인플레이션 감축법과 더불어 국내 정책의 중심에 있었기 때문이다. 이차전지 기업 중에서도 수직계열화가 잘 되어 있는, 특히 배터리의 원자재(핵심광물)를 확보한 기업들의 주가가 유독 강세였다는 점에서 한국의 정책도 영향을 줬을 것으로 추측해볼 수 있다.

이제 한국 정부는 그동안 힘을 덜 쏟았던 분야로 관심을 확대하려는 움직임을 보이고 있다. 그 가능성을 보여준 것이 2023년 7월 27일에 발표한 '에너지 신산업 수출 동력화 전략'이다. 전략 발표와 함께 '에너지 신산업 민관 연합(얼라이언스)'도 출범했다. 이차전지 산업에 대한 정책 지원의 시작을 알린 '이차전지 산업 혁신전략' 발

• 윤석열 정부에서 발표한 그린테크 분야 정책

구분	발표일	정부 정책
이차전지	2022년 11월 1일	· 산업통상자원부: '이차전지 산업 혁신전략'('배터리 얼라이언스' 출범)
	2023년 4월 7일	· 산업통상자원부: '민관 합동 IRA이후 배터리 산업발전 전략'
	2023년 4월 20일	· 산업통상자원부: '이차전지 산업경쟁력 강화 국가 전략'
폐배터리 리사이클링	2022년 11월 1일	· 산업통상자원부: '이차전지 산업 혁신전략'
	2022년 11월 18일	· 'K-재자원화 얼라이언스'
	2023년 2월 27일	· 산업통상자원부: '핵심광물 확보전략'
	2023년 4월 17일	· 산업통상자원부: 칠레, 아르헨티나에 핵심광물 사업조사단 파견
원전	2022년 8월 18일	· '원전수출전략 추진위원회'
	2022년 10월 31일	· '한국 산업부 - 폴란드 국유재산부 간 MOU 체결'(원전협력)
	2022년 12월 2일	· 산업통상자원부: '원전해체산업 글로벌 경쟁력 강화 방안'
	2023년 3월 29일	· 산업통상자원부: '원전 기자재 수출 활성화 방안'
	2023년 7월 4일	· '소형모듈원전(SMR) 얼라이언스' 출범
	2023년 7월 27일	· 산업통상자원부: '에너지 신산업 수출 동력화 전략'
수소	2022년 11월 9일	· 산업통상자원부: '청정수소 생태계 조성방안' · 산업통상자원부: '세계1등 수소 산업 육성 전략' · 과학기술정보통신부: '수소기술 미래전략'

수소	2023년 5월 9일	· 산업통상자원부: '수소 안전관리 로드맵 2.0'
	2023년 5월 30일	· 산업통상자원부: '수소 산업 규제혁신 민관협의체'
풍력	2022년 9월 6일	· 산업통상자원부: '풍력발전 경쟁입찰제도'(기존에는 태양광에만 운영)
	2023년 7월 27일	· 산업통상자원부: '에너지 신산업 수출 동력화 전략'
그린테크 전반	2023년 7월 27일	· 산업통상자원부: '에너지 신산업 수출 동력화 전략'(에너지신산업 얼라이언스) 출범

출처: 산업통상자원부

표 때 '배터리 얼라이언스'를 출범시켰던 사례, 핵심광물 확보를 위한 정책을 본격화 하면서 'K-재자원화 얼라이언스'를 출범시켰던 사례 등과 유사한 면이 관찰된다.

'에너지 신산업 수출 동력화 전략'의 내용은 간단하다. 수출 유망 품목 기술개발 및 사업화, 글로벌 신시장 진출 활성화, 수출 동력화 혁신기반 조성 등 3가지 추진전략으로 구성된다. 정책적으로는 5천 억 원 규모의 정책기금(펀드)를 조성하고, 약 100조 원 이상의 민관 금융투자를 확대하는 방향으로 지원을 할 예정이다. 이러한 지원을 통해 달성하고자 하는 목표는 에너지 신산업 수출을 2030년까지 2배, 2035년에는 3배로 늘리겠다는 것이다. 그리고 글로벌 톱(TOP) 3 품목을 10개 이상 만드는 것이 목표다.

그렇다면 여기서 가장 중요한 것은 에너지 신산업의 품목들이

• 에너지 신산업 수출 동력화 전략(2023년 7월 27일 발표)

구분	21개 수출 유망품목 현황
핵심전략 품목	원전 설비, LiB-ESS, 해상풍력 하부구조물(고정식), HVDC 케이블, 히트펌프, EV 충전시스템, FACTS, 배전지능화기기
유망시장 품목	수소터빈 복합발전, 수전해(원전 활용), 산업용히트펌프, 대용량장주기 ESS, 해상풍력 운송/설치, 수소충전소
신속추격 품목	SMR, 발전용연료전지, 수전해(그린수소), 부유식 해상풍력 하부구조물, 전압형 HVDC 변환기, 전기차-전력망 통합(V2G), 이산화탄소 습식포집

출처: 산업통상자원부

다. 분류하면 5가지 정도로 나눌 수 있다. ① 원전, ② 해상풍력, ③ 수소, ④ EV충전시스템/ESS 등이다. 그리고 그린테크 인프라 구축에 필요한 ⑤ HDVC 케이블/변환기 등도 중요하다. 앞으로의 정부 정책에서 중심을 차지할 분야들임을 가리킨다.

원자력, 환경을 위한 것 vs. 환경에 위험한 것

그런데 한 가지 의문점이 들 수 있다. 원자력 발전은 그린테크인가? 이것은 정책 입안자들 사이에서도 찬성과 반대로 나뉜다. 일단 탄소 배출의 양만 기준으로 보면 그린테크라는 데 이견이 없을 것이다. 원자력 발전은 석유와 석탄에 비해 탄소 배출 규모가 적을 뿐

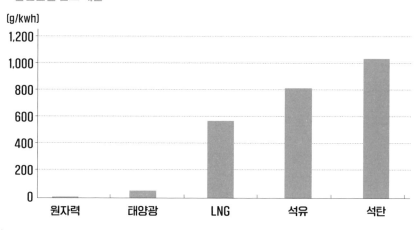

원자력 발전의 이산화탄소 배출계수가 가장 낮다.

출처: 국제원자력기구

만 아니라 에너지 효율이 높은 것으로 알려진 LNG보다도 탄소 배출 규모가 적다.

그리고 더 중요한 것은 가장 대표적인 그린테크인 태양광보다도 탄소 배출 규모가 훨씬 적은 발전원이라는 것이다. 원자력과 유사한 수준의 탄소를 배출하는 것은 풍력뿐이다. 하지만 발전원별 생산 가능한 전략은 화석연료에 이어 가장 많다. 태양광, 수력, 풍력 등과는 비교하는 것 자체가 무의미할 정도로 전력을 많이 생산한다. 탄소 배출은 적지만 전력은 많이 생산하는 것이 바로 원자력 발전인 것이다. 단순히 탄소 배출을 적게 하는 것을 넘어서, 가장 효율적인 그린테크가 될 수도 있음을 의미한다.

하지만 원자력 발전에는 절대적으로 중요한 조건이 전제되어야 한다. 무조건 안전해야 한다는 것이다. 2011년 3월 11일, 일본의 북동부 지역에서 일본 역사상 가장 강한 규모의 지진이 발생했다(지진 규모 9.0). 지진이 발생한 곳은 후쿠시마 제1원전에서 180km 떨어진 지역이었는데, 그 여파로 인해 후쿠시마 원전 근처에서도 지진의 충격이 감지되었다. 문제는 지진으로 인해 쓰나미가 발생했다는 것이다. 쓰나미로 후쿠시마 제1원전의 1~4호기 주변 일부가 침수되었고, 이로 인해 구조물들이 손상되고 전기설비가 무력화되었다. 이와 같은 쓰나미가 후쿠시마 제1원전에 총 7차례나 도달했다. 결국 후쿠시마 제1원전에서는 원자로의 붕괴열(잔열) 제거 기능이 손상되었고, 이것이 결국 수소가스가 폭발하는 원인이 되었다.

2011년 후쿠시마 원전 사고라는 충격적인 사건 이후 일본에서는 원자력 발전이 급감하게 되었다. 후쿠시마 원전 사고 직전에는 일본의 원자력 발전량이 약 30%였으나, 사고 이후에는 0% 수준으로 낮아지며 사실상 원자력 발전을 포기하는 듯했다. 이로 인해 일본의 에너지 자급률도 20% 수준에서 6% 수준으로 낮아졌다.

하지만 에너지 효율이 매우 높은 원자력 발전을 계속해서 포기할 수는 없다. 일본은 2014년 '제4차 에너지 기본계획'을 통해 원자력 발전소 가동을 재개하겠다고 발표했다. 그리고 2015년에는 장기 전력 수급계획을 통해 중기적으로 원자력 발전량을 20% 수준까지 높이겠다는 목표를 제시했다. 그래도 이때까지는 원자력 발전을 과거 수준으로 회귀하는 정도에 그친, 소극적인 정책이었다.

일본의 원자력 발전 정책에 중요한 변곡점이 된 것은 2022년

연말이었다. 일본은 2022년 12월 그린 트랜스포메이션(Green Transformation: 녹색전환 추진을 위한 정책방안)을 발표했는데, 탈탄소를 위해 10년간 총 150조 엔(약 1,500조 원)을 투자하겠다는 대규모 정책이다. 특히 원전 분야에 대한 적극적인 입장을 보였다. 폐로 결정된 원전을 차세대 원자로로 재건축하고, 원전의 신설 및 증설을 검토하는 내용 등이 포함되었기 때문이다. 10년 전의 후쿠시마 원전 사고를 직접 경험한 일본도 에너지 자립을 위해 포기할 수 없는 것이 바로 원전인 것이다.

친환경으로의 전환 과정에서 원전을 특히 주목해야 하는 이유가 있다. 우리가 통상적으로 이야기하는 순수 친환경(태양광, 풍력, 수소 등)으로 전환하는 과정에 오랜 시간이 소요되며, 그 과도기에 가장 유용한 기술이 원자력 발전이기 때문이다. 에너지원을 변경하는 것은 하루 이틀 만에 달성할 수 없다. 현재 가장 빠르게 전환하고 있는 자동차 시장만 보더라도, 전기차의 보급률은 10% 내외에 불과하다. 전기차가 더욱 빨리 공급되려면 주행 능력 개선, 판매가격의 하락 등 자체 문제가 개선되어야 하고, 충전과 관련한 인프라 문제도 개선되어야 한다.

그나마 친환경으로의 전환이 가시적으로 확인되고 있는 분야인 전기차가 이 정도 상황이라면, 다른 분야에서의 친환경 전환은 아직도 가시화되는 데 상당한 시간이 필요할 것이다. 따라서 친환경으로의 전환에 대한 요구가 확대될수록 원자력 발전은 현실적인 선택지로 부각될 것이다. 물론 원자력 발전에 대한 안정성 기준은 더욱 강화되어야 한다.

원자력 발전의 성장 가능성은 정부 정책이 강화되는 것과 그 흐름을 같이 할 것이다. 따라서 가장 주목해야 봐야 할 것은 정부 정책이다. 2023년 3월에 발표된 '원전 기자재 수출 활성화 방안'에 이어 2023년 7월에 발표된 '에너지 신산업 수출 동력화 전략'에서 중요한 부분을 차지한 원전은 윤석열 정부의 가장 핵심적인 지원산업 중 하나다. 향후 지켜봐야 할 것은 제11차 전력수급기본계획에서 원전의 비중이 더 높아질 가능성이다. 이미 그 가능성이 드러나고 있는데, 2023년 7월에 개최된 제29차 에너지위원회에서는 신규원전 검토를 포함한 전력공급능력 확충이 필요하다는 의견이 다수 민간위원들에 의해 제기되었으며, 산업통상자원부는 이를 제11차 전력수급기본계획에 검토하겠다는 입장이다.

또한 '에너지 신산업 수출 동력화 전략'은 그 자체로서 산업정책이라고 볼 수는 없으며, 단지 수출을 활성화하기 위해 정부가 지원을 강화하겠다는 의지의 포명이라고 봐야 한다. 하지만 정부가 의지를 표명했다면, 그 의지를 뒷받침하기 위한 정책이 추진될 것으로 추측해볼 수 있다. 원전에 대한 정부 정책은 중장기적인 관점에서 기대해야 할 것이다.

정부의 의지가 강한 수소

　수소 산업은 문재인 정부와 윤석열 정부 모두 공들이는 분야다. 이차전지, 원전 등과는 전혀 다르게 수소 산업은 말 그대로 초기 단계다. 따라서 수요가 공급을 창출하는 일반적인 경제학 이론보다는 공급이 수요를 창출해야 할 분야에 해당한다. 공급이 수요를 창출해야 하기 때문에, 정부 정책의 출발점은 '적절한 공급을 할 수 있도록' 하는 데 초점이 맞춰져 있다.

　즉 초기 단계 산업을 성장시키려면 '적절한 공급을 할 수 있는 역량'을 갖추도록 도와주는 것이 수소 산업 정책의 핵심이라는 것을 기억해야 한다. 따라서 수소 산업은 폐배터리 리사이클링과 마찬가지로 원천기술을 개발하는 것을 지원해주는 정책 또는 수요가 발생하기 전에 먼저 공급을 함으로써 수소 산업의 생태계를 조성하는 것에 주안점이 있다.

　이차전지와는 다른 수소 산업의 특성을 고려한 후 수소 산업에 대한 정책들을 보면, 그 내용이 이해될 것이다. 먼저 윤석열 정부 출범 전에 발표된 정책들(2022년에 발표된 정책들)을 보자. 정책의 내용을 보면 대부분 초기 단계의 산업을 지원하는 내용들로 구성되어 있다. 수소 전문기업을 육성하겠다는 계획(성숙한 산업이라면 전문기업을 정부가 주도해서 육성할 필요는 없을 것), 국내 기업들의 기술 경쟁력을 강화하기 위한 계획(초기 단계의 산업이기 때문에 다른 사업에 비해 정책자금 규모가 크지 않음, 251억 원), 원천기술 개발사업 등이다.

윤석열 정부가 출범하면서 수소 산업에 대한 정책 지원이 또다시 본격화하는 양상이다. 2022년 7월부터 수소펀드를 만들어 정책 지원을 시작하고 있으며, 수소 산업 규제 개선을 통해 민간이 수소 산업에 참여하는 데 문제가 될 수 있는 정책적 제한을 미리 해결했다. '2030 부산 세계 박람회 유치 지원을 위한 수소 경제 생태계 조성 업무협약' 사례도 흥미롭다. 부산광역시는 2050년까지 시내 및 통근버스 약 1천 대를 수소버스로 전환할 계획이며, 2023년도 정부 예산에서 수소버스 국가 보조금을 상향하고 수소버스 보급을 확대할 계획 등이 발표되었다.

전형적인 초기 단계 산업에 대한 공급 중심의 정책 지원으로 보인다. 특히 2022년 10월에 발표한 '수소기술 미래전략(안)'을 계기로 수소 산업에 대한 정책 지원의 가이드라인을 제시했고, 직후에 발표된 '국가 전략기술 육성방안'의 12대 분야 중 하나로 선정되면서 다시 한번 한국의 미래전략기술 중 하나임을 공고히 했다.

2022년 10월 18일, 한국 정부는 '수소기술 미래전략(안)'을 발표했다. 수소시장이 20250년까지 연간 약 2,700조 원 규모로 성장이 예측되기 때문에, 전후방 산업에 걸쳐 미래 투자기회로 작용할 수 있다는 판단에 따른 것이다. 정책의 주요 내용은 3가지로 구성된다. ① 청정수소 생산기술을 국산화하는 것, ② 수소 공급을 위한 저장·운송 기술을 고도화하는 것, ③ 수소 활용(수송 및 발전) 기술의 1위를 공고화하는 것 등이다.

수소기술 미래전략(안)의 주안점은 수소 기술의 경제성을 갖추

• 윤석열 정부의 '수소' 관련 정책 추진 현황(정부 출범 전)

정책	세부 내용
2022년도 수소전문기업 30개 발굴·육성 (2022년 1월 18일)	• 51억 원 수소 산업 진흥기반 구축에 투자 • 최소 30개사 이상의 수소전문기업 추가 발굴 • 수소전문기업의 기술사업화에 19억 원 지원
수소 부품 및 제품 성능향상과 국내 기업 기술경쟁력 강화 (2022년 2월 25일)	• 수소 산업 전주기 제품 안전성 지원센터 구축사업 • 수소제품의 성능 및 내구성 평가할 수 있는 기관 • 총 사업비 251억 원 투입해 구축 완료(사업화 지원: 시험 수수료 할인 및 부품 홍보)
미래수소 원천기술개발 사업 - 총 사업비: 333억 원 (2022년 3월 31일)	• 미래 선도 수소 생산(태양광 수소 생산, 고온 수전해 수소 생산, 열화학적 수소 생산 등) • 미래 선도 수소 저장(고체 흡착 수소 저장, 암모니아 수소 추출 등)
수소 기술개발 로드맵 2.0 (2022년 5월 19일)	• '수소기술개발 로드맵'의 기술개발 목표치 및 전략 수정·보완 • 생산, 저장, 운송, 활용, 안전 등 분과별 방향 발표

출처: 대한민국 정부

는 것이 첫 번째이고, 수소 기술의 유통망을 조성하는 것이 두 번째이며, 수소 기술의 보급을 확대하는 수요 창출이 세 번째다. 수소 기술은 아직 에너지 효율이 높지 않은 분야다(생산단가가 높은 분야). 수소 경제가 확산되기 위해서는 생산단가가 낮아져 효율적인 에너지원이 되어야 한다. 그리고 에너지 효율을 높이기 위해서는 기술의 고도화가 절실하다. 따라서 정부 정책에서는 수소 기술의 고도화를 위한 정책적인 지원이 다수 담겨 있는 것이다.

• 윤석열 정부의 '수소' 관련 정책 추진 현황(정부 출범 후)

정책	세부 내용
수소펀드 출범 (2022년 7월 5일)	• 수소펀드 출범 대외선 선포 및 민관 협력 협약서 체결 • 수소펀드로 국내외 수소 생산, 유통, 저장 인프라 구축/핵심 수소 기술개발 위한 투자 진행 • 정부는 금융지원, 상생협력, 규제혁신 등 정책적 지원 강화할 계획
수소 산업 분야 19개 규제 개선 (2022년 8월 29일)	• 셀프 충전 안전관리 규정, 셀프 충전 도입 • 수소 안전분야 규제혁신(생산 7건, 저장·운송 4건, 충전 및 활용 8건)
2030 부산 세계 박람회 유치 지원을 위한 수소 경제 생태계 조성 업무협약 (2022년 9월 19일)	• 부산광역시: 2050년까지 시내 및 통근버스 약 1천 대 수소버스로 전환 • 2023년도 정부예산에 수소버스 국가 보조금 상향 및 수소버스 보급 확대할 계획 • 항만 지역 수소차로 전환하기 위한 계획 추진
새정부 소재·부품· 장비 산업 정책 방향 (2022년 10월 18일)	• 사업 분야별 핵심전략 기술 개편 중 수소 관련: 수소기술 미래 전략(안)
국가 전략기술 육성방안 (2022년 10월 28일)	• 12대 국가 전략기술: 우선적으로 추진할 4개 분야 중 하나로 수소 선정

출처: 대한민국 정부

또한 수소의 저장과 공급을 위한 기술을 고도화하는 데도 투자를 하는데, 이는 기본적으로 수소가 유통될 수 있는 환경을 만드는 것으로 이해할 수 있다. 정부는 주로 해외 수소 도입을 위한 해상 운송과 저장 기술을 고도화하겠다는 계획을 제시했다. 하지만 국산

추진 배경	· 수소시장은 2050년까지 연간 약 2,700조 원 규모로 성장이 예측되며, 전·후방 산업에 걸쳐 막대한 투자기회로서 작용
세부 내용	① 국산 기술로 수소 공급망 구축 · 그린수소 대량 생산을 위한 핵심 수전해 기술 확보 · 원자력수소 생산 기술 확보(수출 경쟁력 확보를 위한 선진 원자로 및 차세대 공정 기술도 단계적으로 개발) · 해외 수소 도입을 위한 해상운송·저장기술 고도화 · 전국 수요처까지 적시에 수소 보급 ② 수소 모빌리티 시장 선도 · 민관 합동으로 수소 전기차 시장 1위 공고화 · 미개척 수소 모빌리티 시장 선점(수소 선박·철도 프로젝트를 추진) · 수소 모빌리티 충전 인프라 구축(수소 충전소 구축비용을 50% 수준으로 낮춰 충전소를 증설하고, 해상 충전 인프라를 구축) ③ 청정수소 사회로 신속 전환 · 탄소 배출이 없는 청정수소 발전 · 탄소 다배출 산업 공정 무탄소화 · 수소 융·복합 클러스터 조성 ④ 글로벌 수소시장 주도권 확보 · 수소기술 국제 표준 선점 · 미래 수소 경제를 이끄는 차세대 기술 발굴(수소·연료전지 원천기술을 집중 지원) · 차세대 수소시장 트렌드 선점 · 세계 최고 수준의 안전 기술 확보

구분	세부 내용
국내 최초 10MW급 이상 대규모 그린수소 실증사업 착수	① 공개된 12.5MW급 실증사업의 특징 - 가동률 60% 기준으로 1,176톤/년 수소 생산을 목표 - 생산된 수소는 On-Site 충전소를 통해 수소 기반으로 전환 예정인 제주시 청소차 200여 대와 시내외 버스 300여 대에 공급될 계획

국내 최초 10MW급 이상 대규모 그린수소 실증사업 착수	② 대규모 실증 사업을 통해 - 한국형 그린수소 생산기술 및 수전해 설계 기술 확보, 기자재 국 산화 등에 기여할 것으로 예상 - 수전해 관련 산업을 새로운 수출 산업으로 육성하는 중요한 전환 점이 될 것으로 기대
제주 그린수소 글로벌 허브 구축 계획	① 주요 내용 - 생산: 재생에너지 연계 그린수소 생산 실증, 생산단지 확대 구축 - 보급: 활용처 고려한 충전소 구축, 주유소·LPG 충전소를 수소충 전소로 전환 · 활용: 공공영역 안정적 활용[청소차, 시내외 버스], 화력발전소 전환, 수·출입 · 산업화: 전문기업 유치, 전문인력 양성, 제도적 기반 마련

출처: 과학기술정보통신부

수소 기술이 고도화되면 수입을 위한 해상 운송과 저장 기술은 곧 수출을 위한 수단으로 바뀔 수 있을 것이다.

아직 수소 기술의 에너지 효율이 낮기 때문에 정부가 직접적으로 수요를 창출하는 방식의 지원도 추진한다. 수소 승용차 등 수소를 이용한 교통수단에 대한 연구개발뿐만 아니라, 충전소 확충과 같은 기본 인프라를 구축함으로써 수소 교통수단이 보급되는 것을 더욱 용이하게 만드는 방식이다.

수소는 이차전지 산업과 달리 정부 정책이 특히 중요한 단계의 산업이다. 전기차와 이차전지 산업도 정부 정책이 중요하긴 하다. 그러나 이제 정부 정책에 의존하지 않더라도 산업의 자체적인 성장세를 기대할 수 있는 분야가 되었다. 하지만 수소는 아직 기술의 고도화가 더욱 필요하다. 따라서 정부에서 연구개발에 대해 얼마나 지원을 해주는지가 수소의 미래를 앞당기는 방법이다. 게다가 민간에서 수소를 선택할 수 있도록 기본적인 인프라를 구축하는 것(예를 들어 충전소 확충)도 정부가 해야 할 몫이다. 수소기술에 대한 접근성을 제고하는 역할이 정부 정책에 있는 것이다.

풍력, 국내 정책의 훈풍은 이제 시작

윤석열 정부가 출범하고, 지금까지의 정책은 폐배터리 리사이클링, 원전, 수소 등에 주안점을 둔 것 같다. 2022년 연말부터 이차전지 산업에 대한 지원책이 연이어 발표되고, 핵심광물을 확보하기 위한 방법의 일환으로 폐배터리 리사이클링 언급되었다. 그리고 원전의 경우는 정부가 직접 해외 수주를 지원하는 방식으로 지원이 계속되었으며, 수소 분야에 대해서도 정부 정책을 통해 지원이 계속되는 중이다. 그런데 아직까지는 정부 정책의 중심에 있지는 않았던 풍력에 대한 지원이 본격화할 조짐을 보이고 있다. 그린테크 중에서도 앞으로는 풍력에 대한 관심을 높여야 할 이유다.

풍력에 대한 정부 정책은 아직까지 매우 미흡한 상황이다. 풍력산업에 대한 직접적인 지원 정책이라고 볼 수는 없지만, 그나마 2022년 9월에 도입된 '풍력발전 경쟁입찰제도' 정도를 떠올려볼 수 있는 정도다. 신재생 에너지공급의무화운영위에서 풍력 보급목표와 풍력발전 인허가 현황 등을 고려해 입찰 선정물량을 결정하며, 적정가격 이하로의 입찰을 유도하기 위해 상한가격을 설정하기도 한다. 이는 장기적으로 풍력 발전의 예측 가능성과 가격 안정성을 확보함으로써, 사업자들이 풍력발전을 채택할 수 있는 근거로 만들기 위함이다. 유럽 선진국들(독일, 네덜란드 등)은 이전부터 이러한 방식을 도입해 풍력발전비용을 개선함으로써 풍력발전의 보급을 확대해왔다.

아직까지는 풍력 발전과 관련한 직접적인 정부 정책이 부재했지만, 이제 정책 지원이 본격화할 가능성을 보여준 것이 2023년 7월에 산업통상자원부가 발표한 '에너지 신산업 수출 동력화 전략'이다. 여기서 직접적인 지원으로 밝힌 것은 2023년 중 에너지 신산업·해외진출 투자 정책펀드를 약 4,500억 원 규모로 조성하겠다는 것과 2030년까지 100조 원 이상의 에너지 신산업 민관 금융투자 지원 확대다. 그리고 글로벌 톱3 품목으로 육성하겠다고 밝힌 것 중 해상풍력 하부구조물(고정식)과 부유식 해상풍력 하부구조물 등이 포함된다(248쪽 참고).

이제 수출을 확대하기 위한 '전략'이 제시되었기 때문에, 향후 이를 뒷받침할 정책이 준비될 가능성을 고려해야 한다. 마침 '에너지 신산업 수출 동력화 전략'이 발표된 것과 같은 날, 산업통상자원부는 '해상풍력 공급망 간담회'를 개최했다. 논의 주제는 2가지였는데, ① 해상풍력 국내 산업생태계 구축·강화 방안과 ② 터빈·부품·기자재의 해외 수주 활성화 방안 등이었다.

PART 4

그린테크로의 투자, 그리고 기회

친환경으로의 전환을 완성시킬
기업의 투자

이번에는 그린테크에 대한 기업의 투자에 주목하려고 한다. 그린테크 시대를 완성할 주체는 기업이기 때문이다. 파트 2에서 다룬 친환경으로의 구조적 전환은 사실 실체가 있는 것이 아니다. 친환경으로의 전환을 좀 더 가속화해야 한다는 사회적 합의를 도출할 수 있는 주요한 조건이라는 점에서 중요한 것일 뿐, 그 자체로서 실체는 없다. 정부 정책과 기업 투자를 가속화하는 배경으로서 의미가 있었다.

파트 3에서 다룬 정부 정책은 그 자체로서 실체가 있긴 하지만, 기업의 투자가 동반되지 않는 정부 정책은 그 의미가 크게 퇴색된다. 정부 정책은 정부가 직접 투자함으로써 기업들이 해당 프로젝트에 참여하는 것을 유도하는 방식을 취할 수 있다. 이외에도 세제 혜택과 금융 지원 등을 통해 기업의 투자를 유도하는 방식도 있다.

정부의 정책적인 혜택과 지원에도 불구하고 기업이 투자를 선택하지 않는다면, 정부 정책은 실패한 것과 같다. 또한 정부가 규제를 통해 기업들의 투자를 유도할 수도 있다. 예를 들어 내연기관차 판매를 특정 연도 이후부터는 금지하는 조치다. 내연기관차 판매를 주력 사업으로 영위하던 기업은 대안을 고려해야 할 것이며, 통상 그 대안은 전기차가 된다. 하지만 정부가 의도한 것과 달리 기업이 새로운 영역에 투자하지 않을 수도 있지 않을까? 그럴 경우도 정부 정책은 실패한 것과 같다.

따라서 앞서 파트 2와 파트 3에서 다룬 내용을 완성시킬 마지막 퍼즐은 기업의 투자에 있다. 결국 기업들이 그린테크에 투자함으로써 고용 창출, 국가 경쟁력 제고 등 정부가 의도하는 바가 달성될 수 있기 때문이다. 따라서 그린테크에 대한 기업들의 투자에 대해 살펴보도록 하겠다.

다행히 최근 들어 기업들의 그린테크 투자가 가속화하고 있다. 국제에너지기구에 따르면, 글로벌 GDP 성장률에 비해 에너지 투자 증가율이 더 높다고 한다. 이뿐 아니라 GDP 내의 투자 비중으로 봤을 때 화석연료에 대한 투자가 차지하는 비중보다 그린테크에 대한 투자 비중이 더 높다고 한다. 경제 전반의 투자는 설비투자와 R&D 등 그린테크 산업 전반에 해당된다. 그래서 그린테크 기술에 대한 투자를 가리키는 것으로 해석할 수 있는 '그린테크 스타트업

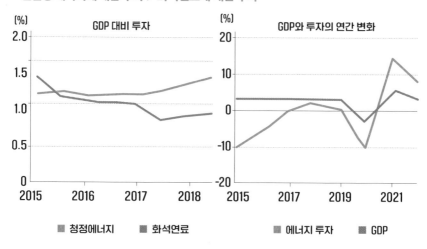

출처: IEA

에 대한 투자'도 확인해봤다. 유럽 기준으로 그린테크 스타트업에 대한 투자가 증가하는 속도는 다른 유망 산업(핀테크, 바이오 등)보다 훨씬 빠르다는 점을 확인할 수 있었다(60쪽 참고).

그리고 그린테크에 대한 기업들의 투자 과정에서 중요하게 고려해야 할 점이 있는데, 기업의 그린테크에 대한 직접 투자 과정에서 동반되는 간접적인 기회다. 그 자체로서는 그린테크로 분류할 수 없지만 그린테크 도입에 있어서 필수적인 것들이 있다면, 그 분야에 대한 기업들의 투자도 확대될 것이다. 또한 그린테크로의 전환 과정에서 나타나는 변화가 가져오는 영향도 고려해야 한다. 가장 좋은 예는 광물자원(리튬·니켈 등)이다. 전기차 시대의 도래와 함께, 전기차 배터리의 필수 원자재인 리튬은 그 자체로는 그린테크로 분류할 수 없다. 하지만 전기차 배터리에 필수적인 원자재이기 때문에, 전기차의 보급 확대와 함께 그 수요가 높아질 수밖에 없는 것이다.

한편 그린테크에 관한 책에서 소개하는 것이 적합한가에 대한 의문이 제기될 수는 있으나, 환경론의 관점이 아닌 주식투자의 관점에서는 그린테크 투자가 가져올 역설적인 기회도 생각해볼 수 있다. 화석연료에 대한 의존을 줄임으로써 탄소 배출을 감축하자는 것이 그린테크의 취지이긴 하지만, 산업혁명 이후로 100~200년간 형성되어온 화석연료 기반의 경제구조가 쉽게 바뀔 수 있을까? 장기적으로는 그러한 경제구조를 바꾸기 위해 노력하겠지만, 그것이 곧 단기간 내에 성공한다는 것을 의미하진 않는다. 따라서 화석연료에 대한 투자는 중단되지만, 소비는 쉽게 둔화하지 않는 현상에서도 중단기적인 기회를 포착할 수 있을 것이다.

파트 4에서는 이러한 2가지 관점(① 그린테크에 대한 직접 투자에서의 기회, ② 그린테크로의 전환 과정에 필수인 분야와 그 과정에서 나타나는 변화에서의 기회)에서 우리가 포착할 수 있는 투자기회에 대해 서술하도록 하겠다. 그리고 ETF 투자 전략에 대해서도 간략히 정리하고자 한다.

그린테크에 대한 투자는 왜 증가하고 있는 것일까? 먼저 그린테크에 대한 기업들의 투자가 확대되고 있는 흐름을 이해하고, 기업들이 그린테크에 투자를 확대하는 이유와 왜 투자를 늘려야 하는지 알아보자.

기업이 그린테크에 투자하는 이유

    기업들이 그린테크에 투자하는 이유는 간단하다. 수익 창출을 기대할 수 있기 때문이다. 수익을 창출하는 방법에는 여러 가지가 있다. 일반적으로 생각하는 '수요의 확대'뿐만 아니라 '비용의 감소'라는 점도 강조하고자 한다.

    기업의 재무제표 중 손익에 대해 이해할 수 있는 '손익계산서'는 아래 그림과 같이 구성된다. 어려운 용어들로 표현되어 있지만, 단순하게 생각해보자. 판매한 것(판매가격×판매량)이 매출액을 의미하고, 여기에 여러 비용을 제외하게 되면 순이익이 된다. 그 여러 비용

• 기업의 손익계산서에 미치는 영향

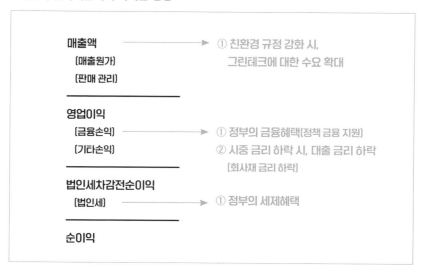

자료: 저자 작성

은 영업활동과 관련 있는 것(매출원가, 판매관리비 등)과 영업활동과 관련이 없는 것(금융비용 등)으로 구분할 수 있다. 추가로 정부에 내는 세금까지도 고려해야 한다. 이런 비용을 모두 제외하고 순수하게 남는 것이 순이익이다. 정리하면 기업이 수익을 창출하는 방법을 '순이익을 창출할 수 있는 방법'이라고 할 수 있다. 수요가 증가하는 것뿐만 아니라 비용이 감소해도 순이익은 늘어난다.

기업이 그린테크에 투자하는 첫 번째 이유는 그린테크에 대한 수요가 확대되고 있기 때문이다. 그린테크의 수요가 확대되는 배경에는 우리가 앞서 언급했던 여러 가지 이유가 포함된다. 정부가 규제를 통해 그린테크 도입을 의무화하는 것과 그린테크 기반의 제품에 대한 소비자들의 선호도 확대 등이 대표적인 예다. 이런 것은 그린테크 분야에서 창출되는 매출액의 증가로 이어질 것으로 기대된다. 따라서 기업들은 그린테크에 투자함으로써 매출액 증대 효과를 기대할 수 있다.

정부가 규제를 통해 그린테크 도입을 의무화하는 조치는 여러 분야에서 이미 시행되고 있다. 가장 쉬운 예는 전기차 충전소다. 신축 건물(아파트 등)을 지을 때 전기차 충전시설이 의무적으로 설치되도록 하고 있다. 전기차 보급의 초기 단계인 현 상황에서는 정부의 의무화 조치로 인해 전기차 충전시설이라는 수요가 창출되고 있는 것이다. 또한 렌터카업체, 운송업체(버스·화물 등), 대기업 등에서 신차를 구매할 때 일정 비율 이상을 친환경차로 구매하도록 하는 조치도 해당된다. 참고로 필자가 근무하고 있는 KB증권에서도 이러한 이유 때문인지 법인차량을 전기차로 변경했다. 정부의 규제로 인해 전기차 침투율이 상승함에 따라 수요가 확대되고 있다.

정부가 규제를 통해 화석연료 사용을 제한하는 것도 비슷한 의미로 기업들의 그린테크 투자를 유도한다. 친환경으로의 전환을 위해서는 그린테크를 빠르게 도입하는 것도 중요하지만, 화석연료의 사용을 줄여가는 것도 중요하기 때문에 정부의 규제는 2가지를 동시에 지향한다. 뒤에서 다룰 종합상사가 좋은 사례다.

한편 소비자들의 선호는 당연히 수요를 의미한다. 소비자들이 그들의 구매력을 통해 친환경으로의 전환을 촉진하는 원동력이 되고 있다. 〈KB 트렌드 보고서〉에 따르면 소비자들은 친환경 행동을 가장 잘 실천할 수 있는 분야로 '소비 분야'를 꼽았다(43쪽 참고). 즉 환경오염에 영향을 주는 제품보다는 친환경 제품을 더 선호함으로써 기업의 경영 방식에 영향을 미칠 수 있음을 스스로 인지하는 것이다. 게다가 일반 제품 대비 친환경 제품 구매 시 추가 지출도 가능하다는 것을 보여줌으로써, 사회 변화를 위해 그 정도 비용은 감수할 수 있다는 의식을 보여주기도 했다.

소비자 개개인의 이런 생각은 사회를 변화시키는 데 영향을 줄수 없을지 모른다. 하지만 소비자들의 생각이 한 방향으로 귀결된다면, 그들의 생각은 사회를 변화시키는 가장 중요한 원동력이 될수 있을 것이다. 기업의 투자는 소비자들이 원하는 쪽으로 향할 수밖에 없기 때문이다.

기업이 그린테크에 투자하는 두 번째 이유는 정부의 정책으로 인해 금융비용, 세금 등에서 혜택을 받음으로써 비용을 줄일 수 있기 때문이다. 이 경우 그린테크 기업들의 매출액에는 변동이 없을지 모른다. 그러나 금융비용이 적게 발생하고 납부해야 할 세율이 낮아짐으로써 세금 비용도 적게 발생한다. 금융지원과 세제혜택의 정도에 따라 다르겠지만, 정책 지원 의지가 강한 분야라면 순이익률(순이익÷매출액)이 높아질 것이다.

정부 정책에서 금융지원과 세제혜택은 가장 대표적인 정책 지원의 형태다. 그리고 가장 쉬운 방법의 정책 지원이기도 하다. 기업이 투자를 할 때 세액공제율을 높이는 방식으로 기업의 투자를 유도하는 것이 세제혜택이고, 대출을 보증해주거나 정책금융(수출입은행, 산업은행 등)을 통해 저금리에 정책자금을 지원해주는 것이 금융지원이다. 윤석열 정부에서 추진하고 있는 친환경 정책들을 보자. 2022년 11월에 발표한 '이차전지 산업 혁신전략'과 2023년 2월에 발표한 '핵심광물 확보전략'이다. 두 정책에서 금융지원과 세제혜택은 어김없이 확인할 수 있다. 이런 정책지원을 통해 기업들은 그린테크 분야의 사업을 할 때 적은 비용으로 기업 경영을 할 수 있게 된다.

기업이 그린테크에 투자하는 첫 번째 이유와 두 번째 이유는 사실 명확하게 구분하는 것이 불가능하다. 예를 들어 이차전지 기업이 정부의 금융지원과 세제혜택을 기대하고 이차전지 생산시설 확충을 결정한다면(설비투자 확대), 이차전지 장비 기업들은 생산시설에 투입될 이차전지 장비에 대한 수요 확대라는 수혜를 기대할 수

- '이차전지 산업 혁신전략'에서 확인되는 금융지원과 세제혜택

정부는 기업의 투자가 차질없이 실현될 수 있도록 **국내외 설비투자에 대해 총 5조원의 대출 및 보증을 지원**하는 한편, **1조원 규모의 투자펀드 연내 출시 및 세제지원*** 확대로 기업의 사업 추진을 적극 뒷받침한다.

* 조특법상 국가전략기술에 대한 설비투자 시 대기업에 적용되는 세액공제율을 기존 6~10%에서 2%p 상향하여 중견기업과 동일한 8~12%를 적용

출처: 산업통상자원부

- '핵심광물 확보전략'에서 확인되는 금융지원과 세제혜택

☐ **(금융·세제지원 확대)** 민간기업의 핵심광물 투자를 촉진하기 위해 **금융지원 강화** 및 **세제지원 확대**

○ **(금융지원)** 수출입은행 및 무역보험공사 정책자금을 활용하여 광산 개발을 위한 현지법인 설립, 시설·수입자금 등에 대해 **여신 및 보험지원**

　* 수출입은행(대출·보증), 무역보험공사(보험) 정책자금 활용

○ **(세제지원)** 해외자원개발을 위한 **투자세액공제를 재도입**('13년 일몰)하고, 실패시 **손금 인정 범위 확대** 및 해외자회사 **배당금 세부담 완화** 추진

⇨ <u>**해외자원개발에 대한 투자세액공제 재도입 등 세제지원 확대**('23년)</u>

출처: 산업통상자원부

있다. 이것은 곧 정부 정책이 금융지원과 세제혜택을 통해 비용감소 효과를 창출하는 것뿐만 아니라 그린테크에 대한 수요 확대 효과도 창출하는 현상에 해당한다. 따라서 2가지 이유는 복합적으로 작용하며 기업이 그린테크에 대한 투자를 확대하도록 하는 실질적인 배경이 된다.

그린테크에 대한 투자 흐름 ──────────

앞서 설명한 이유들로 인해 그린테크에 대한 투자는 확대되고 있고, 앞으로도 계속 확대되어갈 것이다. 다음으로 전 세계적인 그린테크 투자 동향과 한국 기업들의 그린테크 투자 동향에 대해 살펴보자. 국제에너지기구에 따르면, 그린테크 각 분야는 2030년경이면 현재보다 2배 이상의 신재생 에너지를 공급할 것으로 기대된다. 현재 글로벌 주요국들의 정책 추진 현황과 그에 따른 기업들의 투자 속도 등을 감안해서 산출한 예측치다.

여기에는 현재 정책 기조가 유지될 것이라는 전제와 더불어 그 정책 기조에 맞게 기업들의 투자가 계속 확대될 것을 전제로 한다. 그리고 기업들의 설비투자에 따른 결과물인 '생산능력(CAPA; Capacity)'은 증가하는 모습을 보이고 있다. 특히 태양광의 생산능력이 증가하는 속도가 빠르다.

좀 더 구체적으로 기업들의 그린테크 투자 동향을 확인하기 위해 2022년 5월 한국의 대기업들이 발표한 투자 계획을 알아보자(52쪽, 278~279쪽 참고). 한국의 주요 기업들은 향후 수년간의 투자 계획을 발표했는데, 그 규모를 합산하면 1천조 원에 육박하는 대규모 투자 계획이다. 그런데 여기서 대부분 기업의 투자 계획에서 공통적으로 확인되는 분야가 있다. 바로 '그린테크'다.

가장 큰 규모의 투자 계획을 밝힌 삼성은 아쉽게도 그린테크에 대한 명확한 투자 계획을 밝히진 않았다. 하지만 삼성그룹 내 삼성

• 미국 신재생 에너지 공급에 대한 그린테크 각각의 기여도

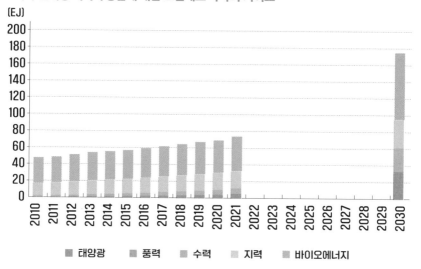

출처: IEA

• 그린테크 분야별 생산능력 증가

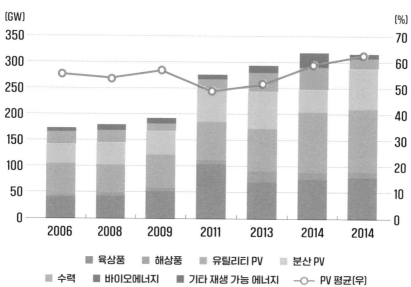

출처: IEA

• 설비투자가 점차 확대될 가능성

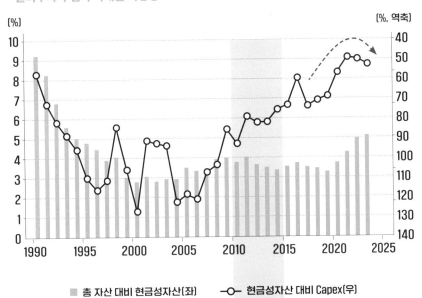

■ 총 자산 대비 현금성자산(좌)　　─○─ 현금성자산 대비 Capex(우)

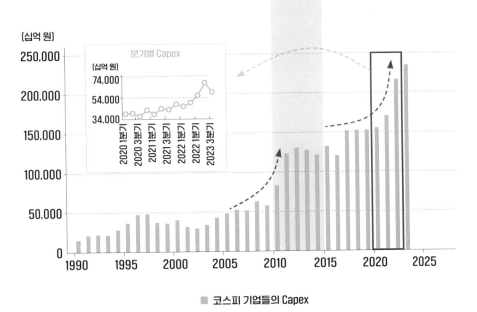

■ 코스피 기업들의 Capex

출처: Quantiwise

SDI가 이차전지 사업을 하고 있기 때문에, 다소 모호하게 밝힌 투자 계획에 그린테크도 포함되었을 가능성이 높다. 비록 삼성의 계획이 명확하지 않은 점은 아쉽지만, 그 외 기업들에서는 대부분 그린테크와 관련된 표현을 확인할 수 있다.

SK는 신재생 에너지, LG는 배터리와 친환경, 현대차는 전동화 및 친환경, 포스코는 친환경 미래소재 및 친환경 인프라, 한화는 신재생 에너지, 그리고 롯데는 수소 및 전지소재와 리사이클 등을 명시했다. 그린테크가 모든 기업의 공통적인 화두라는 점을 엿볼 수 있다.

기업들의 투자 계획에서 찾을 수 있는 의미는 신성장 산업으로서 그린테크 분야를 고려하는 경우가 대부분이라는 점이다. 기존 사업영역과 무관하게 신규 투자부문이라고 추측할 수 있는 내용들은 주로 그린테크와 관련된다.

기업들이 과연 그들의 투자 계획을 얼마나 충실히 이행할 것인지는 알 수 없다. 특히 대규모 투자 계획을 공개했던 2022년 5월은 한국 정부가 교체되던 시기일 뿐만 아니라 미국의 바이든 대통령이 방한했던 시기라는 정치적인 사건도 있었다. 이런 배경이 기업들의 투자 계획 발표에 영향을 미쳤을 가능성도 배제할 수 없다.

하지만 기업들의 그린테크 투자가 전혀 집행되지 않을 것이라고 생각되진 않는다. 이미 한국 기업들의 설비투자(Capex)는 증가하는 흐름을 보이고 있으며, 국내외 기업들에 대한 지분투자 소식도 연이어 들리고 있기 때문이다. 단순히 정치적인 배경에 의한 투자 계

• 주요 기업들의 투자 계획(친환경 투자 관련, 2022년 5월)

그룹	투자 금액	내용
삼성	5년간 450조 원 - 국내: 360조 원 - 해외: 90조 원	· 30조 원: 해외 M&A · 70조 원: 기타
SK	5년간 247조 원 - 국내: 179조 원 - 해외: 68조 원	· 67.4조 원: ① 전기차 배터리 및 배터리 소재, ② 수소, 풍력, 신재생 에너지
LG	5년간 173조 원 - 국내: 106조 원 - 해외: 67조 원	· 63조 원: 기존 주력 사업의 경쟁력 강화 · 43조 원: 미래 성장 분야 (배터리, 자동차 전장, 차세대 디스플레이, AI, 빅데이터, 바이오, 친환경) - 10조 원: 배터리 및 배터리 소재 분야(공장 증설 투자, 배터리 리사이클) - 1.7조 원: LG화학(배터리 소재 분야 투자, 양극재 공장 건설, M&A) - 1.8조 원: 친환경 클린테크(생분해성 플라스틱, 신재생 에너지 산업소재)
현대차	4년간 63조 원	· 16.2조 원: 전동화, 친환경 (전기차 전용 공장 및 전기차 전용 라인 신설, 핵심부품 및 고성능 제품 개발)
포스코	5년간 53조 원 - 국내: 33조 원 - 해외: 20조 원	· 20조 원: 철강(친환경 생산체제 전환을 위한 전기로 신설, 친환경 설비 도입, 전기차 모터용 철강제품 기술력 강화) · 5.3조 원: 친환경 미래 소재(안정적 원료 확보, 설비 증설, 차세대 기술 확보) · 5조 원: 친환경 인프라(에너지, 건출/인프라, 식량 사업)
한화	5년간 37.6조 원 - 국내: 20조 원 - 해외: 17.6조 원	· 21.8조 원: 에너지 분야 - 4.2조 원: 국내 → 풍력, 태양광 등 신재생 에너지 - 17.6조 원: 해외 → 생산시설과 기술개발 투자 · 3조 원: 탄소중립 및 수소기술 - 0.9조 원: 그린수소 생산을 위한 수전해 양산 설비, 기술 상용화 - 2.1조 원: 친환경 신소재 제품

롯데	5년간 37조 원	**[모빌리티: UAM, 전기차 충전 인프라 중심 투자]** • **8조 원: 렌탈**(전기차 24만 대 도입) • **1.6조 원: 케미칼**(수소 사업과 전지소재 사업 투자) • **1조 원: 리사이클, 바이오 플라스틱**(친환경 리사이클 제품 100만 톤 생산 계획)
현대중공업	5년간 21조 원	• **7조 원: 친환경 R&D**
GS	5년간 21조 원	• **14조 원: 에너지 분야**(SMR, 수소, 신재생 친환경 발전)
두산	5년간 5조 원	• **에너지 사업: SMR, 가스터빈, 수소연료 전지 등 집중 투자** • **신사업: 수소드론 투자**

출처: 언론 보도

획 선언이 아니라, 매출액 증대 효과와 비용 절감 효과 등을 위한 투자라고 이해할 수 있겠다.

그린테크 투자가 가져올 효과 ──────────────

그린테크로의 투자가 가져올 효과는 무엇일까? 사실 그린테크 외 신성장 산업에는 대부분 적용될 수 있는 것으로, 고용 창출과 국가 경쟁력 제고 등의 효과를 기대할 수 있다(원자재의 대외 의존도 완화에 대해서는 파트 2와 파트 3에서 다뤘으므로 여기서는 생략한다). 그린테크에 대한 투자 흐름에서 확인했듯, 그린테크에 대한 투자가 확대되고 그에 따라 그린테크의 생산능력이 향상된다면 그에 따른 고용 창출도 기대할 수 있을 것이다. 정부 입장에서는 기업들이 그린테크에 투자함으로써 고용을 창출한다면, 일자리 문제를 완화할 수 있다. 기업 입장에서는 고용 창출을 통해 사회에 환원하는 효과를 기대할 수도 있다.

실제 그린테크의 세부 분야는 대부분 고용이 증가하고 있다. 그런데 특히 그린테크 투자에 적극적인 중국에서의 고용이 가장 많다. 국제재생에너지기구(IRENA; International Renewable Energy Agency)에서는 분야별로 고용 흐름을 보여준다. 그린테크 전반적으로 일자리가 증가하는 모습을 보인 가운데, 특히 태양광 발전 부문에서의 일자리가 10년 전 대비 약 3배로 증가했다. 그 뒤를 이어 풍력 발전 부문에서의 일자리가 10년 전 대비 약 2배로 증가하면서 빠른 속도로 고용이 창출되고 있음을 보여줬다. 그린테크의 고용 창출 효과는 현재진행형이며, 향후 탄소중립 사회로 향하는 과정에서 그 효과는 더욱 커질 것이다.

그린테크에 대한 투자가 가져올 또 다른 효과는 국가 경쟁력 제고다. 여기서 필자가 가리키는 국가 경쟁력 제고는 그린테크의 수출 산업화를 의미한다. 이는 어느 국가나 해당될 수 있지만, 에너지 자원을 수입에 의존하는 국가라면 더욱 중요한 문제가 된다. 전 세계로 봤을 때는 EU 국가들이 해당될 수 있으며, 특히 지금의 한국에는 매우 중요한 문제다.

소규모 개방국가로서 한국은 수출에 의존하는 경제구조를 갖고

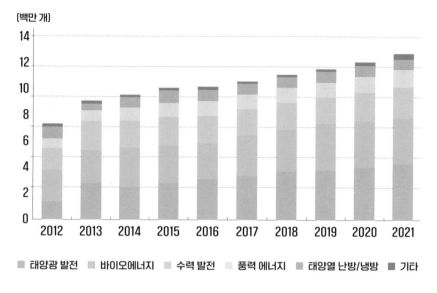

출처: 국제재생에너지기구

• 한국 자동차산업 수출 현황

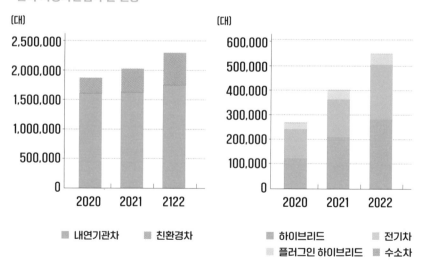

출처: 한국자동차산업협회

있다. 그런데 2022년 초부터 한국의 무역수지는 적자 상태를 벗어나지 못하고 있으며, 적자 규모가 더욱 확대되고 있다. 주력 수출 산업인 반도체의 부진이 주요한 원인인데, 그린테크의 수출이 하나의 돌파구가 될 것으로 기대된다. 대표적으로 수출하는 그린테크는 친환경차인데, 한국 무역수지 적자 기조 속에서도 자동차산업의 수출은 친환경차 판매 덕분에 증가세를 유지하고 있다. 특히 친환경차의 수출은 2020년 대비 2022년에 약 2배 증가하면서 그린테크가 한국의 미래 수출을 견인할 것임을 보여준다.

주목해야 할 그린테크
투자 전략: 원전, 태양광, 풍력

그린테크에는 여러 가지 세부 분야가 있다. 화석연료를 사용하지 않고 전기를 통해 동력을 확보하는 전기차 산업이 가장 대표적이며 친환경적인 방법으로 전력을 생산하는 태양광, 풍력, 수소, 원전 등도 있다. 또한 이미 발생한 탄소를 처리하는 방법인 탄소포집(CCUS)과 같은 분야도 있으며, 폐기물을 리사이클링하는 사업도 있다(폐배터리 리사이클링). 좀 더 체계적으로 분류하고 싶다면 국제에너지기구에서 재생에너지를 분류한 것을 참고하자.

이런 세부 분야들이 그린테크라는 공통점으로 묶이긴 했지만, 각각의 성격은 매우 다르다. 따라서 세부 분야들의 특징에 대해 이해함으로써 그린테크 내에서의 투자 전략을 다양하게 수립할 수 있

• 국제에너지기구의 재생에너지 분류

구분	에너지원 분류	범위
재생 에너지	태양에너지(Solar Energy)	태양광, 태양열
	풍력에너지(Wind Energy)	전기에너지
	수력에너지(Hydro Energy)	전기에너지
	해양에너지(Tide, Wave, Ocean)	전기에너지
	지열에너지(Geothermal)	발전, 직접 열 이용
비재생 폐기물 에너지	고체 바이오연료(Solid Biofuels)	목재연료, 흑액, 동물 폐기물 등
	바이오가스(Biogases)	매립지가스, 하수가스, 기타 혐기성 소화 바이오 가스 등
	액체 바이오연료 (Liquid Biofuels)	바이오 가솔린, 바이오 디젤 등
	재생 도시폐기물 (Municipal waste, Renewable)	생분해성을 가진 도시 폐기물
	비재생폐기물 에너지 (Non-Renewable Wastes)	산업폐기물, 비재생 도시폐기물

출처: 한국고용정보원

을 것이다.

그린테크의 각 세부 분야에 대해 정리하면서 투자자들이 숙지해야 할 것은 다음과 같다. 첫 번째는 그린테크의 세부 분야 중 국가별로 강조하는 산업이 어딘지 이해하는 것이다(주요국의 친환경 정책 방향성). 정부 정책이 그린테크의 세부 분야 중 특히 어디에 주목하고 있는지를 판단해야 한다. 두 번째로 그린테크의 세부 분야 중 대외적인 이슈의 영향을 받는 산업에 대해서는 특히 더 주목해야 한다. 이런 점을 고려한다면, 투자 관점에서 더 적극적인 투자 전략을 세울 수 있을 것이다. 여기서는 대표적인 그린테크 분야인 원전, 태양광, 풍력 순으로 정리해보겠다.

원전은 운영 및 관리의 위험성이 매우 큰 발전 방식이다. 하지만 관리만 잘 된다면 그 어떤 재생에너지보다 효율적으로 전력을 생산할 수 있다. 탄소중립 사회로 가는 장기적인 계획(목표 시점이 현재로부터 30~40년 후인 2050년, 2060년 탄소중립 달성)에서, 탄소중립을 달성하기 위한 가장 현실적인 선택지는 바로 원전이다. 러시아-우크라이나 사태가 원인일까? 친환경으로의 전환이 시급해진 국가들이 원전을 택하는 사례가 점차 증가하고 있다. 한국 정부도 원전 도입에 적극적이다.

그다음으로는 수소 산업을 다루고자 한다. 수소 산업은 아직 초기 단계지만, 글로벌 수소 산업에서 아직 절대적인 강자가 없다는 것이 매력 포인트가 될 수 있다. 태양광 산업과 비교해보자. 태양광 산업의 경우 중국의 점유율이 압도적으로 높다. 그래서 한국의 태양광 기업이 수혜를 보는 방법은 중국이 배제되어 반사수혜를 기대하는 것이다. 하지만 수소 산업은 절대적인 강자가 부재하기에, 한국 기업들이 투자를 확대한다면 글로벌 선두주자가 될 수 있다. 정부 정책이 계속해서 지원해줄 산업이라는 점도 주목할 만하다.

그리고 태양광, 풍력산업을 다룬다. 태양광 시장의 절대 강자는 중국, 풍력 시장의 절대 강자는 유럽이다. 그러나 절대적인 시장 규모가 확대됨에 따라 한국 기업들도 성장의 과실을 함께 즐길 수 있을 것이다. 특히 두 산업은 한국 시장보다 해외 시장이 훨씬 중요하다. 따라서 해외의 정책에 주목해야 한다. 미국의 인플레이션감축법에 따른 태양광 기업들의 수혜 가능성, EU 탄소중립산업법에 따른 풍력 기업들의 수혜 가능성 등을 고려할 수 있을 것이다.

한편 그린테크에 대한 투자가 확대되는 과정에서 간접적인 수혜가 기대되는 분야에도 주목해야 한다. 그린테크로의 전환 과정에 필수적인 분야나 전환 과정에서 나타나는 변화에서의 기회다. 그 자체로는 그린테크라고 보기 어려울 수 있으나, 그린테크가 보편화되기 위해 필수적인 것으로 간접적인 수혜에 해당한다. 반대로 그린테크에 집중적으로 투자하는 과정에서 투자(공급)가 소외됨으로써 나타나는 반대급부의 영향도 감안할 필요가 있겠다. 수요는 쉽게 줄어들기 어렵지만 공급이 빠르게 축소된다면, 오히려 수요가 공급을 초과하는 상태가 일정 기간 지속될 수 있기 때문이다. 여기서는 전기차 배터리에 필수적인 광물자원(리튬·니켈 등)과 관련된 분야인 종합상사와 폐배터리 리사이클링을 정리해보겠다.

종합상사는 여러 가지 의미에서 친환경으로의 전환 시기에 수혜가 기대되는 산업 분야다. 가장 먼저 광물자원에 대한 투자를 바탕으로 전기차/배터리 밸류체인에서 원자재 부문을 책임질 수 있는 역할이 부각되고 있다. 특히 한국 입장에서는 그 역할이 갖는 의미가 더욱 크다. 전기차 밸류체인은 '원자재 부문 → 이차전지 소재(양극재/음극재) → 이차전지 셀 → 전기차'로 구성되는데, 한국이 가장 강점을 갖고 있는 분야이자 2023년에 특히 많은 관심을 받은 분야는 이차전지 소재 분야다. 물론 이차전지 셀과 전기차 분야에서도 한국은 글로벌 최상위 수준의 경쟁력을 보유하고 있다. 하지만 유일하게 취약한 분야가 있는데, 바로 원자재 분야다. 이차전지의 원료로 사용되는 리튬, 니켈 등의 광물자원을 직접 보유하고 있지 않기 때문에 광물자원 민족주의가 본격화할수록 그 취약점이 부각되어갈 가능성이 높다.

광물자원에 선제적으로 투자했던, 지금도 투자하고 있는 기업들이 바로 종합상사다. 종합상사는 그린테크에 직접 투자하고 있기도 하다. 천연가스에 투자함으로써 LNG 밸류체인을 구축하고 있으며, 태양광, 풍력 등에 대한 투자를 통해 그린테크에 직접 진출하고 있다. 이러한 관점에서 함께 살펴봐야 할 것은 일본 종합상사다. 일본 종합상사들이 지금 중기적인 경영전략으로 선정하고 있는 분야가 바로 그린테크(태양광·풍력·수소 등)이기 때문이다.

종합상사는 석유·석탄 등에 투자했던 과거 이력으로 인해 '원자재 기업'으로 널리 알려져 있기도 하다. 종합상사가 신규 사업으로 광물자원, 그린테크 등에 투자하고 있긴 하지만, 원자재에 대한 투자가 여전히 중요한 사업임은 분명하다. 그런데 ESG 규제로 인해 글로벌 전반적으로 화석연료에 대한 투자가 급격히 축소되는 현 상황은 화석연료의 공급 둔화를 가리킨다. 반면 화석연료에 의존하고 있는 경제구조는 기업들의 투자가 줄어드는 속도와 비교했을 때 어느 정도로 바뀔 수 있을까? 선진국들은 경제구조 전환 속도가 상대적으로 빠를 수 있지만, 전환에 쓸 자금이 부족한 신흥국들은 화석연료에 의존하는 경제구조를 한동안 지속할 수밖에 없을 것이다. 이것이 바로 공급은 감소하지만(화석연료에 대한 투자 둔화), 수요는 지속됨으로써 나타날 효과인 것이다. 화석연료와 관련한 사업이 ESG 관점에서는 향후 매각까지도 고려해야 할 문제지만, 수익의 관점에서는 오히려 친환경으로의 전환 과정에서 나타나는 반대급부의 효과가 될 수도 있다.

종합상사 다음으로 다룰 것은 폐배터리 리사이클링이다. 이 책에서는 전기차 산업에 대해서는 다루지 않을 것이다. 전기차 산업과 전기차 산업의 밸류체인에 있는 이차전지 산업은 규모가 너무 커졌기 때문이다. 따라서 그린테크 분야의 하나로 다루기에 무리가 있어 보인다. 대신 전기차 밸류체인에 해당하면서 최근 새롭게 떠오르고 있는 분야인 폐배터리 리사이클링에 대해 자세히 다루고자 한다.

폐배터리 리사이클링은 기본적으로 전기차에서 발생하게 될 폐배터리가 야기할 환경오염 리스크를 해결할 수단이다. 그리고 태양광, 풍력, 수소, 원전 등을 통해 생산된 에너지를 저장하는 수단(ESS; Energy Storage System)으로서도 사용될 수 있다. 또한 광물자원 민족주의에 대응할 수 있는 전략적인 산업이라는 점에서 특히 그 중요성이 부각될 것이다. 광물자원 민족주의에 대응하기 위해서는 리튬, 니켈 광산에 직접 투자하는 방법이 가장 효과적이겠지만, 광산 투자에는 막대한 자금이 필요하기 때문에 쉽지 않다. 장기적으로는 역내에서 직접 해결할 방안으로서 폐배터리 리사이클링에 대한 관심이 높아질 수밖에 없는 이유다. 이런 이유로 최근 미국과 EU, 한국 등 여러 정부에서 추진하는 정책들의 가장 중심에 있는 것이 바로 폐배터리 리사이클링 산업이다.

마지막으로 그린테크 ETF를 간략히 정리하고자 한다. 투자자들이 ETF를 볼 때, 구성종목 차이에 따라 선택도 달라져야 한다. 예를 들어 '친환경'이라는 단어가 포함된 ETF가 여러 개 있더라도, 그 구성종목에 따라 ETF의 성과는 크게 달라질 수 있다. 하지만 상당수의 투자자가 그러한 차이를 고려하지 않은 채, ETF의 이름만 보고 투자하는 경우가 많다. 이 책을 통해 그린테크 ETF들의 차이점을 확인해보고, 접근법을 다른 ETF에도 적용하기를 기대한다.

원전, 친환경으로 가는 징검다리

원전은 정부 성격에 따라 입장이 극명하게 나뉘는 대표적인 분야다. 원전의 위험성에 더 주안점을 두는 정부라면, 친환경 정책 내에서도 원전에 대한 정책은 후퇴할 수 있다. 반대로 원전의 효율성에 더 주안점을 두는 정부라면 친환경 정책 내에서 원전에 대한 정책을 강화하는 방향으로 정책이 추진될 수 있다. 따라서 원전 산업을 보는 시작점은 정부가 원전에 대해 어떤 생각을 갖고 있는지 확인하는 것이다.

하지만 걱정할 필요는 없어 보인다. 러시아-우크라이나 전쟁을 계기로 에너지 전환에 대한 문제가 더욱 부각되었으며, 에너지 전환을 가속화하는 것도 중요한 문제가 되었기 때문이다. 또한 1970년대부터 원전을 선택했던 프랑스의 정책 방향에 대한 공감대가 높아짐에 따라 원전을 도입하는 국가들이 증가하는 추세다. 게다가 원전의 안전성을 개선한 소형원자로에 대한 관심이 높아짐으로써 안전성 문제도 점차 개선되고 있다.

소형원자로는 대형 원전을 축약한 형태다. 최대 장점은 대형 원전에 비해 안전하다는 것이다. 대형 원전과는 형태가 달라 배관이 없기 때문에, 배관 파손의 위험이 없다. 또한 자연순환을 통해 냉각되기 때문에 비상시에 비상 전원이 작동하지 않더라도 물 없이 공기만으로 온도 조절이 가능하다. 이런 이유들로 인해 비상시 대피 반경이 대형 원전은 16~30km인 반면, 소형원자로는 300m에 불과하다. 발전 용량이 대형 원전에 비해 적다는 단점이 있지만, 공사 기간과 건설 비용 등을 감안한다면 오히려 더 효율적인 선택이 될 수 있다.

국가별로 원전 현황 순위를 매긴다면, 미국, 프랑스, 중국, 러시아 순이며 한국은 5위다. 한국을 이어 인도, 캐나다, 일본 등이 있다. 국가 규모로 봤을 때 한국이 강점을 가진 분야라고 볼 수 있겠다. 러시아-우크라이나 전쟁을 계기로 에너지 전환에 대한 문제가 더욱

• 국가별 원전 현황

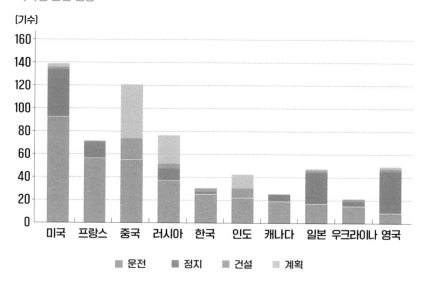

출처: 한국원자력산업협회

• 글로벌 원자력 설비용량 추이 및 전망

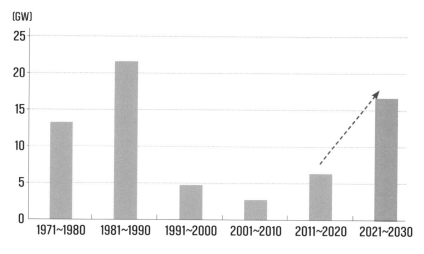

출처: IEA

부각되었고, 그 시급성이 화두가 되고 있다. 이런 상황에서 당장 높은 에너지 효율을 기대할 수 있는 원전에 관심이 커지고 있다. 이런 관심을 바탕으로 글로벌 원자력 설비 용량은 2010년대에 비해 2020년대에 2배 이상 증가할 것으로 전망된다. 이와 같은 원전 산업 발전에서 한국도 기회를 찾아야 할 것이다.

원전은 정부가 주도하고 관여할 수밖에 없는 산업이다. 국내에서의 원전 정책뿐만 아니라, 해외 원전 프로젝트 수주를 위한 과정에도 정부 고위급 관계자들이 함께 나서서 노력하는 경우가 많은 이유다. 다행인 점은 글로벌 전반적으로 원전 도입의 필요성에 대한 공감이 확대되고 있으며, 한국 정부도 원전 산업을 육성하려는 의지를 명확히 보이고 있다는 것이다.

현 정부의 원전 정책은 정부 출범 초기부터 시작되었는데, 이제 지원이 더욱 본격화하려는 양상이다. 2023년 7월 4일 '소형모듈원전(SMR) 얼라이언스' 출범은 민관 연합으로서 원전 분야에 대한 지원을 본격화하기 시작하는 것을 알리는 신호로 볼 수 있으며, 7월 27일에 발표된 '에너지 신산업 수출 동력화 전략'과 7월 31일에 발표된 '해외 원전수출 지원체계 강화'는 원전 분야에 대한 지원이 이제 본격화하기 시작했음을 보여주는 사례다(246~247쪽 참고).

정부가 주도하는 산업이기 때문에 원전 밸류체인은 발전사업자인 한국수력원자력(공기업, 한국전력공사의 자회사)에서부터 시작한다. 최근에는 정부에서 '팀 코리아(Team Korea)'를 만들어 민관 합동으로 원전 프로젝트 수주를 위해 노력하고 있다. 그리고 밸류체인 내

• 한국의 원전 밸류체인

출처: 저자 작성

• 한국의 원전 밸류체인 내 기업의 주가 흐름

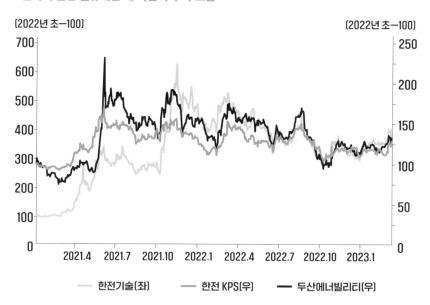

출처: 한국거래소

에 한전기술(원자로 종합설계), 한전원자력연료(핵연료 공급), 두산에너빌리티(발전소 주기기 제작/공급), 한전KPS(원자로 정비) 등의 기업들이 포함된다. 따라서 원전 프로젝트 수주 소식이 전해졌을 때, 밸류체인 내 기업들의 주가 흐름이 비슷한 경향이 있다.

과거 성과만 보면 한전기술의 주가 수익률이 가장 높긴 했다. 그런데 주가 흐름은 한전기술, 두산에너빌리티, 한전KPS 등 3개 기업이 거의 유사한 모습을 보였다. 따라서 원전 산업은 특정 기업에 대해 구체적으로 이해하는 것보다, 원전에 대한 정부 정책의 방향과 한국수력원자력을 중심으로 한 해외 원전 프로젝트 수주 가능성 등을 종합적으로 보는 것이 적절한 분석방법이 되겠다.

태양광, 미국 인플레이션감축법의 수혜 대상 ─────────

태양광 산업의 밸류체인은 '폴리실리콘 → 잉곳 → 웨이퍼 → 셀 → 모듈 → 발전소'로 구성된다. 이를 상위 범주로 분류하면 '업스트림 → 미드스트림 → 다운스트림'으로 구분할 수 있는데, 폴리실리콘과 잉곳 및 웨이퍼를 생산하는 것이 업스트림, 셀과 모듈을 생산하는 것이 미드스트림, 발전소를 개발 및 운영하는 것이 다운스트림에 해당한다.

태양광 산업과 관련해서 알아야 할 가장 중요한 특징은 '국가별 점유율'이다. 그런데 사실 국가별 점유율이라고 표현하는 것조차

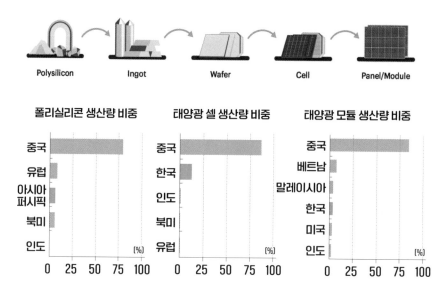

폴리실리콘 생산량 비중 　 태양광 셀 생산량 비중 　 태양광 모듈 생산량 비중

출처: 국제에너지기구(IEA)

무색할 정도다. 중국의 점유율이 모든 단계에서 압도적으로 높기 때문이다. 글로벌 생산량 기준으로 잉곳과 웨이퍼의 경우 중국의 생산 점유율이 90%를 상회하고, 폴리실리콘, 셀, 패널/모듈의 경우에는 70~80%대로 매우 높다. 사실상 중국이 독과점하고 있는 것이다. 그렇다면 왜 국가별 점유율이 중요한 것일까? 한국 기업들에게는 과연 기회가 있을까?

중국의 독과점에도 불구하고 태양광 시장에서 기회를 찾을 수 있다. 미국과 중국의 패권전쟁이 계속되고 있으며, 그와 동시에 미국 인플레이션감축법이 추진되고 있기 때문이다. 미국과 중국의 패

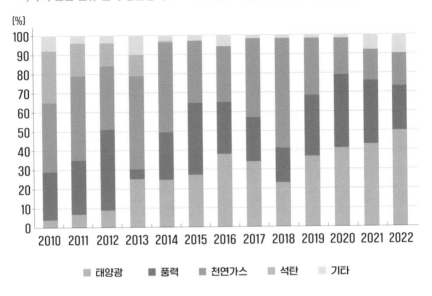

출처: 태양광산업협회 SEIA(Solar Energy Industries Association)

권전쟁은 점차 '공급망 재편'으로 이어지고 있다. 미국은 과거 세계화 시대에 중국 시스템에 의존했다. 그러나 이 구조의 위험성을 깨닫고 공급망 재편을 위해 노력하고 있다. 그 노력의 일환으로 시행되고 있는 것이 인플레이션감축법이다.

누군가 내게 인플레이션감축법의 지원 대상을 묻는다면, 나는 고민없이 '그린테크'라고 말할 것이다. 그렇다면 인플레이션감축법의 목적은 무엇일까? 바로 '공급망 재편(미국으로 생산시설 이전을 지원)'이다. 여기에 미국과 중국의 패권전쟁으로 인해 중국 기업이 인플레이션감축법의 수혜를 받지 못할 것은 분명하다.

미국에서는 향후 전력생산의 에너지원으로서 태양광을 가장 주목하고 있다. 미국 에너지정보청(EIA)에서 전망한 바에 따르면, 향후 미국의 전력생산 전망은 태양광을 통한 전력생산이 가장 빠른 속도로 증가할 것이라고 한다. 이런 전망을 뒷받침하듯, 미국의 연간 신규 전력 생산능력 기여도에서 태양광 발전이 차지하는 비중이 빠른 속도로 증가하고 있다. 2022년 기준으로는 50%까지 높아졌으며, EIA의 에너지원별 전력생산 전망을 보면 태양광 발전이 미국의 전력 생산에 기여하는 비중은 더욱 높아질 가능성이 높다.

태양광 투자에 가장 적극적인 글로벌 기업이 하나 있는데, 바로 테슬라의 일론 머스크다. SolarCity, ZepSolar, Silevo, ILIOSS 등에 투자하고 있다. 전기차 산업의 선두에 서 있는 경영인인 그는 왜 태양광 분야에 투자하고 있을까? 이유는 전기차 사업의 수직계열화를 완성하기 위한 목적에 있다.

일론 머스크는 수직계열화를 좋아하는 경영인이다. 수직계열화를 완성할 경우 경쟁사보다 이익률을 높일 수 있기 때문이다. 그런 그에게 2가지 고민이 있을 것이라는 점을 추측해볼 수 있다. 전기차 생산의 대부분 밸류체인을 내재화할 수는 있지만, 전력 조달과 배터리 광물 조달은 외부에 의존할 수밖에 없기 때문이다. 광물 조달에 대해서는 뒤의 종합상사, 폐배터리 리사이클링을 다룬 부분에서 정리하도록 하고, 여기서는 전력 조달에 대해서만 살펴보자.

자체적인 전기차 충전소를 갖추고 있는 테슬라지만, 그 전기차 충전소의 전력은 어떻게 생산할 것인가? 이 또한 친환경적인 방법

기업명	산업 분류	영위 사업
SolarCity	태양광	인수목적: 태양광으로 전기차 충전
ZepSolar	태양광	옥상 태양광용 장착 및 접지 장비 제조업체
Silevo	태양광	태양광 모듈 제조 업체
ILIOSS	태양광	멕시코 태양광 패널 기업, 멕시코 사업 진출을 위해 인수

출처: 저자 작성

으로, 자체적인 조달을 하는 방법으로 태양광을 선택한 것이다. 실제로 SolarCity의 인수 목적은 '태양광으로 전기차 충전'이기도 하며, 그 외 다른 태양광 장비, 부품 회사들에도 투자했다.

이러한 이유로 인해 태양광 발전에 대한 필요성은 점차 확대될 것이다. 그렇다면 그 공급을 책임질 기업은 어디가 될까? 현재는 중국 태양광 기업들이 글로벌 태양광 시장을 독과점하고 있지만, 향후 미국에서의 태양광 수요가 급증할 때 그 수요를 충족시킬 기업은 중국 기업들이 아닐 것이다. 미국 기업이 제1의 혜택을 받을 가능성이 크다. 이런 이유로 미국의 퍼스트솔라(First Solar) 주가는 2022년 7월 이후(미국 인플레이션감축법이 통과된 시기) 2배 이상 상승했다. 장기적인 관점에서 주목해야 할 기업이다.

한국 기업에게도 미국 태양광 시장의 확대는 기회가 될 수 있을 것이다. 특히 미국이나 유럽 지역으로의 수출 비중이 큰 기업일수

• 퍼스트솔라의 주가

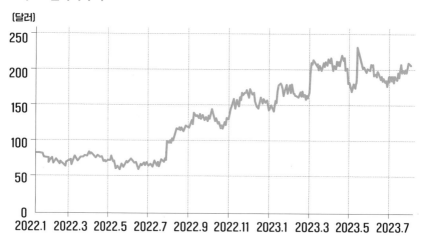

미국 태양광 기업 퍼스트솔라의 주가는 2022년 7월 이후 2배 이상 상승했다.

출처: Bloomberg

• 한화솔루션의 신재생 에너지 부문 매출 추이(셀/모듈 태양광 제품 등)

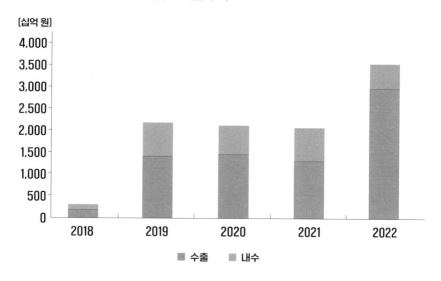

출처: 금융감독원 전자공시시스템

록 유리하다. 현재 국내 정책에서는 태양광 산업에 대한 지원이 다른 분야에 비해 다소 후순위에 있다고 판단하기 때문에 국내 정책보다는 미국과 EU의 정책 동향이 중요하며, 내수보다는 수출 성과가 더 중요한 산업이 되었다. 국내 기업 중에서는 태양광 셀/모듈 기업인 한화솔루션이 신재생 에너지 부문(셀/모듈 태양광 제품 등)에서의 수출이 빠른 속도로 증가하고 있다.

풍력, 선진국 정책과 본격화된 한국 정부의 정책 ─────

풍력발전은 풍력에너지를 이용해 전기를 생산하는 방식이다. 블레이드가 회전하면서 발생하는 에너지를 발전기를 통해 전기에너지로 전환하는 것이다. 풍력발전시스템을 '풍력터빈'이라고 표현하고, 주요 구성품은 사실 이해하기 매우 간단하다. 블레이드는 소위 바람개비처럼 생긴 것으로서, 회전을 통해 바람에너지를 활용하는 역할을 한다. 그리고 타워 및 단조제품은 터빈의 주요부품을 일정 높이에 위치시키는 역할을 하며, 발전기는 전기에너지로 전환하는 장치다. 그 외의 부품은 좀 더 세부적인 역할을 담당한다.

풍력터빈 제조사 기준으로 본 글로벌 풍력시장의 선두주자는 덴마크의 베스타스(VESTAS), 미국의 제너럴일렉트릭(GE), 독일의 지멘스가메사(SGRE) 등이지만, 국가별 기준으로 글로벌 풍력 시장에서 가장 점유율이 높은 국가는 중국이다. 금풍과기(Goldwind), 인비

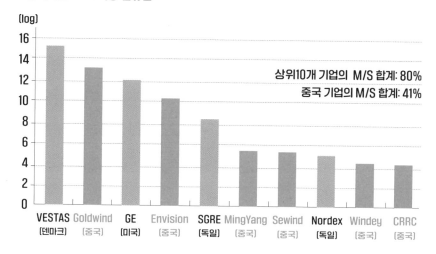

• 풍력터빈 OEM 시장 점유율

(log)

| VESTAS [덴마크] | Goldwind [중국] | GE [미국] | Envision [중국] | SGRE [독일] | MingYang [중국] | Sewind [중국] | Nordex [독일] | Windey [중국] | CRRC [중국] |

상위10개 기업의 M/S 합계: 80%
중국 기업의 M/S 합계: 41%

풍력 시장의 40% 이상은 중국 기업이 차지하고 있으며, 그 뒤를 유럽과 미국이 따르고 있다.

출처: Wood Mackenzie

전(Envision), 밍양(MingYang), 세윈드(Sewind) 등이 중국 기업이다.

한국 풍력기업은 풍력터빈의 구성품에 해당하는 타워 제조를 전문으로 하는 씨에스윈드가 대표적이며, 향후 관심이 높아질 해상풍력과 관련해서는 SK오션플랜트도 주목해야 할 기업이다. 그 외 풍력 도입 증가에 따른 부품사들의 수혜도 고려할 수 있으며, 씨에스베어링, 태웅, LS, 대한선전, LS마린솔루션, 효성중공업, HD현대일렉트릭 등의 기업도 관심가져볼 만한 기업이다.

중국 기업들의 시장 점유율이 높다는 점을 통해, 태양광 산업과 같은 논리적 접근을 해볼 수가 있다. 즉 미국과 중국의 패권전쟁

구분	내용
EU (RepowerEU)	• Fit-for-55 package 발표로 탄소국경조정제도(CBAM·탄소국경세) 도입 및 26년 본격 시행 • 2030년까지 480GW 설치 예상, 신재생 에너지 비중 상향(40% → 45%), 평년 대비 3~5배 이상 설치 전망 • 재생에너지 긴급승인 fast track(Sunset law, 18개월): 38GW 리파워링 + 42GW 신규프로젝트(2023~2025 대상) • 그린딜 산업계획(2023년 2월 2일): 규제 단순화, 금융지원, 기술개발, 자유무역
EU (탄소중립산업법)	• 재생에너지의 EU 역내 제조역량을 연간 수요의 40%까지 확대할 계획 • 특히 풍력터빈 연간 제조역량을 2030년까지 36GW 확보하는 것을 목표로 함 (2022년 EU 역내 제조역량은 16.7GW)

미국 (인플레이션 감축법)

• 내용

구분	수혜자	타입	지원규모	기대효과
PTC	디벨로퍼	Tax credit	30달러/MWh	2032년까지 170GW의 풍력설치수요 전망
AMPC	씨에스윈드	Tax credit	3만 달러/MW	일부 Direct pay로 현금신청 가능, 수익성 극대화

• 총 수익(AMPC): 10년간, 2조 원 규모
• 세액공제 활용방안: 법인세 감면, Direct Pay, Transfer

구분	내용
한국 (2030 신재생 에너지 정책)	• 베스타스사와 한국 및 동아시아 풍력시장진출을 위한 JV설립 → 풍력타워, 터빈, 블레이드 생산공장 설립 계획 • 2030 신재생 에너지 정책에서 포트폴리오 수정: 태양광 87 vs. 풍력 13 → 태양광 60 vs. 풍력 40으로 실질적 풍력설치전망 2배 이상 상승 • 풍력발전특별법 입법화 추진 중

출처: 씨에스윈드

이 계속되는 가운데 미국은 공급망 재편을 추진할 것이며, 그 일환으로 인플레이션감축법에서 풍력을 지원할 것이다. 게다가 EU도 REPowerEU 정책을 통해 신재생 에너지 도입을 촉진하고 있다.

특히 그린딜 산업계획을 통해 배터리, 태양광, 풍력, 탄소포집 등 그린테크 전반에서 EU의 생산능력을 제고하겠다는 의지를 보이고 있다. 이 계획은 미국 인플레이션감축법에 대응해 유럽의 공급망을 지키기 위한 정책이 될 것이며, 이는 곧 한국 그린테크 기업들에도 수혜가 될 수 있음을 의미한다. 또한 이 혜택에서 중국 기업이 배제된다면, 한국 기업은 수혜를 받을 수 있을 것이다.

풍력산업 역시 미국과 유럽 지역 중심으로 그 수요가 증가할 것으로 예상되는데, 특히 2023~2024년부터는 해상풍력 도입이 본격화할 것으로 예상한다. 이는 기존과는 다른 신규 수요를 의미하며, 풍력산업에 대한 점진적인 수요 개선을 의미한다. 2024년, 2025년으로 갈수록 신규 수주가 늘어갈 가능성과 함께 실적 개선이 본격화할 가능성에 주목할 필요가 있다.

씨에스윈드는 한국 풍력산업의 가장 대표적인 기업으로서, 풍력발전기용 풍력타워를 제조한다. 풍력산업의 글로벌 선두기업인 덴마크 베스타스와 밀접한 관계를 가졌기에 유럽 풍력산업이 부각될 때 가장 큰 수혜를 받을 수 있는 기업이다. 물론 유럽뿐만 아니라 다른 해외 지역으로의 진출에도 적극적이어서, 미국과 아시아 지역에서의 매출 비중도 각각 30%대, 20%대 수준으로 높다.

물론 국내 신재생 에너지 정책에서 향후 가장 중심에 있을 것으

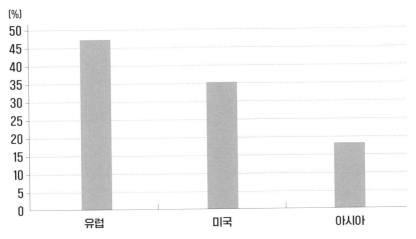

출처: 씨에스윈드

로 예상되는 분야도 풍력이다. 제10차 전력수급 기본계획에서 신재생 에너지의 연도별 발전량 전망은 향후 풍력발전을 가장 빠르게 성장시킬 계획이라는 점을 가리킨다.

2023년 하반기부터 풍력산업을 특히 더 주목하는 이유는 2023년 7월 말 '에너지 신산업 수출 동력화 전략'이 발표되면서 풍력산업에 대한 정책 지원도 본격화할 것임이 확인되었기 때문이다 (248쪽 참고). 2030년까지 수출을 2배로 늘리고, 2035년까지는 수출을 3배로 늘리는 것뿐만 아니라 수출 유망품목으로 선정한 21개 중에서 글로벌 톱3 수준의 품목을 10개 만드는 것을 목표로 한다. 그리고 이를 뒷받침하기 위해 2023년에는 에너지신산업·해외진출 투자 정책펀드를 4,500억 원 규모로 조성하며, 2030년까지 100조

원 이상의 에너지산산업 민·관 금융투자 지원을 하겠다는 계획이다. 또한 '에너지 신산업 수출 동력화 전략' 발표와 동시에 '에너지 신산업 민관 연합(얼라이언스)'를 조직함으로써 향후 정책 준비를 본격화할 가능성을 보여줬다. 향후 신재생 에너지 발전 전망에서 가장 핵심이 될 분야임에도 불구하고 정책 지원이 미흡했던 풍력산업에 대한 정책 기대감이 높아지고 있다.

특히 '에너지 신산업 수출 동력화 전략'에서 선정한 21개 수출 유망품목 중 3개가 해상풍력에 해당하는데, 해상풍력 하부구조물을 수출 유망품목으로 꼽았다는 점에 주목한다. 2023~2024년부터 해외에서의 수요가 본격화할 것으로 예상되는 해상풍력 분야를 선정했다는 점에 첫 번째 의의가 있고, 또 풍력산업 내에서도 하부구조물이라는 분야에 대한 지원 의지가 더 강한 것으로도 해석할 수 있겠다.

현재 한국 정부가 추진하고 있는 '해상풍력특별법'도 향후 지켜봐야 한다. 기존 해상풍력 개발 절차에서는 통합법이 부재해 개별법에 따라 인허가가 필요했다. 이는 곧 절차의 복잡성 문제로 이어지면서 개발에 상당한 걸림돌이었다.

해상풍력 하부구조물 사업을 담당하는 기업으로는 SK오션플랜트가 대표적이다. SK오션플랜트는 풍력 사업 내에서도 해상풍력 중심의 기업이다. 2022년 기준 전체 매출에서 해상풍력 비중은 30% 수준이며, 해상풍력 외에는 플랜트, 조선사업, 강관사업 등을 영위하고 있다. 매출액이 계속해서 증가하고 있으며, 여기에서 해

• 해상풍력특별법 주요 내용 및 경과 과정

구분			
배경	• 기존 개별적인 입지발굴 절차에서 주민수용성 확보와 복잡한 인허가 절차 그리고 난개발에 대한 우려 존재 • 국가 주도의 계획입지를 통해 풍력발전 시설 설치와 풍력단지 조성에 필요한 통합적 행정절차에 관한 사항 규정 • 또한 발전지구에 대한 각종 협의 및 인허가 과정을 지원해 절차적 복잡성 해소		
주요 내용	• 계획입지를 통한 해상의 풍력발전 시설 설치와 풍력 단지 조성 • 해상풍력발전위원회(예비지구 지정, 사업시행자 선정, 발전지구 지정 등)와 해상풍력발전추진단 설치 • 법 공포 이후 국자 주도 입지 외의 해양공간에 민간 사업자의 신규 사업 허용 X		
남은 쟁점	① 기존 사업자 보호에 관한 사항(기존 사업자에 대한 우대 규모) ② 기존 해상풍력사업에 대한 입지 적정성 평가(기존 사업자가 예비지구 신청시 재검토 여부)		
경과 과정	**날짜**	**내용**	**세부 내용**
	2021년 5월 18일	김원이 의원 안 발의	풍력발전 보급촉진 특별법안(육상, 해상 모두 포함)
	2023년 2월 14일	한무경 의원 안 발의	해상풍력 계획입지 및 산업육성에 관한 특별법안
	2023년 2월 15일	김한정 의원 안 발의	원활한 국경·운송의 연결 유지, 역내 물류 인프라 확충, 공급망 병목에 대한 해결방안 마련
	2023년 2월 20일	제4차 축조 심사	3개 발의안 병합 심사 시작
	2023년 3월 20일~ 202년 5월 24일	제5~6차 축조 심사	해상풍력으로 범위 한정(이후 육상 풍력은 향후 별도 법안 발의 예정) 이외 풍력입지 정보망 구축, 예비 지구 지정 권환 등 쟁점 사항 협의 진행
	2023년 7월 13일	제7차 축조심사	남은 쟁점 2가지 - 기존 사업자 보호에 관한 사항 - 기존 해상풍력사업에 대한 입지 적정성 평가

출처: 한국풍력산업협회

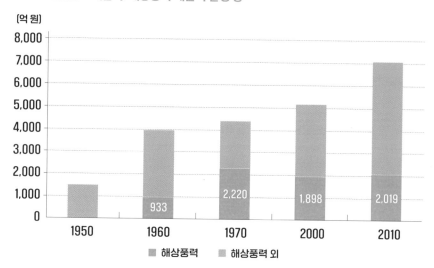

• SK오션플랜트 매출액: 해상풍력 매출액 발생 중

[억 원]

출처: SK오션플랜트

상풍력 관련 매출이 성장에 기여할 것으로 예상된다. 특히 해상풍력 사업 내에서도 하부구조물 분야에 특화된 기업이기 때문에 '에너지 신산업 수출 동력화 전략'의 지원이 기대된다.

또한 부품 관련 기업, 해저케이블 제조 및 설치사, 전력기기 등 기업에 대한 관심도 필요하다. 풍력 도입이 확대된다면, 결국 세부 부품에 대한 수요도 높아질 것이 분명하기 때문이다. 씨에스베어링, 태웅, LS, 대한선전, LS마린솔루션, 효성중공업, HD현대일렉트릭 등의 기업들을 주목할 필요가 있겠다.

• 풍력 관련 기업

구분	기업	내용(풍력 관련 매출 비중)
디벨러퍼	SK디앤디	신재생 비중 10%(풍력 포함)
	대명에너지	대부분 풍력에서 매출 발생(EPC, 운영 등)
하부구조물	SK오션플랜트	해상풍력 매출 비중 30%
타워	씨에스윈드	풍력타워 약 95%, 그 외 보조금 수령 일부
	유니슨	풍력 매출 100%
	동국S&C	풍력 30~40%
터빈	두산에너빌리티	두산에너빌리티 매출 40%, 두산밥캣 60%
기타부품	씨에스베어링	수출 위주로 전체 매출중 베어링 약 96%
	태웅	풍력 설비 42%
해저 케이블 제조	LS	자회사인 LS전선 지분의 92% 보유하고 있으며, LS전선의 매출 중 약 50%
	대한전선	아직 관련 매출은 없으나, 해저케이블 시장 진입을 위해 임해공장 착공
케이블설치	LS마린솔루션	해저케이블 설치(68%), 유지보수(30%)
전력기기	효성중공업	중공업(변압기, 증속기 등) 비중 57%, 건설 비중 43%
	HD현대일렉트릭	전력기기(변압기, 고압차단기) 52%, 회전기기(회전기, 저압 전동기, 인버터) 19%, 배전기기(배전반, 전력제어) 29%

출처: 산업통상자원부

종합상사,
친환경으로의 전환 과정

    종합상사는 통상 '원자재(석유·석탄) 관련 기업'으로 알려져 있다. 석탄 광산을 보유하고 있는 점, 원자재 트레이딩 사업을 하는 점이 종합상사의 주요 사업으로 알려져 있기 때문이다. 그런데 그 종합상사들이 최근 몇 년간 어떻게 바뀌어왔는지에 대해 명확하게 아는 투자자들은 생각보다 많지 않다. 종합상사의 최근 모습을 보면, 의외로 그린테크의 투자에 해당한다는 점을 알 수 있을 것이다.

    필자는 회사에서 2023년 6월 7일에 〈워런 버핏의 담배꽁초: 일본 종합상사를 통해 본 한국 종합상사의 가능성〉이라는 자료를 발간했다. 제목에서 확인할 수 있는 특징은 3개인데, 워런 버핏과 일본 종합상사, 그리고 한국 종합상사다. 그리고 담배꽁초라는 제목

<워런 버핏의 담배꽁초: 일본 종합상사를 통해 본 한국 종합상사의 가능성〉 자료의 표지 그림

출처: gettyimages

과 함께 달러화 지폐로 된 담배 사진을 자료 표지에 게재했다.

일단 '워런 버핏의 담배꽁초'라는 제목부터 소개하고자 한다. 종합상사에 대한 투자를 가장 잘 요약한 표현이라 생각하기 때문이다. 오마하의 현인이라고 불리는 워런 버핏은 훌륭한 기업을 좋은 가격에 매수해야 한다는 투자철학으로 유명하다. 그런데 워런 버핏도 청년 시절에는 지금과는 다소 다른 투자철학을 갖고 있었다. 주로 벤저민 그레이엄의 영향만 받았던 시기인데, 내재가치보다 낮은 가격에 거래되는 저평가 기업에 투자하는 것이었다.

여기서 저평가 기업은 군이 훌륭한 기업이 아니어도 된다. 어떤 기업이든 내재가치보다 낮은 가격에 거래되기만 하면, 시간이 지난 후 재평가받을 것이라는 믿음이었다. 여기서 훌륭하지 않은 기업이지만 내재가치보다 낮은 가격에 거래되는 기업을 담배꽁초라고 표현한 것이며, 그 담배꽁초에 불이 붙기를 기다린다는 표현을 통해 저평가가 해소되는 과정을 나타냈다. 버려진 담배꽁초를 공짜로 주위서 한 모금 정도 피는 것은 리스크가 없이 적절한 수익을 낼 수 있는 방식이었던 것이다.

시간이 지나 워런 버핏의 투자철학은 필립 피셔의 영향까지 받게 되면서 지금과 같아졌다. 즉 그저 그런 기업을 싸게 사는 것보다 훌륭한 기업을 적절한 가격에 사는 것을 더 선호하는 것으로 투자철학이 바뀐 것이다.

그런 워런 버핏이 2020년에 일본 종합상사 5개사(미쓰비시상사, 미쓰이물산, 이토추상사, 마루베니상사, 스미토모상사)에 투자했다. 그리고 2023년에는 지분을 추가 확대하고 있으며, 장기적으로는 9.9%까지 높일 것이라고 계획을 밝혔다(현재는 약 8.5% 지분을 확보한 것으로 알려졌다). 그런데 종합상사를 과연 훌륭한 기업이라고 볼 수 있을까?

오히려 과거에 워런 버핏이 투자했던 담배꽁초 같은 기업에 더 가까운 이미지를 갖고 있는 것이 바로 종합상사다. 원자재 가격이 하락하면서 원자재 관련 기업으로서의 매력이 사라지게 되었고, 또 삼자무역을 하는 종합상사의 필요성에 대해서도 의문이 확대되었기 때문이다. 실제로 이러한 의문들 때문에 2020년에 워런 버핏의 투자 소식이 알려졌을 때만 해도, 워런 버핏의 투자에 대해 의문을 제기하는 사람들이 매우 많았다. 하지만 3년이 지난 지금, 워런 버핏은 다시 한번 오마하의 현인이라는 표현에 걸맞은 결과를 보여줬다.

워런 버핏의 종합상사 투자에 대해 의문을 제기한 사람들이 놓친 것은 무엇일까? 바로 '과거와는 달라진 비즈니스 구조'에서 찾을 수 있다. 그리고 투자의 관점에서 본 그린테크로의 전환 과정에서

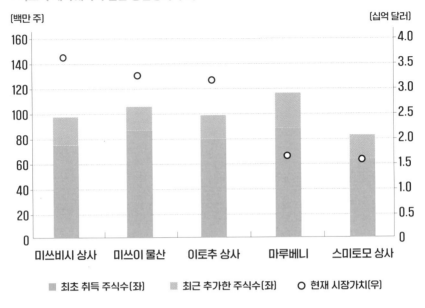

[백만 주]

[십억 달러]

최초 취득 주식수(좌) ■ 최근 추가한 주식수(좌) ○ 현재 시장가치(우)

출처: 저자 작성

나타나는 원자재 시장의 변화도 고려해볼 수 있다. 많은 사람이 과거의 종합상사 비즈니스 형태만 생각하는 동안 워런 버핏은 그 안에서 기회를 찾은 것이다. 필자는 이와 같은 사람들의 생각과는 다르게 내재된 기회를 표현하기 위해 '달러화 지폐로 된 담배꽁초'의 그림을 표지에 삽입한 것이다.

그렇다면 종합상사는 어떻게 바뀐 것일까? 먼저 일본 종합상사부터 보자. 일본 종합상사는 1~3단계의 역사를 거쳐, 지금은 4단계가 진행 중이다. 그 역사를 요약하면, 사업 다각화의 역사라고 표현할 수 있다. "돈 되는 것은 전부 다 한다."라고 불리는 종합상사의 특

• 일본 종합상사의 과거와 현재

제1단계: 1876~1945년

- 19세기: 정부 주도의 개방, 직접 수출 장려 → 일본인 상사 설립
  - 미쓰이물산: 1876년 설립
  - 제1차 세계대전 이전: 아시아, 유럽, 미국 거점 확보
- 제1차 세계대전 이후: 종합상사 기업 성장 시기
  - 유럽으로부터 일본/아시아 각국으로의 수출 중단 → 일본의 산업체가 그 대체역할 수행
  - 미쓰비시상사: 1918년 설립
- 1941년 태평양 전쟁 이후: 사업 분야 다각화
  - 상업활동 위축에 대응: 중공업 분야 투자 확대
  - 정부 명령사업 수행: 유통 및 운송 → 생산 활동

제2단계: 1946~1979년

- 미 군부의 점령 시기: 재벌 해체와 독점금지법 정책 추진
  - 다이켄산업 분할: (상사 부문) 이토추상사 + 마루베니
- 1947~1950년: 관리무역에서 자유무역으로 전환
  - 한국 전쟁: 미국의 대일 정책 변화(비군사화 → 경제부흥)
- 전후 종합상사 형성 (4가지 유형)
  ① 섬유계 상사의 사업 확대: 이토추상사 + 마루베니
  ② 철강계 상사의 사업 확대
  ③ 해산된 재벌계 상사의 재결합: 미쓰이물산 + 미쓰비시상사
  ④ 신규 진입에 의한 종합상사: 스미토모상사
- 고도성장기 (전후~오일쇼크): 사업 다각화 및 글로벌 진출
  - 트레이딩 분야 + 자원개발 + 플랜트 수출 + 서비스산업

제3단계: 1980~2015년

- 1980년대부터의 위기: 제조업체들이 직접 유통 지배
  - 대응 ① 미국 제품의 수입 확대 및 제3국 수출

- 대응 ② 해외 제조업 분야에 대한 지분 투자
- 대응 ③ IT 분야 진출 확대
- 대응 ④ 자금운용을 통한 신규 수익원 확보
- 대응 ⑤ 부동산 투자 확대(도시 개발, 골프장 개발 등)
· 1990년대 일본 경제 버블 붕괴와 종합상사의 대응
- 신흥국 대상 사업 투자 확대(인프라 투자 등)
- 에너지 개발 프로젝트 투자(천연가스, 원유 등)
- 국내 소매사업에 대한 투자 확대(편의점 등)
· 종합상사의 구조 변화(수익 구조): 트레이딩 → 사업 투자

· 비자원 부문에 대한 투자 확대
① 이토추상사: 2013년 'Brand New Deal' 발표, 투자계획의 비중을 비자원 부문 2:
자원 부문 1
② 미쓰비시상사: 2013년 '경영전략 2015' 발표, '자원:비자원=50:50'의 투자비중
목표 제시

징인 셈이기도 하다.

제1단계는 일본 정부가 주도해서 개방하던 시기에 직접 수출을
장려하기 위해 종합상사를 설립한 '설립 시기'다. 19세기 개방을 시
작하던 일본은 외국인 상사에 의한 무역이 아닌, 직접 주도하는 무
역을 꿈꿨다. 그 결과 설립된 것이 상사이며, 대표적 기업이 미쓰이
물산이다(1876년 설립). 그리고 제1차 세계대전 때 유럽으로부터의
일본 및 아시아 각국으로 수출이 중단되었는데, 이때 일본 기업들

이 그 역할을 대체하면서 첫 번째 성장이 가능했다. 이때 설립된 대표적 기업은 미쓰비시상사다(1918년 설립). 하지만 태평양전쟁을 계기로 일본의 상업활동이 위축되었는데, 이를 극복하기 위해 중공업 분야에 대한 투자를 확대했다. 또한 전쟁 과정에서 일본 정부의 명령사업을 수행했는데, 즉 유통 및 운송 분야에서 생산 분야로 활동 범위를 확장한 것이다.

제2단계는 전후 고도성장기의 수혜를 받았던 시기이자, 사업 다각화를 하고 글로벌 진출을 본격화한 시기다. 제2차 세계대전 이후에는 한국전쟁을 계기로 일본 종합상사가 성장할 수 있었다. 미국의 대(對)일본 정책이 한국전쟁 전에는 비군사화였으나, 한국전쟁을 계기로 경제부흥으로 전환되었기 때문이다. 이때 4가지 유형의 일본 종합상사들이 재등장했다(①섬유계 상사의 사업 확대: 이토추상사와 마루베니, ②철강계 상사의 사업 확대, ③해산된 재벌계 상사의 재결합: 미쓰이물산과 미쓰비시상사, ④신규 진입에 의한 종합상사: 스미토모상사). 이들은 1950~1970년대 초 고도성장기 때, 사업 다각화 및 글로벌 진출을 통해 두 번째 성장에 성공했다.

제3단계는 상사 위기론이 제기되고 그것에 대응함으로써 새로운 성장을 해나갔던 시기다. 1980년대에는 제조업체들이 직접 유통을 지배함으로써 상사 위기론이 부각되었으나, 일본 경제의 버블 효과와 더불어 신규 사업 확대(해외 제조업에 대한 지분 투자, IT 진출, 자금 운용, 부동산 투자 등)를 통해 위기를 극복할 수 있었다. 하지만 1990년대 일본 경제 버블 붕괴로 인해 또 한 번 위기에 직면했으며, 이를

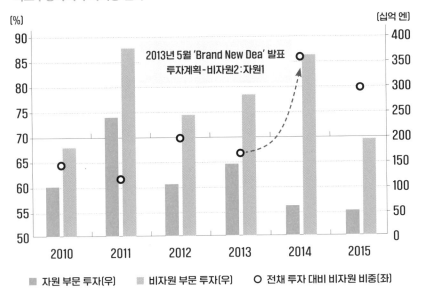

2013년 5월 'Brand New Deal' 발표
투자계획 - 비자원2:자원1

[%] (left axis): 50, 55, 60, 65, 70, 75, 80, 85, 90
[십억 엔] (right axis): 0, 50, 100, 150, 200, 250, 300, 350, 400

2010 2011 2012 2013 2014 2015

■ 자원 부문 투자(우)   ■ 비자원 부문 투자(우)   ○ 전채 투자 대비 비자원 비중(좌)

출처: 이토추상사

극복하기 위해 신흥국 사업 확대, 에너지 개발 등을 본격화했다.

제4단계는 2010년대 초중반부터 지금까지 진행 중이다. 금융위기 이후 원자재 가격이 하락하면서 종합상사 기업들의 이익이 둔화하기 시작했는데, 이러한 위기를 극복하기 위해 '비자원 부문'에 대한 투자를 강화하는 방향으로 사업구조 전환을 시도한다. 일본 종합상사 중에서도 이토추상사가 이러한 변화에 가장 적극적이었는데, Brand New Deal을 내세우면서 비자원 부문에 대한 투자를 강조했다. 2013년에 발표한 Brand New Deal에서는 비자원 부문과 자원 부문의 투자 비중을 2:1로 제시했는데, 이후의 투자를 보면 실제로 비자원 부문에 대한 투자를 늘린 것으로 확인된다.

이토추상사의 사업구조 전환은 2015~2016년에 큰 성과를 보인다. 중국 경기에 대한 우려가 확대되었던 2015년 하반기부터 원자재 가격이 급락했는데, 이때 다른 종합상사들의 수익은 급감했던 반면 비자원 부문에 대한 투자를 늘려왔던 이토추상사의 수익은 타사 대비 매우 양호한 성과를 보였기 때문이다. 이를 계기로 다른 종합상사들도 비자원 부문에 대한 투자를 더 본격화했다.

잠시 일본 종합상사의 사업부에 대해 살펴보자. 사업 다각화에 적극적이었던 이토추상사의 사례를 보면, 자원 부문에는 Metal&Minerals(금속 및 광물), Energy&Chemicals(정유화학) 등이 있는데 석유, 석탄, 철광석 등이 해당된다. 우리가 흔히 생각하는 종합상사의 사업이다.

비자원 부문에는 Textile(섬유), Machinery(기계), Food(음식료), General Product&Realty(일반제품 및 부동산) 등이 있다. 섬유 사업부는 직접 제조를 하는 것뿐만 아니라, 해외 유명 브랜드의 일본 내 라이선스 사업을 담당하기도 한다. 기계 사업부는 친환경 전력 생산, 선박, 우주항공 부품 등의 제조와 관련되어 있으며, 음식료 사업부는 농산물을 생산하는 농장에 대한 투자에서부터 유통망을 거쳐 소매판매까지 연결되어 있다. 쉽게 확인할 수 있는 사례는 패밀리마트(FamilyMart)인데, 이토추상사는 1990년대 후반에 패밀리마트를 인수해 현재까지 보유하고 있다. 그리고 일반제품 및 부동산 사업부는 부동산과 관련한 투자, 즉 인프라 투자 또는 상업용 부동산

• 이토추상사의 사업구조

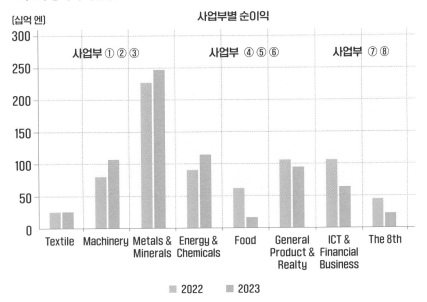

사업부별 순이익

[십억 엔]

사업부 ① ② ③　　　　사업부 ④ ⑤ ⑥　　　　사업부 ⑦ ⑧

■ 2022　　■ 2023

[사업부 ①: Textile]
· 이토추상사: 섬유계 상사에서부터 시작된 종합상사
· 의류 관련 밸류체인 (소재, 섬유, 제품) 구축 및 200개 이상의 브랜드 라이선스 보유
 - 언더아머의 일본 내 독점 공급자 'DOME' 인수 (2022년)

[사업부 ②: Machinery]
· Plant Project, Marine & Aerospace Division: 수자원 및 친환경 전력 생산, 화학
 플랜트, 선박제조, 항공
· Automobile, Construction Machinery & Industrial Machinery Division: 판
 매 및 사업개발
· Hitachi Construction Machinery 지분 26% 취득 예정

[사업부 ③: Metals & Minerals]
· 철광석, 석탄, 우라늄 및 희귀광물 등의 채굴 및 트레이딩
· 2021년부터 탄소중립을 위해 CCUS 등 사업도 영위

[사업부 ④: Energy & Chemicals]
- Energy: 원유, 석유제품, LPG/LNG, 천연가스, 수소 등의 트레이딩 및 개발
- Chemicals: 유기화학물 및 무기화학물, 제약 등
- Power & Environmental Solution: 차세대 전력 생산 비즈니스(태양광, 바이오매스, 에너지저장시스템)

[사업부 ⑤: Food]
- 밸류체인: 농산물 → 제품 가공 → 유통 → 리테일
- 리테일: FamilyMart(1998년 인수)

[사업부 ⑥: General Product & Realty]
- Forest Product, General Merchandise & Logistics: 목재, 천연고무, 타이어 + 물류
- Construction & Real Estate: 건설소재, 부동산 개발(물류시설, 상업시설, 오피스빌딩 등)

[사업부 ⑦: ICT & Financial Business]
- ICT: IT 관련 비즈니스 + 데이터 분석/활용 + 인터넷 서비스 + VC 투자
  - 저궤도 위성 및 미디어 사업
  - 제약 및 헬스케어 사업
- Financial Business
  - 대출 및 결제(1,600만 명의 신용카드 이용자 보유)
  - 자산관리 및 보험

[사업부 ⑧: The 8th]
- 다른 7개 사업부와의 협업(특히 소비재 섹터와)
  - 새로운 사업 발굴

출처: 저자 작성

투자 등이 포함된다.

다양한 사업부를 아주 간략히 정리했지만, 강조하고자 하는 점은 '매우 다양한 사업부'를 거느리고 있다는 것이다. 통상적으로 종합상사를 떠올렸을 때의 원자재 관련 기업보다는 훨씬 많은 사업을 영위하고 있다는 점에는 동의할 것이다.

그리고 앞으로 투자를 강화해나갈 분야를 본다면, 그린테크의 투자로 연결할 수 있다. 이번에는 일본 종합상사의 맏형인 미쓰비시상사를 보자. 미쓰비시상사는 중기적인 경영전략으로 다음 페이지의 그림을 제시했는데, 초록색으로 표시한 부분을 강조하는 것을 한눈에 알 수 있다. 그리고 그 핵심은 재생에너지, 배터리 원자재, 차세대 에너지(수소·바이오매스) 등이다.

미쓰이물산도 마찬가지다. 천연가스(LNG), 재생에너지, 배터리 원자재(리튬·니켈) 등에 대한 투자를 강화해나가는 것을 중장기적인 경영전략으로 제시했다.

일본 종합상사가 그린테크에 대한 투자를 향후 경영전략의 핵심으로 선정한 이유는 무엇일까? 3가지 이유가 있다. 첫 번째는 그린테크에 대한 수요가 증가하고 있는 것에 대응하기 위함이다. 특히 배터리 원자재처럼 해외 네트워크가 필요한 사업은 기존에 글로벌 네트워크를 가장 잘 구축하고 있는 기업인 종합상사가 하기에 좋다. 두 번째 이유는 원자재 가격의 변동성 때문일 것이다. 1980년대의 원자재 가격 급락, 2010년대의 원자재 가격 급락을 경험하면서 그 이후의 대응 전략에는 항상 '사업 다각화'가 있었다. 원자재 가격

• 미쓰비시상사의 FY2022~2024 투자 계획

구분	투자 규모	2024년 중기 경영전략의 주요 투자대상		
기존 사업 유지/확대	약 1조 엔	석탄	음식료	자동차
에너지 전환 관련	약 1.2조 엔	재생에너지		
		배터리 관련 광물 (보크사이트 등)		차세대 에너지 (수소, 암모니아, 바이오매스 등)
디지털 전환 관련 투자	약 0.8조 엔	디지털 인프라 공급망 최적화		도시 관리 도시 발전

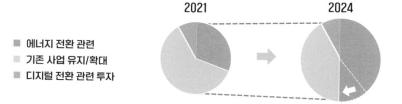

■ 에너지 전환 관련
■ 기존 사업 유지/확대
■ 디지털 전환 관련 투자

출처: 미쓰비시상사

이 상승한다면 다행이지만, 하락했을 때의 변동성을 낮출 필요가 있는 것이다. 세 번째 이유는 ESG 규제 때문일 것이다. ESG 규제로 인해 화석연료 사업 중심의 종합상사는 여러 제약이 늘어갈 것이다. 이를 극복하기 위해서는 화석연료 사업의 비중을 낮추고, 친환경 사업의 비중을 높여야 한다는 것은 당연한 이야기다.

그럼에도 불구하고 원자재 관련 기업으로서의 특징에 주목한다면 이 또한 중요한 투자 포인트가 될 수 있다. 사실 2020년에 워런 버핏이 일본 종합상사에 투자한 이유는 자원 부문에 있을 가능성

• 미쓰이물산의 경영전략

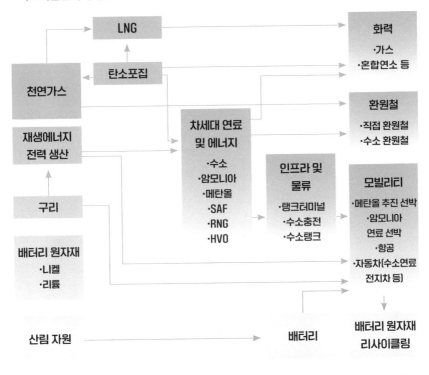

출처: 미쓰이물산

이 크다. 워런 버핏은 2020년에 셰일업체들에도 투자한 것으로 알려져 있는데, 코로나19로 인해 급락했던 원자재 가격이 재정정책과 통화정책의 유동성 효과로 인해 상승할 가능성을 봤기 때문이다. 실제 원자재 가격은 2020년부터 2021년, 2022년 내내 상승하면서 원자재 인플레이션을 보이기도 했다. 그리고 2023년에 일본 종합상사 지분을 추가 확대한 이유는 다시 한번 원자재 가격 상승 가능성을 봤기 때문일 수 있다.

ESG 규제가 강화되고 그린테크 도입의 중요성이 부각되고 있지만, 화석연료에 대한 수요가 빠르게 감소하긴 어렵다. 게다가 선진국들은 좀 더 빠르게 변화가 가능할지 몰라도, 자금 여유가 많지 않은 신흥국들은 그러한 변화가 훨씬 더딜 수밖에 없다. 실제로 미국과 일본 같은 선진국의 석탄 소비는 감소하고 있긴 하지만, 중국과 인도 같은 신흥국의 석탄 소비는 오히려 늘어나고 있다. 석탄 소비비중이 큰 중국, 인도 등의 신흥국이 화석연료 사용을 줄이지 않는다면 글로벌 전체의 수요는 계속될 것이다. 반면 화석연료에 대한투자는 훨씬 빠르게 감소할 수 있다. 투자를 결정하는 의사결정자의 선택에 달려 있는 문제기 때문이다. 신규 투자가 빠르게 감소하면서 공급 축소로 이어지고 있으며, 이는 원자재 가격이 쉽게 떨어지기 어려운 상황을 가리킨다.

이처럼 그린테크로의 전환이 화석연료의 가격을 상승시키는 역설적인 상황이 발생하고 있다. 그래서 2020~2022년에는 종합상사의 자원 부문 수익이 개선될 수 있었다. 2023년 하반기부터도 다시원자재 가격 상승에 의한 종합상사의 자원 부문 수익 개선을 기대할 수 있을 것이다.

일본 종합상사의 사례를 통해 알 수 있는 점은 종합상사가 그린테크 투자의 하나가 될 수 있다는 것이다. 그린테크를 미래 비즈니스의 핵심으로 선정했다는 점이 하나의 이유이고, 그린테크로의 전환 과정에서 나타나는 변화인 화석연료 가격의 상승이 또 하나의이유이기도 하다. 이러한 2가지 이유 덕분에 일본 종합상사는 지금

(1975년=100)

미쓰비시 상사 —— 미쓰이물산 —— 이토추상사 ---- 마루베니 --- 스미토모상사

출처: Bloomberg

사상 최고 수준의 주가를 기록하고 있다.

지금까지 일본 종합상사의 변화를 살펴봤는데, 한국 종합상사도 그러한 가능성이 있지 않을까? 다음으로는 한국 종합상사를 살펴보도록 하자. 한국 종합상사는 전통적으로 원자재 가격과 연동해서 움직인다는 특성이 있다. 포스코인터내셔널은 원유 가격과 매우 유사하게, LX인터내셔널은 석탄 가격과 매우 유사한 주가 흐름을 보인다. 실제 화석연료에 투자해서 매출이 발생하고 있기 때문에 나타나는 주가 흐름이지만, 투자자들이 원자재 관련 기업으로 인지하고 있는 배경이다.

• 원유 가격과 포스코인터내셔널 주가

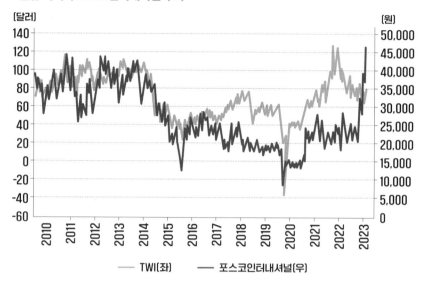

출처: Bloomberg

• 석탄 가격과 LX인터내셔널 주가

출처: Bloomberg

• **포스코인터내셔널의 경영전략**(New Vision 발표)(2023년 4월)

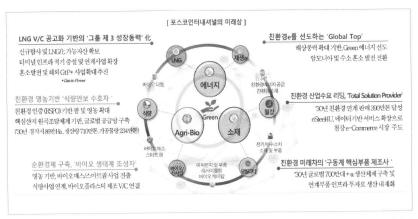

출처: 포스코인터내셔널

하지만 한국 종합상사도 변화에 나서고 있으며, 그 선두에 포스코인터내셔널이 있다. 포스코인터내셔널은 2023년 4월 'New Vision'을 발표하면서 사업 다각화 및 수직계열화를 변화의 방향성으로 제시했다. 사업 다각화 관점에서는 '에너지/소재/Agri-Bio' 등을 제시했으며, 수직계열화 관점에서는 LNG 분야를 최우선 과제로 제시했다.

LNG 분야의 수직계열화를 위해서는 2022년 말에 투자계획을 공시하면서 3년간(2023~2025년) 총 3조 8천억 원의 투자를 진행할 계획이다. 미얀마와 호주 세넥스의 가스전에 투자한 것을 바탕으로 천연가스 생산량을 증가시키고, 국내에는 LNG터미널을 늘려 국내외의 발전소에 천연가스를 공급하는 LNG Value Chain을 완성하겠다는 계획이다.

그리고 소재 사업에서는 광물자원과 구동모터코아 등의 신규 사업을 추진하고 있다. 광물자원은 포스코그룹이 투자를 확대하고 있는 분야로서, 이차전지 서플라이체인 내 광물자원에서부터 시작하는 Value Chain을 구축함으로써 수익성을 높이고 있다. 포스코홀딩스가 리튬, 니켈 등에 주도적으로 투자하고 있으며, 포스코인터내셔널은 흑연에 진출하고 있다. 향후 리튬과 니켈에 투자할 때 두 기업이 함께 투자하는 방향으로 전개될 가능성도 있다. 포스코인터내셔널은 2023년 5월에 호주계 광업회사 블랙록마이닝의 자회사인 탄자니아 FARU Graphite와 이차전지 배터리용 흑연 장기 공급

• LPG Value Chain 집중투자 계획(총 3.8조 원: 2023~2025년)

출처: 포스코인터내셔널

• 포스코인터내셔널의 구동모터코아 사업추진 현황

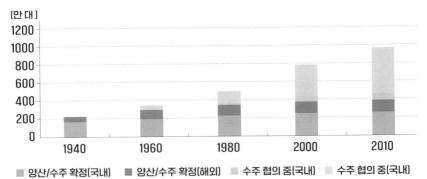

■ 양산/수주 확정(국내)　■ 양산/수주 확정(해외)　■ 수주 협의 중(국내)　■ 수주 협의 중(국내)

CAPA 확대 계획
① 국내: 천안 100만 대, 포항 100만 대 생산 체계 기구축 → 포항 외 생산 CAPA 확대 예정
② 멕시코: 205만 대 생산 CAPA 확보 → 2024년 1분기부터 제1공장 가동 예정
③ 중국: 100만 대 생산 CAPA 확보(총 654억 원 규모 투자) → 2023년 4분기부터 공장 가동 예정
④ 유럽/인디아: 120만 대/30만 대 생산 CAPA 확보 → (아직 수주 확정 아님) 수주 확정 즉시 생산 공장
  착공 예정

[구동모터코아 핵심부품 밸류체인 확대 계획]
① _____ : 기 확보된 밸류체인
② _____ : 향후 투자 검토 중인 분야
③ 샤프트, 감속기 기어 장기 공급계약 체결:
  - 북미 G사향 감속기용 부품 약 1조 원(2024~2032년)
  - 북미 G사향 구동모터 샤프트 약 1조 5천억 원(2024~2031년)
④ 구동모터 핵심 부품 내 밸류체인 확장 및 현지화 추진: 북미/멕시코 영구자석, 정밀제품(샤프트, 감
  속기 등) 투자

출처: 포스코인터내셔널

계약을 체결했으며, 이를 포스코퓨처엠에 공급할 수 있다.

구동모터코아도 주목해야 할 신사업이다. 포스코인터내셔널의 100% 자회사인 포스코모빌리티솔루션이 영위하고 있는 사업으로서, 아직은 영업손실을 기록 중이다. 하지만 이제 사업을 본격화하고 있는 단계이기 때문에 빠르면 2024년부터 흑자 전환을 기대할 수 있는 분야다. 구동모터코아에는 고순도의 철강이 필요한데, 포스코 그룹의 자회사라는 점에서 안정적으로 고순도 철강을 조달할 수 있는 이점이 있다. 이러한 장점을 바탕으로 구동모터코아 핵심 부품의 Value Chain도 확대할 계획을 갖고 있어 향후 포스코인터내셔널의 수익성 개선에 기여할 것으로 기대된다.

여러 가지 신사업을 추진하는 것이 포스코인터내셔널에 어떤 의미일까? 2가지로 요약하면, ①수익성 개선을 통해 ②밸류에이션 리레이팅이 가능할 것이기 때문이다.

포스코인터내셔널의 2023년 실적은 변화의 가능성을 보여줬다는 점에서 그 의미가 매우 크다. 포스코인터내셔널(과거에는 대우인터내셔널)의 분기 영업이익률은 2000~2022년의 23년 동안 3%를 넘은 적이 단 한 번도 없다. 과거 포스코인터내셔널의 주요 사업이자 여전히 비중이 큰 사업인 철강 트레이딩 사업의 영업이익률이 2%를 하회하기 때문이다. 그런데 2023년 1분기 영업이익률은 3.4%, 2023년 2분기 영업이익률은 4.0%였다. 20여 년 만에 처음으로 3%를 넘고, 심지어 4%에 도달한 영업이익률은 분명 달라지고 있는 종합상사의 모습을 보여주는 것이다.

• 포스코인터내셔널의 사업부별 영업이익률

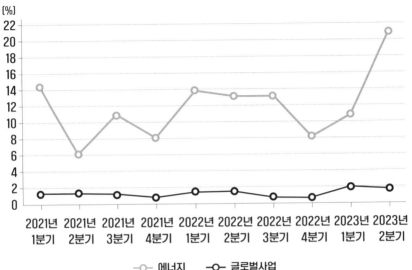

출처: 포스코인터내셔널

• 포스코인터내셔널의 밸류에이션 리레이팅

출처: 포스코인터내셔널

그리고 영업이익률이 이처럼 높아질 수 있는 배경은 에너지(LNG) 때문이다. 철강 트레이딩이 포함된 글로벌 사업의 영업이익률은 여전히 2% 수준에 그치지만, 천연가스가 포함된 에너지 사업의 영업이익률은 무려 20%다. 향후 천연가스 가격 흐름에 따라 일부 변동이 있을 수는 있겠지만, LNG Value Chain이 완성될수록 영업이익률이 추가로 개선될 여지도 있다.

그리고 아직까지는 영업적자인 구동모터코아도 이익률이 5%는 넘을 것으로 기대된다. 확정된 수주 현황과 협의 중인 수주까지, 2024~2025년부터 매출로 본격 반영되기 시작하면 포스코인터내셔널의 수익성은 추가로 개선될 수 있다. 단순 계산해도 2000~2022년까지의 영업이익률 평균은 1.7%였는데, 지금은 그 2배를 넘어서고 있는 것이다.

폐배터리 리사이클링,
일석삼조의 효과

2022~2023년은 주식투자자에게 대부분 힘든 시기였을 것이다. 특히 2022년 초 코스피지수가 크게 하락했으며, 그 후에도 박스권 흐름을 지속했다. 전반적으로 기대할 것이 없던 시장이었다. 하지만 어려운 시장 환경 속에서도 큰 폭의 상승세를 시현하며 투자자들의 관심을 모은 분야가 있었다. 로봇, AI 등을 생각하는 투자자들도 있겠으나, 또 하나 숨은 진주 같은 존재는 '폐배터리 리사이클링'이다. 그리고 필자가 그린테크 중 가장 주목하는 분야도 바로 폐배터리 리사이클링이다.

넓은 의미의 폐배터리 리사이클링은 우리가 일상생활에서 사용하는 건전지를 재활용하는 것에서부터 전기차 배터리를 재사용··

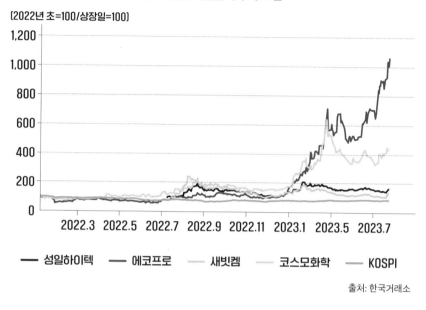

• 2022~2023년 폐배터리 리사이클링 기업들의 주가 흐름

[2022년 초=100/상장일=100]

━ 성일하이텍 ━ 에코프로 ━ 새빗켐 ━ 코스모화학 ━ KOSPI

출처: 한국거래소

재활용하는 것까지 모두 포괄한다. 좁은 의미로는 전기차 배터리를 재사용·재활용하는 것을 가리킨다. 폐배터리 리사이클링 시장은 급격하게 확대될 것으로 예상된다. 전기차의 보급이 확대됨에 따라 전기차에서 발생하게 될 폐배터리가 급증하게 될 것이며, 그 폐배터리에서 미국, EU, 한국 등에는 매장량이 극히 제한적인 광물자원(리튬·니켈 등)을 추출해서 재활용할 수 있기 때문이다. 좁은 의미로만 해석하더라도 시장 흐름을 이해하는 데 큰 무리는 없다.

그리고 좀 더 정확하게 표현하면, 폐배터리 재사용(Reuse)과 재활용(Recycle)으로 구분해야 한다. 재사용은 잔존 용량이 높은 폐배터리의 팩을 일부 개조하거나 기존 팩 그대로 수거해 해체 및 안전

테스트를 거친 후 다시 ESS 상품화를 통해 재사용하는 방식을 의미한다. 반면 재활용은 폐배터리를 셀 단위에서 분해해 전극소재, 특히 코발트, 리튬, 니켈 등 고가 소재를 추출해 재활용하는 방식을 의미한다.

재사용과 재활용에 대해 좀 더 자세히 살펴보자. 전기차 폐배터리가 입고되었다고 가정해보자. 이것을 세척한 후 외관 검사를 우선 진행하며, 배터리의 팩(Pack)을 분석한다. 분석이 끝나면 모듈을 분해한 후, 다시 한번 분석을 진행한다. 그 후 평가 과정을 통해 등급을 분류하고, 이를 출고해서 재사용하는 것이다.

배터리 팩 단위 그대로 재사용했을 때 비용 절감이 가능하다는 장점이 있는 반면 용량 확대 등 기술적 변화에는 제약이 있을 수밖에 없다. 배터리 팩을 모듈과 셀 단위로 분해해서 재조립하는 방법도 있다. 그러나 비용이 많이 들고 작업 과정이 까다로울 수 있다. 반면 고객의 요구에 좀 더 적절히 대응해서 제품화할 수 있는 장점이 있다. 재사용하는 배터리의 성능이 뛰어날 경우 산업용 ESS로 주로 활용되며, 성능이 다소 부족할 경우에는 가정용 ESS로 활용된다.

전기차 배터리의 재활용은 전처리와 후처리 공정을 거쳐 주요 광물들을 추출하는 것을 의미한다. 전처리 공정은 방전 및 물리적 해체를 의미하며, 이 과정에서 블랙파우더(Black Power: 중간원료)를 제조한다. 그 후 후처리 공정을 진행하는데, 금속(니켈·코발트·망간·리튬 등)을 추출하는 과정을 의미한다. 후처리 공정에는 건식제련과 습식제련의 방식이 있다. 건식제련은 고온의 열을 가하는 방식으로

• 전기차 폐배터리 'Reuse' 과정(ESS 등으로 재사용)

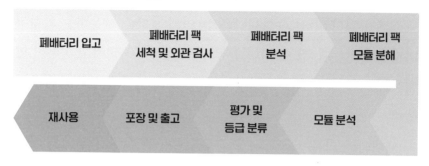

출처: 환경부

• 폐배터리 'Recycling' 공정도(원자재 추출)

구분	공정명	공정 세부 내용	최종 제품
전처리	폐전지 방전	폐리튬 1차전지 방전을 통한 폭발위험 제거	투입원료 LOC계: 40% NCM계: 50% NCA계: 10%
	폐전지 파쇄	폐전지를 분쇄기에 장입하여 파쇄	
	자성 및 비중선별	자석 및 무게로 외장캔, 분리막 및 음·양극 등 분류	
전처리	$CoSO_4$ 및 $MnSO_4$ 회수	황산(H_2SO_4) 용액으로 황산코발트($CoSO_4$) 및 황산망간($MnSO_4$) 회수	$CoSO_4$ 분말 $MnSO_4$ 분말
	Ni 회수	전해공정으로 니켈(Ni) 회수	Ni 금속
	Co, $LiPO_3$ 회수	각 용액으로부터 고체 상태의 고순도 Co, Ni 회수	Co 금속, $LiPO_3$ 분말

출처: KDB산업은행 미래전략연구소

공정이 단순하다는 장점이 있는 반면, 공정 중 유해가스가 배출될 리스크가 있다. 반면 습식제련은 산-연기 용액을 사용하는 화학적 과정을 거치는데, 건식제련과는 반대로 공정이 복잡하고 비용이 많이 소요되는 단점이 있는 반면 금속을 좀 더 효율적으로 회수할 수 있다.

폐배터리 리사이클링 시장이 주목을 받는 이유는 전기차 보급이 확대됨에 따라, 향후 필연적으로 폐배터리가 발생할 수밖에 없기 때문이다. 전기차 보급 속도가 빨라질수록, 폐배터리 리사이클링 시장도 동반 성장할 것이다. 2023년 기준으로 전기차 배터리 리사이클링 시장은 21억 달러(원화 기준 약 2조 5천억 원)에 불과하지만, 아직 전기차가 보급된 지 오래되지 않았기 때문에 시장 규모가 크지 않은 것이다. 전기차의 사용 연수(5~10년)가 도래함에 따라, 향후

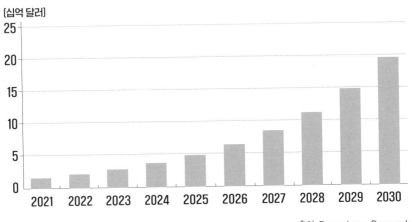

• 전기차 배터리 리사이클링 시장 규모

출처: Precedence Research

2020년대 중후반부터는 폐배터리 리사이클링 시장의 성장이 가팔라지는 것은 필연적인 결과다.

　게다가 전기차 보급 속도가 가팔라질 경우, 폐배터리 리사이클링 시장의 규모를 추정하는 전제조건이 달라진다. 따라서 리사이클링 시장도 더 빠른 성장세를 기대할 수 있을 것이다. 하지만 이 외에도 폐배터리 리사이클링을 중요하게 봐야 할 3가지 이유가 있다.

　먼저 전기차 배터리의 확산이 가져올 환경 리스크(폐배터리의 환경 파괴 가능성)에 대비하는 게 폐배터리 리사이클링이다. 전기차는 화석연료를 사용하지 않기 때문에, 기후변화 대응을 위한 변화의 상징처럼 여겨진다. 하지만 전기차도 완전한 형태의 기후변화 대응수단은 아니다. 전기차 배터리가 수명을 다하고 폐배터리가 될 경우, 거기서 배출되는 금속 물질들이 환경에 유해하기 때문이다. 사실 '전기'라는 점에 중점을 두면서 우리는 '전기차=기후변화 대응수단'을 당연하게 생각하고 있다. 하지만 전기차에도 아직 해결해야 할 과제가 남아 있다. 폐배터리 리사이클링은 전기차의 남은 과제(완전한 형태의 기후변화 대응수단이 되기 위한 과제)를 해결해줄 수 있는 기술이다.

　두 번째로 태양광, 풍력 등의 그린테크를 보완하는 기능도 있다. 태양광, 풍력 등의 그린테크는 점차 성장을 본격화할 것으로 예상되는 그린테크 기술이다. 그런데 이런 그린테크 기술에는 극복해야 할 과제가 있다. 생산한 전력을 어디에 저장할 것인가의 문제다. 화석연료처럼 원할 때 전력을 생산하고 전력을 보급할 수 있는 것과

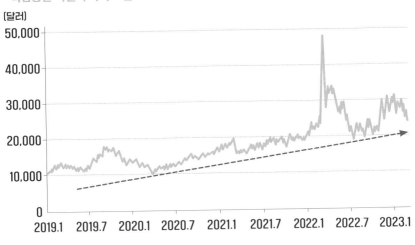

출처: Bloomberg

달리, 태양광이나 풍력은 전력을 생산하지 못할 기후환경이 있을 수 있다. 이런 때를 대비해 평소 생산하는 전력을 에너지저장시스템(ESS)에 축적해두어야 한다. 그렇다면 ESS는 어디서 구해올 것인가? ESS에 대한 수요도 계속 증가할 수 있는데, ESS 수요 증가에 대응하는 방안 중 하나가 바로 폐배터리 재사용이다.

세 번째로 자원민족주의의 확산과 그에 대응해야 할 주요국(미국, EU) 및 한국의 정책이 가리키는 분야로서의 중요성이다. 이런 배경으로 인해 한국 기업뿐만 아니라, 미국과 중국 등 세계 각국의 주요 기업이 폐배터리 리사이클링에 대한 투자를 확대하고 있다.

전기차의 보급이 확산되는 가운데, 전기차의 핵심 부품인 배터리, 배터리의 핵심 원자재인 니켈, 리튬 등 주요 광물에 대한 수요가 급증하고 있다. 하지만 공급 계획은 수요를 못 따라가고 있다. 급증하는 수요와 그에 못 미치는 공급은 곧 '가격 상승'을 의미한다. 리튬과 니켈 등 핵심광물들의 최근 가격이 고점 대비 큰 폭으로 하락한 것을 두고, '광물 가격의 급락'이라는 표현을 많이 사용한다. 물론 고점 대비 큰 폭으로 하락한 것은 맞지만, 상승 추세는 계속되고 있다. 고점보다는 많이 하락했지만, 과거보다 높은 가격의 광물들을 보며 '광물 가격의 급락'이라고 표현하는 것이 적절한지 모르겠다. 오히려 상승 추세가 지속되고 있다는 표현이 더 적합할 듯하다.

결과적으로 가격은 예전보다 높고, 수요는 계속해서 증가할 것으로 예상된다. 이런 상황에서 공급이 부족하다면 주요 광물들이 갖는 중요성이 더욱 부각될 것이다. 앞서 이야기했지만 리튬과 니켈 등의 매장량 대부분을 차지하는 국가들이 광물자원 민족주의 입장을 보이고 있다. 게다가 리튬을 대부분 생산하는 남미 국가(아르헨티나, 칠레, 볼리비아, 브라질)는 리튬협의체를 설립하는 것을 모색하고 있으며, 니켈 생산을 많이 하는 인도네시아는 OPEC과 유사한 니켈 기구를 설립하겠다고 한다.

만약 이런 협의체 또는 기구가 설립된다면, 핵심광물의 주요 공급자들이 갖는 협상력은 더욱 강화될 것이다. 반대로 이차전지 제조업체 입장에서는 원자재를 구매하기가 더욱 까다로워질 수 있다. 이런 우려 때문에 미국과 EU, 일본 등은 2023년 G7정상회의 공동 문서에 '주요물자 공급망 구축'이라는 내용을 명기했다. 주요 수요자로서 힘을 합쳐 자원 구매 시에 협상력을 더욱 강화하겠다는 목

구분		국가	광물자원 민족주의 내용
공급측	니켈	인도네시아	· 현재 시행 중인 정책: 니켈-원광 형태로의 수출 금지 · 향후 추진 계획: 보크사이트, 구리, 주석 등을 원광 형태로 수출하는 것 금지 · 니켈 기구 설립 의지 표명(니켈판 OPEC) 　- 인도네시아 투자부 장관의 성명 발표(2022년 11월) 　"OPEC과 같은 니켈 생산국들을 위한 특별기구 설립 준비에 공식 착수" 　"호주, 캐나다 정부와 만나 기구 설립에 함께 할 것을 제안" · 인도네시아 대통령의 호주 방문(2023년 7월, 호주 총리와의 정상회담) 　- 전기차 배터리 분야에서의 파트너십 체결 논의 　- 인도네시아는 니켈 생산 1위국, 호주는 리튬 생산 1위국
		필리핀	· 향후 추진계획: 니켈 광석 수출에 대해 최대 10% 수준의 관세 부과할 예정
공급측	리튬	중남미	· 중남미 및 카리브해 국가공동체(CELAC) 정상회의(2022년 7월) 　- 주요 의제: 리튬 협의기구 결성 · 아르헨티나, 칠레, 볼리비아 중심의 리튬판 OPEC 추진 중
		아르헨티나	· 라리오하주(리튬 매장량 풍부한 지역)(2023년 1월) 　- 리튬을 전략광물로 지정, 기업들의 채굴권 정지
		칠레	· 현재 시행 중인 정책: 리튬을 헌법상 전략자원으로 명시 · 향후 추진 계획: 국영 리튬 기업 설립
		볼리비아	· 2008년 리튬 국유화 · 2026년부터 리튬 배터리 수출에 나서겠다는 계획 　- 볼리비아 정부: 리튬 채굴뿐만 아니라 개발 및 상업 단계에도 관여할 계획 　- 중남미 3국(아르헨티나, 칠레, 볼리비아)이 OPEC처럼 리튬 가격을 설정할 수 있다는 점 강조
		멕시코	· 리튬 국유화: 대통령 성명(2023년 2월) · 리튬 생산 국유기업 '리티오멕스' 설립(2022년)

수요측	광물	G7 및 EU	· EU: 핵심 원자재법(CRMA)에서 '핵심원자재클럽' 창설 계획 제시 · G7 및 EU의 기후·에너지·환경장관 회의(2023년 4월) - [핵심광물의 안정적 확보를 위한 행동계획] 합의: 약 10조 원 재정지원 ① 핵심광물 광산 공동개발 ② 폐배터리 리사이클링 ③ 핵심광물 공급 중단에 대비한 대응 ④ 장기 수급 예측 정밀화 ⑤ 핵심광물 사용량 감축을 위한 기술개발

표다. 하지만 이것이 어느 정도 효과가 있을지는 불투명하다.

리튬, 니켈 등 핵심광물이 매장되어 있지 않은 국가들, 특히 EU와 한국은 어떻게 해야 할까? 2가지 방법이 있다. 광산에 투자하는 것이 허용된 국가에서 광물자원 개발에 투자하는 것과 폐배터리 리사이클링을 통해 주요 광물을 추출해서 다시 사용하는 것이다. 그리고 이런 방법들을 시행하기 위해 정부가 정책적으로 지원해주고, 그 정책을 기반으로 기업들이 투자를 확대해야 한다.

기업의 대응 전략 관점에서 참고해야 할 사례는 테슬라다. 테슬라는 2021년 장기 경영전략을 발표하면서 다음과 같이 배터리 리사이클링을 점차 확대할 계획이라고 밝혔다.

• 배터리 리사이클링을 점차 확대시켜나갈 계획

• 배터리 제조 관련 원자재를 구매하는 것보다 배터리 리사이클링을 하

배터리 제조 관련 원자재를 구매하는 것보다 리사이클링을 통해 원자재를 추출하는 것이 장기적으로 비용 절감에 중요한 영향을 미칠 것으로 기대한다고 밝혔다. 단기적으로는 폐배터리 리사이클링 공정에 투자해야 하는 비용이 발생할 수 있지만, 공정이 완성된 이후에는 광물자원 수출국들의 눈치를 보지 않아도 되는 장점이 있다. 그리고 안정적으로 원자재를 조달하며 국제 정치의 불확실성 속에 안정적으로 전기차 제조에 전념할 수 있게 된다.

한국 기업 현황

한국 기업들은 폐배터리 리사이클링에 어떤 입장일까? 기업들의 동향을 살펴보기에 앞서, 파트 3에서 다루지 않았던 정책들에 대해 좀 더 살펴보겠다. 이차전지 산업 혁신전략과 순환경제 활성화 방안을 제외한, 다른 정책에 대해 간략하게 알아보겠다. 그리고 이 정책들이 어떻게 기업들의 투자로 연결될 것인지 생각해보자.

2023년 2월 27일, 정부는 '핵심광물 확보전략'이라는 정책을 발표했다. 이 정책에서는 국내외 광물자원 개발을 위한 금융 및 세제 지원을 확대함으로써 기업들의 투자를 유도하려는 내용과 재자원화(폐배터리 리사이클링) 기반을 조성하기 위한 내용들이 포함되었다.

재자원화 기반을 조성하는 것은 금융 및 세제 지원은 물론, 핵심광물 정제련·소재 융복합 클러스터를 조성하는 것 등을 의미한다. 폐배터리 리사이클링 관점에서 '핵심광물 확보전략'이 많은 관심을 받았지만, 2023년 또는 2024년 중 발표 예정인 한국 정부의 폐배터리 리사이클링 분야 정책은 2개 더 있다.

첫 번째는 '재자원화 산업 활성화 로드맵'인데, 2023년 2월에 발표된 핵심광물 확보전략보다도 폐배터리 리사이클링 분야에 더 최적화된 정책이 될 것이다. 폐배터리 리사이클링 산업을 육성하기 위한 정책이 될 가능성이 높으며, 기업들의 투자를 유도하는 정책이 될 것이다.

그리고 두 번째는 '사용후 배터리 통합 관리 체계 구축방안'인데, 이 정책은 2022년 9월에 발표된 순환경제 활성화 방안을 통해 세부 정책 내용을 가늠할 수 있다.

가장 중요한 점은 전기차 배터리의 독자유통 기반을 마련해주는 것이다. 전기차를 등록할 때 배터리를 별도로 등록 및 관리하는 체계를 만든다. 이렇게 되면 전기차 배터리는 더 이상 전기차의 부속품이 아닌, 그 자체로서 하나의 제품이 된다. 그렇다면 배터리를 처음 만드는 단계에서부터 폐배터리가 되고, 그것을 리사이클링하는 과정까지 독자적인 유통 구조가 마련될 수 있을 것이다. '하나의 시장'이 형성되는 것이기 때문에 기업들의 투자를 더욱 가속화할 중대한 변화가 될 것이다.

이런 정부 정책을 기반으로 기업들은 폐배터리 리사이클링 분야

• 폐배터리 리사이클링에 대한 한국 정부의 정책

발표 시기	정책	내용
2022년 5월 10일	사용후 배터리로 만든 ESS를 풍력발전에 활용	사용후 배터리의 활용분야 다양화 · 재생에너지의 안정적인 계통 연계와 ESS의 경제성 확보를 위해 전기차 사용후 배터리를 적극 활용할 계획 · 전기차 사용후 배터리를 재사용해 ESS 생산한 후, 풍력발전 설비와 연계해 생산된 잉여전력을 저장하는 시스템 구축 · ESS 기술개발 및 실증을 통해 사용후 배터리 활용 분야를 다양화
2022년 6월 16일	국가기술표준원, 민간과 함께 전기차 사용후 배터리 재활용 표준화 착수	사용후 배터리 재활용 표준화 · '전기차 사용후 배터리 재활용 표준화 협의회' 발족 · 전기차 사용후 배터리 재활용 산업 동향 및 재활용 비율 규제 등에 대한 조사 및 표준화 대응방향 논의
2022년 9월 5일	규제 개선·지원을 통한 순환경제 활성화 방안 (플라스틱 열분해 및 사용후 배터리 산업을 중심으로)	전기차 배터리의 독자유통 기반 마련 · 전기차 배터리의 임대-재사용 활성화를 위해 배터리가 전기차와 별개로 독자 유통될 수 있는 기반 마련 · 전기차 등록 시 배터리를 별도로 등록·관리하는 체계 마련 배터리 전주기 이력 관리체계 구축 및 정보공유 방안 마련 · '제작-등록-운행·탈거-재사용·재활용' 등 전주기에 발생하는 이력정보를 축적하는 공공DB 구축 · DB에 축적된 정보 일부는 산업계·보험사 등에 공개 · DB에 축적된 정보 일부는 산업계·보험사 등에 공개 민간 중심으로 사용후 배터리 통합관리체계 구축 · 민간 중심으로 '통합 관리체계 구축방안' 마련(~2023년 상반기 목표) · 업계 중심의 '배터리 얼라이언스(가칭)' 출범(2022년 하반기 중) 사용후 배터리 관련 기술 R&D 지원) · 사용후 배터리 잔존가치·안전성 평가기술 - 배터리 안전진단 시스템 개발: 41억 원(2021~2024년) - 실주행 기반 데이터플랫폼 개발: 35억 원(2022~2024년)

발표시기	정책 (보도자료)	내용
2022년 10월 12일	사업 재편계획	산업부, 미래차·바이오·친환경 등 분야의 17개사 사업재편계획 승인 (정상기업의 선제적·자발적 사업재편을 지원하는 '사업재편제도' 운용 중) • 기존 사업: 해외에서 니켈, 코발트 등 원료를 수입해 이차전지용 전구체를 제조 • 사업재편: 폐배터리에서 원료를 재회수해서도 전구체를 생산하는 사업에 진출
2022년 11월 1일	이차전지 산업 혁신전략	핵심광물 확보를 위한 Korea Team 구성 ① 수입 다변화 • 정부가 순방, 고위급회담 등으로 기업의 장기 공급계약 체결을 지원(리튬·니켈 등 확보) • 향후 계획: 핵심광물 확보 방안 마련(2022년 말) ② 배터리 얼라이언스 • (공급망 분과) 산업부, 광업공단, 배터리 3사, 지질자원연구원, 포스코홀딩스·케미칼, 고려아연, LS MnM, 수출입은행, 무역보험공사 • (배터리 규범 분과) 전지협회, 배터리 3사, 완성차 업체, 재사용·재활용 전문기업, 보험개발원, 환경공단, 국가기술표준원, 교통안전공단
2022년 11월 18일	K-재자원화 얼라이언스	• 전기차, 이차전지 및 신재생 에너지(풍력) 산업 등 핵심광물이 필요한 첨단산업의 원료광물 확보의 지속가능성을 뒷받침하고 국내 재자원화 산업의 활성화를 촉진할 수 있는 구심점 마련 • 기관: 한국광해광업공단, 한국금속재자원화협회, 한국비철금속협회, 한국지질자원연구원, 한국생산기술연구원, 한국에너지기술평가원, 한국자원리싸이클링학회
2023년 2월 27일	핵심광물 확보전략	• 확보전략: ① 재자원화, ② 해외자원 확보, ③ 비축 확대

출처: 저자 작성

에 어떻게 투자하고, 진출할 계획일까? 먼저 폐배터리 리사이클링과 관련한 사업 모델을 어떻게 구상하고 있는지 살펴보자.

첫 번째는 완성차 업체, 현대자동차의 '배터리 선순환 체계'다. 2022년 지속가능 보고서를 통해 공개한 배터리 선순환 체계에 따르면 4가지 주요 과정이 있다. 현대글로비스가 주축이 되어 배터리 회수를 하는 것이다. 폐차장이나 딜러 등을 통해 폐배터리를 회수하고, 이를 운반하는 과정까지 책임진다. 현대모비스는 이 폐배터리를 재제조한다. 주로 노후 차량과 A/S용 배터리로 재제조하는 것이다. 그리고 현대자동차는 현대글로비스로부터 받은 폐배터리를 ESS를 구축하는 용도로 재사용한다. 마지막으로 재활용하는 과정을 통해 리튬, 니켈 등을 추출해 활용하겠다는 계획이다. 현대자동차의 폐배터리 재제조·재사용·재활용 과정이다.

한편 완성차 업체가 배터리 리스사업을 할 가능성도 고려해볼 수 있다. 폐배터리 리사이클링에서 가장 핵심이 되는 과정은 무엇일까? 필자는 폐배터리를 조달해오는 능력이 가장 중요하다고 생각한다. 폐배터리의 조달이 폐배터리 리사이클링의 시작이기 때문이다. 그런데 완성차 업체가 전기차를 판매할 때 배터리에 대해 리스 계약을 체결하게 된다면, 그 배터리는 사용을 다 한 후 다시 완성차 업체로 귀속될 것이다. 즉 폐배터리를 조달할 수 있는 방법으로서 리스사업이 부각될 수 있다.

이미 한국 정부에서는 배터리의 소유권을 자동차 소유주에게 귀속시키고 있다. 따라서 자동차 소유주가 배터리 리스계약에 동의하

• 현대자동차의 '배터리 선순환 체계'

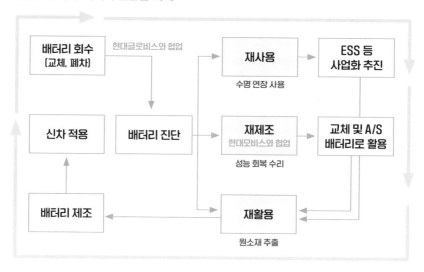

출처: 현대자동차, KB증권

• 현대차-현대글로비스-LG에너지솔루션-KST모빌리티 MOU

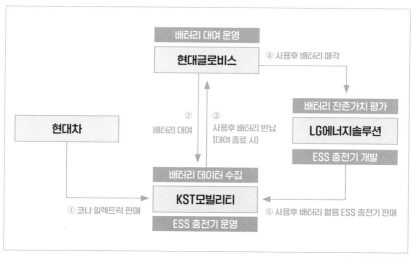

출처: 현대자동차

• 이차전지 셀 기업: 폐배터리 리사이클링 사업 추진 현황

	재활용 소재 조달		스크랩 제공		리사이클링 자체 진출		주요 기업과의 지분관계
LG에너지솔루션	• Li-Cycle로부터 Ni제발 공급 - 10년간 2만톤(2023년~) • 새볏켐 → 한국전구체 → LG화학	⬆	• Environment에 ESS용 스크랩 제공 • 에코프로씨엔지에 배터리 스크랩 2만 톤 공급 • Li-Cycle에 배터리스크랩 10년간 공급 • PLSC (성일하이텍, 롤란드에 폐스크랩 제공		• 2021년 2월, 현대차, 현대글로비스와 배터리 대여 후 폐배터리 재활용 모델 MOU - LGES는 사용후 배터리 → ESS충전기 판매 • 2022년 7월, 한유코발트와 리사이클링 합작법인 MOU 체결		• LGES: Li-Cycle 지분 2.6% 보유(LG화학과의 합계)
삼성SDI	• 포스코HY클린메탈 → 포스코 케미칼 • 코스모화학 → 코스모신소재 • 에코프로씨엔지, 성일하이텍 → 에코프로마더리얼즈, 에코프로이엠	⬆	• 성일하이텍		• 2022년 5월 리사이클 연구LAB 신설		• 삼성SDI: 성일하이텍 지분 8.79% 보유 • 삼성SDI: 피엠그로우 지분 5.3% 보유
SK이노베이션	• SK온 → Ascend Element → 에코프로 → SK온	⬆	• Ascend Element, 성일하이텍 등		• 2019년, 세계 최초 폐배터리 기반 수산화리튬 추출 기술 개발 • 2020년, 현대차와 전기차 배터리 산업 생태계 발전 위한 MOU • 2022년 12월, 성일하이텍과 합작사 MOU 체결 - 2024년 착공 후 2025년 가동 목표		—

출처: 저자 작성

• SK온의 BaaS(Battery as a Service) 서비스 사례

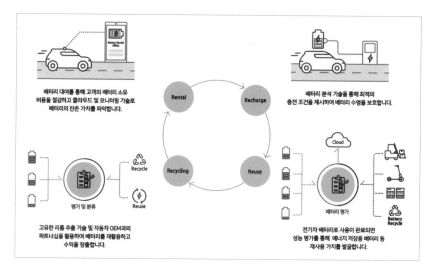

배터리 대여를 통해 고객의 배터리 소유
비용을 절감하고 클라우드 및 모니터링 기술로
배터리의 잔존 가치를 파악합니다.

Rental

Recharge

배터리 분석 기술을 통해 최적의
충전 조건을 제시하여 배터리 수명을 보호합니다.

Recycle

Reuse

Recycling

Reuse

평가 및 분류

고유한 리튬 추출 기술 및 자동차 OEM과의
파트너십을 활용하여 배터리를 재활용하고
수익을 창출합니다.

Cloud

배터리 평가

전기차 배터리로 사용이 완료되면
성능 평가를 통해 에너지 저장용 배터리 등
재사용 가치를 발굴합니다.

Battery Recycle

출처: SK온

기만 하면 된다. 게다가 '사용후 배터리 통합 관리체계 구축방안'까지 통과되어 제도적인 여건이 제공된다면, 완성차 업체의 배터리 리스사업은 더욱 본격화할 가능성이 높다.

두 번째는 전기차 시장의 또 다른 주요 참여자인 이차전지 업체들이다. 이들은 주로 렌터카 업체와 제휴하는 경우가 많고, 배터리의 전주기 관리와 관련한 서비스를 제공하려는 계획을 갖고 있다. 전기차 배터리의 수리·교환 등을 좀 더 접근하기 쉬운 방법을 통해 (예를 들어 전기차 충전소에서의 서비스 제공) 서비스를 제공함으로써 향후 폐배터리로 가는 과정까지 모두 관여하려는 계획이다.

이상으로 폐배터리 리사이클링과 관련한 사업 모델에 대해 현대

자동차와 SK온 사례를 중심으로 설명했다. 다음으로 봐야 할 내용은 폐배터리 리사이클링 분야에 대한 투자 동향이다.

폐배터리 리사이클링 투자 동향

폐배터리 리사이클링 기업에 지분투자를 함으로써 간접적으로 진출하는 소극적인 투자 방식(그 과정에서 투자한 기업으로부터 원자재를 공급받을 가능성), 폐배터리 리사이클링 기업을 인수함으로써 적극적으로 진출하는 투자 방식, 직접 폐배터리 리사이클링 사업을 영위하는 가장 적극적인 투자 방식 등으로 나눠볼 수 있다.

지분투자의 방식은 주로 대기업들에서 관찰된다. LG에너지솔루션은 현대차, 현대글로비스와의 MOU를 통해 사업모델을 구상하는 것과 동시에 Li-Cycle이라는 미국 폐배터리 리사이클링 기업에 지분투자도 단행한 바 있다(유상증자 참여를 통한 투자). 지분투자의 과정에서 향후 리사이클링을 통해 추출한 원자재(니켈)를 공급받는 계약도 체결했다.

이는 자원민족주의 흐름 속에서 폐배터리 리사이클링이 적절한 대응 전략이 될 수 있음을 보여줬다는 점에서 시사하는 바가 크다. 삼성SDI는 성일하이텍에 지분투자를 하고 있는데, 현재 성일하이텍의 주요주주다(지분율 8.79%). SK에코플랜트, 고려아연과 IS동서도 해외 기업에 대한 지분투자 및 기업인수를 통해 폐배터리 리사이클링 분야에 진출하고 있다.

통상 폐배터리 리사이클링 관련주로 분류되는 기업들은 직접 폐배터리 리사이클링 사업을 영위하는 기업들이다. 성일하이텍, 에코프로, 코스모화학, 새빗켐 등이 대표적으로 언급되는 기업들이다. 이들 기업은 확대되어가는 폐배터리 리사이클링 수요에 대응하기 위해 설비투자를 본격화하고 있으며, 국내 중심의 설비투자에서 점차 해외로의 진출도 가속화할 것으로 예상된다.

폐배터리 리사이클링 관련주 중에서 특히 주목해야 할 대상은 2가지 기준(최소 1가지 이상)을 충족하는 기업들이다. 첫 번째 기준은 해외 생산설비를 확충하는 기업들인데, 해외에 생산설비가 있는 경우 미국과 EU의 정책 수혜를 받을 수 있기 때문이다. 미국과 EU의 정책 수혜를 받으면서, 해외에 진출한 한국의 이차전지 기업들을 고객사로 확보할 수 있을 것이다.

두 번째 기준은 계열사 또는 지분관계에 있는 기업들을 안정적인 고객사로 확보할 수 있는 기업들이다. 폐배터리 리사이클링 산업이 각광을 받고 있는 만큼 점차 경쟁이 본격화할 것으로 예상된다. 이 경쟁 속에서 살아남기 위해서는 안정적인 고객사 확보가 가장 중요하다. 지분관계에 있는 기업이 고객사라면, 이런 걱정에서 자유로울 수 있을 것이다.

성일하이텍

폐배터리 및 스크랩 조달
- BMW, 아우디 등
- SK네트웍스 등
- 삼성SDI 등

성일하이텍
- 공정: 물리적 전처리 + 습식

고객사
- 삼성물산, 삼성SDI 등
- 에코프로EM 등

주요 기업과의 지분관계
- 삼성SDI: 성일하이텍 지분 8.79%
- 삼성물산: 성일하이텍 지분 4.86%
- 삼성벤처투자: 성일하이텍 지분 0.09%

에코프로씨엔지

폐배터리 및 스크랩 조달
- LG에너지솔루션
- 에코프로 BM/EM 등

에코프로씨엔지
- 공정: 물리적 전처리 + 습식

고객사
- 에코프로 계열사

주요 기업과의 지분관계
- 에코프로: 에코프로씨엔지 지분 47%

코스모화학

폐배터리 및 스크랩 조달

코스모화학
- 공정: 습식

고객사
- 코스모신소재
- 에코프로 BM/EM

주요 기업과의 지분관계
- 코스모엔켐파니: 코스모화학 지분 27.71%
- 허경수 (회장): 코스모화학 지분 2.34%
- 허경수 회장: GS그룹 일가

POSCO 홀딩스

폐배터리 및 스크랩 조달
- LGES 폴란드
- 포스코GS에코머티리얼즈

POSCO 홀딩스
- 공정: 물리적 전처리

고객사
- 포스코케미칼
- LG화학

주요 기업과의 지분관계
- 포스코HY클린메탈: 화유코발트 35%
- 포스코GS에코머티리얼즈: GS에너지 49% 확보 예정, PLSC: 성일하이텍이 운영

폐배터리 및 스크랩 조달

- 이그니오 홀딩스

↑

고려 아연

- 공정: 건습식 융합(예정)

↑

고객사

↑

주요 기업과의 지분관계

- 2022년: 고려아연-LG화학 자사주 맞교환
  - 고려아연: LG화학 지분 0.47% 보유
  - LG화학: 고려아연 지분 1.97% 보유
- 이그니오 홀딩스: 고려아연의 손자회사

폐배터리 및 스크랩 조달

- 인선모터스

↑

아이에스동서

- 공정: 물리적 전처리 + 습식

↑

고객사

- Energy Material Tech

↑

주요 기업과의 지분관계

- IS동서: Lithion 지분 5% 확보
- IS동서: 인선이엔티 지분 45% 보유

폐배터리 및 스크랩 조달

- LG화학
- 포스코케미칼
- 엘엔에프

↑

새빗켐

- 공정: 물리적 전처리 + 습식

↑

고객사

- Energy Material Tech
- 한국전구체화사
- JH케미칼

↑

주요 기업과의 지분관계

출처: 저자 작성

1. 포스코그룹

사실 포스코그룹은 폐배터리 리사이클링 기업보다는 광물자원 전반을 아우르는 기업으로 보는 것이 맞다. 리튬과 니켈 등 광물자원에 대해 직접 투자를 했으며, PLSC와 포스코HY클린메탈, 포스코GS 에코머티리얼즈를 통해 폐배터리 리사이클링 사업도 영위하고 있다. 게다가 성일하이텍의 폴란드 리사이클링파크에 투자하기도 했다(성일하이텍이 운영을 전반적으로 담당).

포스코그룹의 최대 장점은 수직계열화에 있다. 특히 광물자원 민족주의가 태동하고 있는 상황에서 광물자원(리튬·니켈·흑연 등)을 직접 보유하고 있는데, 아르헨티나, 뉴칼레도니아, 호주, 인도네시아 등 지역별 포트폴리오도 다양하게 갖추고 있다. 그리고 이것을 음극재와 양극재 사업으로 연결시킬 수 있으며, 이차전지 소재를 생산하는 과정에서 발생하는 스크랩을 폐배터리 리사이클링을 연결할 수 있는 구조다. 이차전지 산업 내에서 광물자원에서부터 시작하는 수직계열화는 포스코그룹이 단연 최고라고 할 수 있겠다.

2023년 상반기에 주식시장에서 이미 큰 관심을 받았기 때문에 현재 수준에서 큰 폭의 시세를 기대하긴 어렵다. 하지만 글로벌 전체로 보더라도 포스코그룹만큼 이차전지 내에서 수직계열화가 잘된 기업은 찾기 어렵다. 그리고 포스코그룹에 대해서는 여전히 '철강 기업'이라는 꼬리표가 따라붙고 있다. 그러한 꼬리표가 따라 붙고 있는 한, 포스코그룹의 적정 가치는 재평가될 수 있는 여력이 남아 있다는 것을 의미한다.

2. 성일하이텍

성일하이텍은 2000년에 설립된 회사다. 2000년대부터 리사이클링 사업을 지속하고 있으며 2014년부터 글로벌 리사이클링파크 설립을 본격화했다. 국내는 물론 미국과 유럽, 그리고 아시아 지역(말레이시아·중국·인도 등)에도 생산설비를 갖춘 '글로벌 폐배터리 리사이클링 기업'으로 성장하고 있다. 제품별 매출 비중도 특정 광물에 편중되지 않는데, 2021년 기준으로 코발트 49%, 니켈 39%, 리튬 6%, 구리 4%, 망간 1% 등의 포트폴리오를 구축하고 있다.

성일하이텍은 2가지 조건(①해외 생산설비 확충, ②고객사가 계열사 또는 지분관계에 있는 회사인 경우)을 모두 만족하는 기업이다. 국내 폐배터리 리사이클링 기업 중에서는 가장 선제적으로 해외에 진출한 기업이며, 추가적인 생산설비 확충 계획도 이미 공개한 상태다. 미국의 인플레이션감축법과 EU의 핵심원자재법은 결국 역내에 생산설비를 갖춘 경우에 정책적인 지원을 해줄 가능성이 높기 때문에, 미국과 EU의 정책에서 모두 수혜를 받을 수 있는 기업이다.

게다가 이차전지 기업인 삼성SDI가 성일하이텍의 3대 주주라는 점도 향후 고객사 확보 관점에서 긍정적이다(삼성SDI의 성일하이텍 지분율 8.79%). 경쟁 본격화에 따른 고객사 확보의 문제를 아직 걱정할 시기는 아니다. 그러나 폐배터리 리사이클링 산업의 경쟁이 더욱 치열해질 경우 장기적으로 고려할 수 있는 점이 되겠다.

3. 코스모화학

코모스화학은 이산화티타늄과 황산코발트 제조 판매를 주력으로 하는 회사다. 그런데 2021년 8월 폐배터리 리사이클링 사업투자 결정을 내리면서 폐배터리 리사이클링 관련주로 관심을 받고 있다. 약 460억 원을 투자해 폐배터리 리사이클링 공장을 건설 중이다. 1차 공장은 이미 완공되었으며, 니켈, 코발트, 리튬 등을 추출할 수 있는 설비를 갖추게 되었다(니켈 2,000t/y, 코발트 800t/y, 리튬 1,000t/y). 그리고 추가로 증설하고 있는데, 증설을 통해 니켈 추출을 확대할 것으로 예상된다(니켈 2,000t/y).

코스모화학은 이차전지 소재(양극재) 기업인 코스모신소재의 지분 27.14%를 보유하고 있으며, 코스모그룹의 계열사다. 성일하이텍, 에코프로 등과 마찬가지로 경쟁 본격화에 따른 고객사 확보의 문제를 아직 걱정할 시기는 아니다. 그러나 폐배터리 리사이클링 산업의 경쟁이 더욱 치열해질 경우 장기적으로 계열사라는 수요가 확보되어 있다는 점에서 긍정적이다.

• 백색안료로서, 플라스틱·도료·고무·제지 등 실생활에 적용되는 무기화합물이다.

그린테크 ETF를
선택하는 방법

    개별 종목에 직접 투자하는 것보다 ETF 투자를 선호하는 투자자도 있을 것이다. 이런 투자자들을 위해 그린테크 ETF를 소개하고, 그린테크 ETF를 선택하는 방법을 설명하고자 한다.

    2023년 3월 기준, 국내 시장에 상장된 국내 그린테크 ETF 중 시가총액이 100억 원이 넘는 것은 총 15개다. 그중 시가총액 상위 ETF의 대부분은 이차전지 관련 ETF이며(TIGER 이차전지테마, KODEX 이차전지산업, TIGER 글로벌리튬&이차전지SOLACTIVE, TIGER KRX이차전지K-뉴딜, KBSTAR 이차전지액티브 등), 이차전지 외의 그린테크 ETF 중에서 시가총액 1천억 원이 넘는 것은 KBSTAR Fn수소경제테마가 유일하다. 그리고 그 뒤를 이어 KODEX K-신재생 에너지액티브,

• 국내 시장에 상장된 그린테크 ETF (2023년 3월 기준)

ETF	시가총액(십억 원)
TIGER 이차전지테마	1,096
KODEX 이차전지산업	975
TIGER 글로벌리튬&이차전지 SOLACTIVE	502
TIGER KRX이차전지K-뉴딜	432
KBSTAR Fn수소경제테마	261
KBSTAR 이차전지액티브	83
KODEX K-신재생에너지액티브	58
HANARO Fn전기&수소차	31
KODEX KRX기후변화솔루션	29
TIGER 탄소효율그린뉴딜	28
TIGER KRX기후변화솔루션	27
TIGER Fn신재생 에너지	26
KOKDEX 탄소효율그린뉴딜	25
ACE 친환경자동차밸류체인액티브	16
TIMEFOLIO 탄소중립액티브	13

출처: 한국거래소

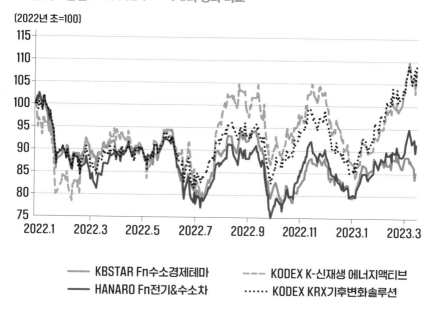

• 그린테크 관련 ETF(이차전지 ETF 제외)의 성과 비교

(2022년 초=100)

— KBSTAR Fn수소경제테마
— HANARO Fn전기&수소차
- - - KODEX K-신재생 에너지액티브
······ KODEX KRX기후변화솔루션

출처: 한국거래소

HANARO Fn전기&수소차, KODEX KRX 기후변화솔루션 등이 있다.

이차전지의 경우 이미 산업이 상당히 커졌기 때문에, 이차전지 중심으로 투자하는 ETF도 다수 존재한다. 따라서 이차전지에 선별적으로 투자하고 싶은 투자자들이라면 ETF 선정에 큰 어려움이 없을 것이다. 하지만 나머지 ETF는 그 이름만 보고 선택하기에는 망설여진다. 단순히 "신재생 또는 기후변화대응 기업들에 투자하겠다."라고 결심하고 앞서 언급한 ETF 중 하나에 투자하는 경우 생각과 다른 결과를 얻을 수도 있다. 그 이유는 투자자들이 생각하는 그린테크ETF의 구성종목과 실제 구성종목에 괴리가 있을 수 있기 때문이다.

예를 들어 KBSTAR Fn수소경제테마, KODEX K-신재생 에너지 액티브, HANARO Fn전기&수소차, KODEX KRX 기후변화솔루션 등 4개의 ETF를 비교해보겠다. 일단 ETF 이름에 '수소'가 포함된 ETF 2개를 비교해보면, KBSTAR Fn수소경제테마 ETF에는 현대차, 현대모비스, 현대제철, 한온시스템이 비중 1~4위를 차지한다. 반면 HANARO Fn전기&수소차 ETF는 현대차와 현대모비스가 비중 2~3위를 차지하고 있긴 하지만, 1위는 에코프로비엠, 4위는 SK이노베이션, 5위는 포스코케미칼 등이다.

현대차 계열사가 수소 사업을 강조하고 있긴 하지만, 아직까지 전체 매출에서 수소 관련 사업이 차지하는 비중이 미미하다. 따라서 현대차 계열사의 주가는 수소 사업이 아닌 기존 사업현황에 따라 움직일 수 있다. 이런 ETF 운영전략에 대해 맞는 것인지 틀린 것인지를 평가하는 것은 중요치 않다. 현대차 계열사가 수소 사업에 적극적인 입장이라는 것은 사실이기 때문이다. 또한 ETF의 성과로 보더라도 큰 차이가 없다. 따라서 이런 운영전략 차이가 있다는 점을 인지한 후 ETF를 선택하는 게 중요하다

KBSTAR Fn수소경제테마 ETF와 HANARO Fn전기&수소차 ETF는 '수소'라는 이름이 명시되어 있기 때문에 좀 더 직관적으로 어떤 ETF인지 이해가 가능했을 것이다. 그런데 KODEX K-신재생 에너지액티브ETF와 KODEX KRX기후변화솔루션 ETF는 어떤 분

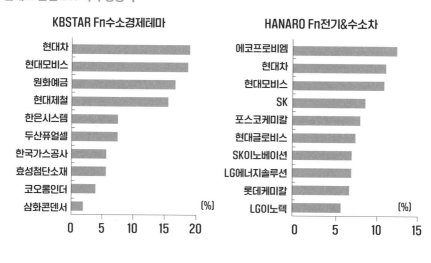

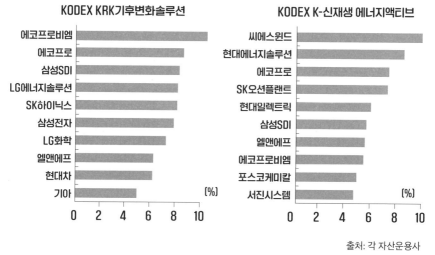

출처: 각 자산운용사

야를 가리키는지 판단하기 어렵다. 먼저 KODEX KRX기후변화솔
루션 ETF는 이차전지 기업들이 비중 1~4위, 그리고 7~8위를 차지
하고 있다. 사실상 이차전지 ETF로 볼 수도 있는 것이다. 다만 특이

한 점은 SK하이닉스와 삼성전자가 비중 5~6위를 차지하고 있으며, 현대차와 기아가 9~10위를 차지하고 있다. 한편 KODEX K-신재생 에너지액티브 ETF는 투자자들이 생각하는 그린테크 ETF 성격에 가장 가까울 것이다. 씨에스윈드(풍력), 현대에너지솔루션(태양광), 에코프로(이차전지) 등 그린테크 전반의 기업들이 고르게 포함되어 있기 때문이다. 이런 종목 차이로 인해 2022년 8월경(미국 인플레이션감축법이 통과되던 때), 그린테크 전반의 기업들이 고르게 포함된 KODEX K-신재생 에너지액티브 ETF의 성과가 더 좋았다.

몇 가지 사례를 통해 간략하게 살펴봤듯이, ETF로 투자할 때는 단순히 ETF 이름만 보고 선택해서는 안 된다. 투자자 본인이 그린테크 내에서도 특히 어떤 산업을 더 선호하는지 먼저 생각해보고, ETF의 구성종목을 확인해야 한다. 본인이 생각한 방향과 일치하는 ETF를 선택하는 것이 중요하다. ETF 이름만 보고 대충 선택했다가 생각한 결과가 나타나지 않아 당황하는 일이 없었으면 한다.

그린테크,
과연 실현 가능할까?

주식투자에서 가장 중요한 것은 '기준을 세우는 것'이다. 이 책은 주식투자 기준, 특히 그린테크 분야 주식투자 기준을 소개하는 목적으로 작성되었다.

첫 번째 기준은 확실한 방향성을 제시하는 것이다. 그린테크에 투자한다는 것은 친환경으로의 전환에 투자하는 것과 같은 의미다. 그런데 친환경으로의 전환이 정말 가능하다고 믿는가? 탄소 배출 제로 사회를 실제로 구현할 수 있을지에 대한 생각은 분명 다를 것이다. 누군가는 100% 가능하다고 믿을 수도 있고, 또 다른 누군가는 실패할 것이라고 생각할 수도 있다. 나 또한 탄소 배출 제로 사회를 구현하는 것이 무조건 달성 가능한 목표라고 단정하지 않는다.

상당수의 인류가 염원하는 목표이긴 하지만, 인류 전체의 목표는 아니기 때문이다.

누군가는 탄소 배출 제로에 신경 쓰지 않고 지금 당장 본인의 세대가 편하게 살기를 바랄 수도 있다. 또한 목표 시점으로 제시되는 시기(2050년 또는 2060년)도 그 자체로서 실현하기 어려운 목표라는 점을 보여준다. 앞으로 30년, 40년 후에 달성하겠다는 목표는 언제든 미뤄질 수 있기 때문이다.

탄소 배출 제로 사회의 달성 여부가 불확실한 미래지만, 이런 불확실한 미래로 가는 과정에서 확실한 방향성은 있다. 바로 탄소 배출 제로 사회를 달성하기 위한 인류의 노력은 계속될 것이라는 점이다. 선한 의도가 되었든 정치·경제적인 이유가 되었든 탄소 배출 제로 사회를 달성하기 위한 노력은 계속될 것이다. 그리고 이 노력이 의미하는 바는 바로 '그린테크에 대한 투자'다.

두 번째 기준은 확실한 방향성 아래에서 나타나는 역설적인 기회를 포착하는 것이다. 즉 친환경으로의 전환이 쉽게 이뤄지지 않을 가능성에서도 기회를 찾는 것이다. 모든 일이 의도한 대로 진행되면 얼마나 좋을까? 하지만 의도하지 않았던 결과가 나타나는 것이 바로 우리의 삶이다. 그린테크에 대한 투자도 마찬가지다. 친환경으로의 전환을 위해 화석연료에 대한 투자를 제한하는 규제가 역설적으로 화석연료의 가격을 높일 수 있다. 수요가 감소하는 속도보다 공급이 감소하는 속도가 더 빠르기 때문에 나타나는 현상이다. 환경론의 관점에서는 적합한 주장이 아닐지 모르지만, 투자의 관점에서는 충분히 고려해봐야 할 가능성이다. 적절한 투자일지 아닐지에 대한 선택은 투자자들의 몫이다.

세 번째 기준은 그린테크 주식들의 흐름을 무엇이 결정하는지와 관련된 것이다. 이 책에서 주로 다룬 내용이다. 그린테크 분야에 대한 주식투자를 인류의 친환경 전환 노력 때문에만 해야 한다고 결론 내리는 것은 매우 위험한 생각이다. 이것은 그린테크에 대한 투자뿐만 아니라, 다른 주식투자에도 적용해야 하는 점이다. 따라서 어떤 변화가 생겼을 때, 즉 어떤 새로운 정보가 등장했을 때 그린테크 주식들이 강세를 보일 것인지에 대한 기준을 세울 필요가 있다. 이 책에서 제시하는 것은 3가지다.

첫 번째는 '친환경으로의 구조적 전환'에 대한 공감대가 급격히 증가하는 변화가 발생했을 때다. 러시아-우크라이나 전쟁처럼 예상치 못했던 사건이 발생함으로써 새로운 변화가 나타날 때(공급망 재편을 위한 투자가 확대될 할 때)가 대표적인 예다. 또 어떤 변화가 새롭게 나타날 수 있을지는 모르지만, 새로운 변화로 인한 구조적 전환의 필요성에 대해 항상 고민해야 한다.

두 번째는 '구조적 전환을 위한 정부와 기업의 투자'다. 이는 비교적 명확하게 확인할 수 있다. 미국이나 EU와 같은 주요국 정부와 한국 정부가 발표하는 정책 동향을 주시하는 노력이 필요하다. 친환경으로의 전환을 위한 정책 지원이 얼마나 담겨 있는지, 화석연료에 대한 규제가 어느 정도인지(이는 반대로 그린테크를 선택해야 하는 배경이 되기 때문)를 확인하는 것이다. 그리고 기업들이 정부 정책에 얼마나 동참해서 실제 투자를 하는지도 중요하다. 결국 친환경으로의 구조적 전환을 완성시키는 주체는 기업이기 때문이다. 하지만 정책 동향과 기업들의 투자 결정에 대한 동향만 주시하게 되면, 뉴스 흐름에 휘둘리기 쉽다. 더 중요한 것은 넘쳐나는 뉴스 속에서 흐름을 꿰뚫는 것이다.

세 번째는 경제, 채권에 대한 내용이다. 이 책에서는 파트 1에서 아주 짧게만 설명했다. 그러나 금리는 결코 간과할 수 없는 변수다. 그린테크는 특히 구조적 전환이라는 거대한 변화, 정부 정책이나 기업들의 투자 등이 중요한 분야이긴 하다. 하지만 전체 경제 상황을 완전히 배제하고 볼 수는 없다. 전체 경제 상황의 관점에서 보는 것이 금리 흐름을 주시하는 것이다.

이처럼 3가지를 근거로 그린테크 주식의 동향을 보게 되면, 그린테크 주식의 강세와 약세 흐름에 대해 좀 더 명확하게 이해할 수 있을 것이다. 그린테크 시장이 커질 것이라는 막연한 기대감으로 투자하는 것이 아니라 본인의 투자 성향(단기 투자 성향인지, 중장기 투자 성향인지 등)에 맞게 투자할 수 있게 될 것이다.

장기 투자와 단기 투자

그린테크는 성장 산업이다. 그런데 투자자들이 흔히 생각하는 성장 산업과는 그 성격이 다르다. 투자자들이 일반적으로 생각하는 성장주는 바이오, 게임, 콘텐츠, 플랫폼 등의 산업이다. 이런 산업들의 특징은 소비자들의 수요가 성장의 제1조건이라는 점이다. 해당 산업을 지원해주는 정책적인 환경도 중요한 변수다. 그러나 소비자들의 수요가 증가하는지 여부가 해당 산업의 성장 여부를 판단하는 가장 중요한 조건인 것이다.

그런데 그린테크는 성장 산업이지만 수요보다 중요한 것은 수요를 창출하기 위한 정부의 정책과 그 정책에 부합하려는 기업의 의지다. 화석연료보다 아직은 에너지 효율이 낮은 그린테크에 대한 수요를 창출하기 위한 정부의 지원이 필요하며, 정부의 지원을 받으려는 의지와 정부의 지원을 바탕으로 그린테크의 에너지 효율을 높이려는 기업의 의지도 중요하다. 물론 파트 1에서 서술했듯이 정부와 기업이 그린테크에 투자하도록 만드는 가장 근본적인 힘에 해당하는 개인들의 수요는 중요하다. 그러나 우리가 좀 더 직관적으로 확인할 수 있는 것은 수요를 창출하기 위한 의지다. 따라서 '성장주 vs. 가치주'로 분류하는 주식시장에서의 접근법에서 좀 더 나아가 자연적인 수요 증가가 중요한 것인지, 아니면 인위적인 수요 창출이 중요한 것인지 생각해봐야 한다. 그린테크는 인위적인 수요 창출이 중요하기 때문에, 특히 정부 정책이 중요한 것이다.

정부 정책이 중요하다는 것은 단기 투자와 중기 투자, 장기 투자에 있어 전술적인 대응이 필요하다는 것을 의미한다. 정부의 성격에 따라 친환경으로의 전환에 대해 의지가 다를 수 있고, 또 친환경으로의 전환에 대한 방법론에서도 차이가 있을 수 있기 때문이다.

가장 대표적인 것이 미국의 사례다. 바이든 행정부(친환경으로의 전환에 매우 적극적)와 트럼프 행정부(그린테크 산업에 부정적이며, 화석연료 사용을 지원함)의 차이로 이해할 수 있다. 단기적으로 봤을 때 2023년 현재 민주당 출신의 조 바이든 대통령이 미국 행정부를 장악하고 있기 때문에 그린테크에 적극적인 정책 지원이 가능하다. 하지만 2024년 미국 대선에서 공화당이 승리하게 된다면 그린테크에 대한 투자 전략에 수정이 필요할지 모른다. 중기적인 관점에서의 전술적인 대응이 필요한 것이다.

하지만 장기적으로는 그린테크에 관심을 계속해서 높여가야 할 것이다. 오히려 정권 교체로 인해 친환경 정책이 소극적이라면, 다음 정권에서 뒤처진 그린테크 기술을 따라잡기 위해 다시 투자를 늘릴 가능성이 높다. 결국 친환경으로의 구조적 전환이 필연적이라면, 중기적으로는 속도의 차이가 발생할 수 있지만 장기적으로는 탄소 배출 제로 사회를 향하는 추세적 흐름은 계속될 것이다.

다행히 유럽과 다른 국가는 친환경 전환에 대한 사회적 합의가 이루어진 것 같다. 미국에서는 진보와 보수 성향 유권자들의 기후 변화에 대한 견해 차이가 가장 크다. 반면 이스라엘에서는 보수와 진보 양쪽이 기후 변화에 중립적인 입장을 취하고 있다. 나머지 대부분 국가에서는 진보와 보수의 성향 차이에 상관없이 기후변화 대응을 지지하는 입장이다. 이는 곧 친환경으로의 구조적 전환을 위한 정책 추진에 후퇴가 없을 것이라는 점을 보여준다. 또한 다행인 점은 한국의 유권자들도 진보와 보수 성향에 상관없이 기후변화에 대해 지지하는 경향이 강하다는 점이다.

또 하나 고려해야 할 점은 정부의 성격에 따라 친환경으로의 전환에 대한 방법론이 다를 수 있다는 것이다. 이는 그린테크 전체에 대한 방향성을 바꾸는 것은 아니지만, 그린테크 내 세부 분야(태양광·풍력·수소·원전 등)에 대한 전술적인 대응이 필요하다는 것을 의미한다.

정부 성격에 따라 입장이 극명하게 나뉘는 대표적인 분야는 원전이다. 원전 위험성을 중요시하는 정부는 친환경 정책 중 원전 관련 정책을 줄일 수 있다는 것이다. 반면 원전 효율성을 강조하는 정부는 친환경 정책 중 원전 관련 정책을 더 강화할 수 있다. 하지만 너무 걱정할 필요는 없어 보인다. 러시아-우크라이나 전쟁을 계기로, 원전을 선택했던 프랑스 정부의 정책 방향에 대한 공감대가 높아졌기 때문이다. 원전 위험성은 심각한 문제일 수 있지만, 안전에 더 신경 쓰면서 원전 보급을 늘리는 방향으로 정책이 진행될 수 있다.

또한 현재 정부가 그린테크 내 어떤 분야를 더 선호하는지 확인하는 것도 중요하다. 파트 3과 파트 4에서 확인했듯이, 한국 정부가 지금까지 관심을 많이 기울였던 분야는 이차전지, 광물자원 확보(폐배터리 리사이클링) 등이었다. 이러한 분야는 계속해서 관심을 가져야 할 분야다. 그리고 앞으로 관심을 늘릴 것으로 예상되는 분야는 원전, 풍력 등이다. 이차전지의 세부 분야로 볼 수 있는 EV충전시스템과 ESS 등도 해당한다.

몇몇 분야를 대표적인 예로 들었지만, 각 정부가 중점을 두는 그린테크 세부 분야는 항상 바뀔 것이다. 따라서 정부의 정책 방향과 관심 분야를 이해하고 세부 분야의 특징을 파악하면, 그린테크 분야에서 더 효과적인 투자 전략을 구축할 수 있을 것이다. 이 책이 이러한 투자 전략 수립에 도움이 되었으면 하는 바람이다.

그린테크 트랜지션

초판 1쇄 발행 2023년 10월 5일

지은이 하인환
펴낸곳 원앤원북스
펴낸이 오운영
경영총괄 박종명
편집 최윤정 김형욱 이광민 김슬기
디자인 윤지예 이영재
마케팅 문준영 이지은 박미애
디지털콘텐츠 안태정
등록번호 제2018-000146호(2018년 1월 23일)
주소 04091 서울시 마포구 토정로 222 한국출판콘텐츠센터 319호 (신수동)
전화 (02)719-7735 | **팩스** (02)719-7736
이메일 onobooks2018@naver.com | **블로그** blog.naver.com/onobooks2018
값 20,000원
ISBN 979-11-7043-457-3 03320